Erika Bestenreiner
Luise von Toscana

SERIE PIPER

Zu diesem Buch

Luise von Toscana, der 1870 geborenen Erzherzogin von Österreich, scheint ein glanzvolles Leben bevorzustehen. Als Habsburgerin ist sie eine begehrte Partie auf dem Heiratsmarkt des europäischen Hochadels. Sie entscheidet sich unter verschiedenen Bewerbern für Prinz Friedrich August aus dem Haus der Wettiner, den zukünftigen König von Sachsen. Doch nach der Heirat 1898 beginnt das Drama: Der sächsische Hof nimmt die Kronprinzessin feindlich auf, Intrigen über Intrigen vergiften ihr Leben. Beim Volk ist sie populär, was sie dem Hof noch verdächtiger macht. In dieser Situation begegnet sie einem Mann, den sie für ihre große Liebe hält und für den sie alles aufzugeben bereit ist: Thron, Mann und vor allem ihre Kinder … Das fesselnde Drama am Königshof, erzählt wie ein Roman, aber doch genau nach den Quellen.

Erika Bestenreiner, geboren 1926 in Wien, Studium der Germanistik und Romanistik, Promotion. Danach freiberufliche Journalistin und Autorin mit dem Spezialgebiet Österreichische Geschichte des 19. Jahrhunderts. Sie lebt in Grünwald bei München.

Erika Bestenreiner
Luise von Toscana
Skandal am Königshof

Mit 9 Schwarzweißfotos

Piper München Zürich

Ungekürzte Taschenbuchausgabe
1. Auflage November 2000
4. Auflage April 2002
© 1999 Piper Verlag GmbH, München
Umschlag: Büro Hamburg
Stefanie Oberbeck, Katrin Hoffmann
Foto Umschlagvorderseite: Luise von Toscana (Privatbesitz)
Gesamtherstellung: Clausen & Bosse, Leck
Printed in Germany   ISBN 3-492-23194-2

www.piper.de

Inhalt

Prolog 7

Die Habsburger in der Toskana 10

Jugendjahre einer Erzherzogin 21

Luise wird verheiratet 34

Die Hochzeit 46

Die lieben Verwandten 57

Luise wird Mutter 67

König Georg 78

Die Katastrophe bahnt sich an 85

Die Flucht 94

Genf 108

Weder Prinzessin noch Erzherzogin 129

Der Bruch mit Giron 140

Die Ehescheidung 149

Anna Monica Pia 161

König Friedrich August 168

Luise in Dresden 174

Der Kampf um Anna Monica 185

Wiedersehen in München 192

Ein neuer Mann in Luises Leben 195

Die Heirat 202

Prinzessin Anna von Sachsen 205

Frau Toselli   210

Luises Memoiren   223

Wieder allein   230

Gräfin Montignoso und d'Ysette   238

König ohne Sachsen   243

Luise in Brüssel – Vom Armengrab zur Fürstengruft   256

Luises Nachkommen   268

Die Aussteiger   272

War Luise erblich belastet?   294

Zeittafel   301

Luises Familie   304

Anmerkungen   305

Literatur   317

Personenregister   321

Prolog

Noch nach ihrem Tod bereitete sie ihrer Familie Peinlichkeiten. Als nach der Exhumierung in Belgien ihr Sarg an seine letzte Ruhestätte in Baden-Württemberg verbracht worden war, trat dort ein höchst widerliches Phänomen auf. Lag es daran, daß der Sarg Nachkriegsware oder der Zersetzungsprozeß ihrer Eiweißstoffe von besonderer Aggressivität war, oder auch beides zusammen – es entwickelte sich ein ekelerregender Geruch. Und dies in einem ehrwürdigen Gewölbe, das sie mit einer der prominentesten Familien der deutschen Geschichte teilte: mit dem Hause Hohenzollern.

Ihrer Lebensmitte entgegengehend hatte sie ihren Mann und ihre fünf Kinder verlassen, obwohl sie an seiner Seite eine Position voll Machtfülle und Glanz erwartet hätte. Ein erster Anlaß hierfür war der Hauslehrer ihrer Kinder gewesen, ein zweiter bald darauf ein junger italienischer Geigenspieler und Komponist, der mit einer einzigen Melodie zu Weltruhm gelangte. Was Wunder, daß besagte Verstorbene vom Rest ihrer Familie nicht vorbehaltlos als eine teure Verblichene empfunden wurde. Als eine ganz billige aber auch nicht, denn um den gefährlichen Ausuferungen ihres Lebenswandels nach Möglichkeit Grenzen zu setzen, hatte man sie mit einer – nach Auffassung des Hauses – auskömmlichen Apanage ausgestattet.

Die Rede ist von Luise von Toscana, die völlig verarmt am 23. März 1947 in Brüssel starb und den Zeit- bzw. ihren letzten Lebensumständen zufolge dort nicht einbalsamiert, sondern erst mehrere Jahre später in die Familiengruft überführt und schließlich – nachdem das Placet der rö-

misch-katholischen Kirche erteilt war – aus oben genann-
tem Grund eingeäschert und endgültig in Sigmaringen-He-
dingen beigesetzt wurde. Doch lassen wir das Band um
einige Jahrzehnte zurücklaufen, in die Zeit um die Jahrhundertwende.

In England wurde die schon zu ihren Lebzeiten legendäre Queen Victoria von ihrem Sohn Edward VII. abgelöst,
in Berlin meinte dessen Neffe Wilhelm II. und das ganze
Deutsche Reich die Vormachtstellung Englands zur See
nicht länger hinnehmen zu können, in Rußland ver-
schenkte Zar Nikolaus II. teure Fabergé-Eier und in der
Wiener Hofburg saß über seinen Schreibtisch gebeugt ein
unermüdlicher alter Mann mit schlechtem Appetit, dem,
eigenem Wort zufolge, in seinem Leben »auch nichts erspart geblieben« sei.

Fin de siècle. Die Rotationspressen verbreiteten Nachrichten und Gerüchte schneller, als sie entstanden waren.
In den Büros löste die Taste die Tinte ab und das Telefon
den Laufburschen. Die ersten Slapsticks flimmerten über
die Leinwand, aber die Erfinder von Radio und Fernsehen
waren noch nicht oder gerade erst geboren. Die Zeitungen
erschienen täglich in mehreren Ausgaben. Brandneue
Nachrichten wurden von Extrablättern verbreitet. Das Jahrhundert der »rasenden Reporter« hatte begonnen.

An den Gerüchten war einiges wahr und an den Nachrichten manches falsch. Es war nicht mehr möglich, höfische Angelegenheiten unter Verschluß zu halten, denn die
Zensur hatte ihren Biß verloren und die Journaille wußte,
was sie ihren Lesern schuldig war: Skandale. Ein verlorenes Fußballspiel konnte zur Aufdeckung eines Spionage-
skandals führen, wie im Falle des berühmt-berüchtigten
Obersten Redl, der am Vorabend des Ersten Weltkrieges
sämtliche Aufmarschpläne der österreichisch-ungarischen
Armee an Rußland verraten hat. Und kaum ein Tag, an
dem nicht über Luise von Toscana berichtet wurde, über

diese ehemalige Erzherzogin von Österreich, königliche Prinzessin von Ungarn (auch von Böhmen, Dalmatien und Jerusalem), später Kronprinzessin und beinahe Königin von Sachsen. Über diese ruhelose und unangepaßte Abenteurerin, als welche sie jedenfalls ihre hocharistokratische Verwandtschaft hinzustellen versuchte. Oder war sie nicht vielmehr die Frau, die den Schritt in die Freiheit tat, die das Korsett der ihrem Empfinden nach unerträglich gewordenen familiären Verhältnisse sowie der höfischen Etikette ablegte und damit wagte, das Jahrhundert der Emanzipation zu betreten? Das Buch, das vor Ihnen liegt, versucht, eine Antwort darauf zu geben.

Die Habsburger in der Toskana

Am 2. September 1870 wurde dem Großherzog Ferdinand IV. von Toscana und seiner zweiten Gattin Alice von Parma in der ehemaligen Residenz der Erzbischöfe in Salzburg eine Tochter geboren, die als Louise Antoinetta Maria, Erzherzogin von Österreich, königliche Prinzessin von Ungarn, Prinzessin von Lothringen, Habsburg und Toscana in das Taufregister des Kaiserhauses eingetragen wurde.

Genau besehen war der Titel, den Vater Ferdinand trug, nur noch eine Fiktion, eine schöne Verbrämung wirklicher Verhältnisse, ein Titel ohne Mittel, denn das habsburgische Großherzogtum Toscana war schon vor einiger Zeit dem Gang der Geschichte zum Opfer gefallen. Es war längst im Königreich Italien aufgegangen.

Daß die an Wissenschaft, Kunst, auch an den besten Weinen reiche Toskana überhaupt ein Teil des Habsburgerreiches geworden war, verdankte sie einem der historischen Rotationsprozesse, wie sie in Zeiten üblich waren, als Territorien uneingeschränktes Eigentum dessen waren, der sie besaß, mit all den Handlungsvollmachten, die der Eigentümer aus herrschendem Recht abzuleiten in der Lage war, als da sind: Anschluß, Abtrennung, Erheiratung, Vererbung, Verpfändung, Tausch. Unser Rotationsprozeß begann in Polen, bezog Rußland mit ein, drehte sich über Frankreich und Spanien und endete schließlich auf der Apenninenhalbinsel. Es hatte damit begonnen, daß in Polen wieder einmal gestritten wurde. Und zwar um die Nachfolge Augusts des Starken, der ja nicht nur Kurfürst von Sachsen, sondern auch König von Polen gewesen war. Das war 1733.

Österreich und Rußland einerseits, deren ganz besonderes Interesse den Vorgängen an den Grenzen ihrer Reiche galt, unterstützten die Kandidatur von Augusts Sohn. Er hieß wie sein Vater Friedrich August. Frankreich hingegen trat für den polnischen Magnaten Stanislaw Leszczinski ein. Was auch verständlich war, denn Stanislaw war der Schwiegervater König Ludwigs XV. So kam es zum Polnischen Thronfolgekrieg, der bis 1735 dauerte. Friedrich August gewann ihn mit Hilfe der Russen und wurde, fortan als August II. firmierend, König von Polen.

Doch Stanislaw, dessen Tochter schließlich Königin von Frankreich war, sollte andererseits nicht zum armen Emigranten werden. Es war die Zeit, da man im Umgang mit herrschenden und besitzenden Häuptern größere Milde walten ließ als heute. In diesem Dilemma hatten die Diplomaten eine Idee. Wie wäre es, wenn Stanislaw als Ersatz für sein verlorenes Polen Lothringen bekäme? Nach seinem Tod könnte es an Frankreich fallen, dem der Besitz Lothringens seit jeher besonders am Herzen lag.

Eine gute Idee zwar, jedoch war Lothringen nicht herrenlos, sondern gehörte seit 1729 dem Herzog Franz Stephan, dem künftigen Ehemann der habsburgischen Thronerbin, Maria Theresia. Eine Vereinigung von Lothringen mit Österreich drohte, die vor allem Frankreich um jeden Preis verhindern wollte. Aber auch England, wie immer auf die Wahrung des politischen Gleichgewichts in Europa bedacht, erhob seine Stimme. Irgendwie mußte Franz Stephan für den Verlust seines Stammlandes entschädigt werden. Da hatten die Großmächte eine zweite Idee. Sie hieß Toskana. Die Toskana war zum Glück gerade vakant, jedenfalls so gut wie, denn ihr Herrscher, nach zwei Jahrhunderten der letzte der Mediceer, war alt und krank; und was noch wichtiger war – er hatte keinen männlichen Erben.

Gian Gastone, dieser letzte Mediceer, versuchte zwar gegen den Kuhhandel, den man im Jahre 1735 über seinen Kopf hinweg schloß, zu protestieren, aber darum kümmerte sich niemand. Er starb zwei Jahre später. Der Erbvertrag trat in Kraft. Diesem zufolge wurde nun Franz Stephan, der spätere deutsche Kaiser Franz I. und Begründer des Hauses Habsburg-Lothringen, sein Nachfolger als Großherzog der Toskana.

Allerdings mußte Kaiser Karl VI. sich über jenen Tauschhandel hinaus, dem auch Franz Stephan nur schweren Herzens zustimmte, mit einigen Einbußen abfinden. Das Ende des Polnischen Thronfolgekriegs, in dem Österreichs Waffen nicht vom Glück begünstigt gewesen waren, hatte zu einer Neuordnung der Machtverhältnisse in Europa geführt, bei der auch die österreichische Erbfolge eine große Rolle spielte. Der Friedensschluß nötigte Österreich, Neapel und Sizilien an die spanischen Bourbonen abzutreten, ein Verlust, der durch den Gewinn von Parma und Piacenza nicht aufgewogen werden konnte. Als besonders herb mochte ihn Karl VI. empfinden, der ursprünglich als König von Spanien ausgerufen worden war, ehe ihm durch den frühen Tod seines Bruders Joseph I. die habsburgischen Erblande und die Kaiserwürde zufielen. Waren Neapel und Sizilien doch ein Stück jenes Weltreiches, das sein Ahnherr Karl V. beherrscht hatte. Aber es war der Preis dessen, was ihm am meisten am Herzen lag: die Anerkennung seines Hausgesetzes, der Pragmatischen Sanktion, die die Unteilbarkeit der habsburgischen Erblande und die uneingeschränkte Erbfolge seiner ältesten Tochter Maria Theresia sichern sollte. Das entsprach nicht der Tradition. Karl VI. wußte daher, daß er für den guten Willen der anderen Mächte einiges zu bezahlen hatte.

Leicht hatte es die junge Herrscherin nach dem Tode ihres Vaters dennoch nicht. Trotz Brief, Siegel und Unterschrift machte ihr so mancher Nachbar das Erbe streitig. So verweigerte Kurfürst Karl Albrecht von Bayern, kaum daß Maria Theresia im Jahre 1740 die Regierung angetreten hatte, die Anerkennung der Pragmatischen Sanktion und erhob, gestützt von Frankreich, Anspruch auf die Kaiserwürde und das habsburgische Erbe. Nun mischte auch Preußen mit und fiel in Schlesien ein. Ein langwieriger Krieg begann, an dem sich sämtliche Großmächte beteiligten. Die als Österreichischer Erbfolgekrieg in die Geschichte eingegangenen Kampfhandlungen endeten erst acht Jahre später mit der endgültigen Anerkennung der Pragmatischen Sanktion. Allerdings mußte Österreich die kaum zuvor gewonnenen Herzogtümer Parma und Piacenza an eine spanische Linie der Bourbonen abtreten und verlor zudem den größten Teil Schlesiens an Preußen. Schon 1745 war, nach einem wittelsbachischen Zwischenspiel, die Kaiserwürde wieder zum Hause Habsburg (nun Habsburg-Lothringen) zurückgekehrt. Maria Theresias Gemahl Franz Stephan wurde als Franz I. römisch-deutscher Kaiser. Vielleicht hätte Kaiser Karl VI. doch den Rat des legendären Feldherrn Prinz Eugen beherzigen sollen. Der hatte ihm geraten, lieber eine starke Armee aufzustellen, als Opfer für jenen Vertrag zu bringen, denn um das Stück Pergament würde sich später doch keiner kümmern ...

Was Karl VI. versagt geblieben war, wurde seiner Tochter reichlich zuteil. Sie schenkte ihrem Mann fünf Söhne und elf Töchter, die mit einer einzigen Ausnahme unter dynastischen Gesichtspunkten verheiratet wurden. Auch Enttäuschungen konnte sie in der Überzeugung nicht beirren, daß Heirat die beste Bündnispolitik sei. Selbst vielfache nahe Verwandtschaft stellte dabei kein Hindernis dar. Die Erscheinungen geistiger und körperlicher Degeneration, die den Nachkommen drohten, wurden ignoriert.

»Die Schwiegermutter Europas«[1] hat Helmut Andics Maria Theresia betitelt. Denn ihr Bestreben, den alten Spruch »Tu felix Austria, nube«, in die Tat umzusetzen, galt nicht nur ihren Töchtern, sondern auch ihren Söhnen. Es verstand sich von selbst, daß solche Ehen schon ausgehandelt wurden, wenn die künftigen Partner noch im Kindesalter waren. Und wenn einer der zukünftigen Gatten in der Zwischenzeit starb, was öfters vorkam, dann rückte eben der nächste Prinz oder die nächste Prinzessin als Verlobungspartner nach. Wir werden später sehen, daß auch Luise von Toscana von den Auswirkungen jener Heiratspolitik nicht verschont blieb.

Die Verbindung des Hauses Bourbon mit Österreich lag Maria Theresia besonders am Herzen. In Spanien herrschte seit dem Tod des letzten spanischen Habsburgers ein Zweig der Bourbonen. Da konnten verwandtschaftliche Beziehungen nicht schaden. Leopold, Maria Theresias zweitgeborener Sohn, war deshalb ausersehen, eine spanische Prinzessin zu heiraten: Maria Ludovica, die Tochter König Karls III.

Franz Stephan übergab seinem Sohn Leopold nach dessen Hochzeit im Jahre 1765 das Großherzogtum Toskana. Großherzog Leopold war mehr als der Statthalter einer österreichischen Provinz, er wurde zum Gründer einer neuen unabhängigen Linie des Herrscherhauses, der Sekundogenitur des Hauses Habsburg. Da er nach dem Vater seiner Taufpatin Elisabeth, dem russischen Zaren, eigentlich Peter Leopold hieß, nannten ihn die Toskaner später Pietro Leopoldo. Seinen Namen kann man heute noch in vielen Inschriften lesen.

Pietro Leopoldo etablierte sich als ein aufgeklärter, für die damalige Zeit liberaler Herrscher, der in dem Vierteljahrhundert seiner Regierungszeit die Toskana mit behutsamen Schritten zu einem Musterland machte und noch heute dort in guter Erinnerung ist. Er schaffte Inquisition und Folter ab, strich alte Privilegien von Adel und Kirche; die Todesstrafe wurde kaum mehr angewandt und den Gemeinden ein gewisses Mitspracherecht gewährt. Von besonderem Wert für das Land aber war die Trockenlegung der Sumpfgebiete, Brutstätten der gefährlichen Malariamücke, die allerdings erst von seinen Nachfolgern beendet wurde.

Der frühe Tod seines älteren Bruders, des kinderlos gebliebenen Kaisers Josef II., bestimmte Pietro Leopoldo zu seinem Nachfolger als Kaiser Leopold II. Daher überließ er die Toskana seinem ältesten Sohn, worauf dieser als Großherzog Ferdinand III. mit seiner jungen Gemahlin Luisa Amalia von Neapel im Jahre 1790 in Florenz einzog.

Er trat ein schweres Erbe an. In Frankreich war nach den Wirren der blutigen Revolution der Stern Napoleon Bonapartes aufgegangen, und dieser sorgte dafür, daß in Europa so gut wie nichts beim alten blieb. Auch die Toskana wurde von der Neugestaltung der Landkarte nicht verschont. Napoleons »Blitzsiege« verdrängten die Österreicher aus Italien, und damit die toskanische Sekundogenitur. Ferdinand III. wurde ins Exil abgeschoben und die Toskana französisch. Sie lebte als gänzlich von Frankreich abhängiges Fürstentum im Jahre 1809 wieder auf. Napoleons Schwester Elisa sollte ebenso wie ihre Geschwister eine Krone bekommen. Großherzog Ferdinand hatte als Ersatz für sein verlorenes Reich Salzburg erhalten. Das frühere Erzbistum war inzwischen säkularisiert worden und Kurfürstentum. Ein zweites Großherzogtum kam einige Jahre später hinzu: Würzburg, das ebenfalls weltlich geworden war. Der Sturz Napoleons 1814 änderte noch einmal alles. Die ehemaligen Besitzverhältnisse wurden wiederhergestellt. Großherzog Ferdinand, inzwischen verwitwet, kehrte in die Toskana zurück.

Ferdinand III. starb im Jahre 1824. Nach ihm übernahm sein Sohn Leopold II., von den Italienern »Babbo Leopoldo« genannt, die Regierung. Wie üblich heiratete dieser nach dem frühen Tod Maria Annas von Sachsen ein zweites Mal, zur Abwechslung eine Bourbonin, Maria Antonia von Sizilien. Sie enttäuschte ihn nicht, sondern erfüllte in schöner Regelmäßigkeit ihre dynastische Pflicht und gebar ihm zehn Kinder. Das war damals keine Seltenheit. Die Sterblichkeitsrate war hoch und dies auszugleichen gottgefällig. In den fünfunddreißig Jahren seiner Regierung leistete auch Leopold so manches für sein Land. Er ließ das Straßen- und Eisenbahnnetz ausbauen, legte den Grundstein für eine ertragreiche Textilindustrie und vollendete die Trockenlegung der Maremma. Der älteste Sohn, Ferdinand, wurde später der Vater unserer Luise von Toscana.

In ihrem Erinnerungsbuch schildert sie uns anschaulich das Leben am Hof ihres Großvaters in Florenz, das sie zwar selbst nicht mehr erlebte, aber aus Erzählungen kannte. Im Palazzo Pitti, dem Regierungssitz der Toscaner, war Etikette Trumpf. Sie beherrschte das ganze Leben. Nach ihr richtete sich die Erziehung, die bereits im frühen Kindesalter begann. Schon um fünf Uhr morgens mußten sich die kleinen Prinzen und Prinzessinnen vor den elterlichen Räumen einfinden, die Buben links, die Mädchen rechts, um dann genau nach der Uhr Vater und Mutter mit devotem Handkuß zu begrüßen. Dieses tägliche Zeremoniell hatte schweigend abzulaufen, ebenso wie das darauf folgende Frühstück. Danach begann der Unterricht. Verwöhnt wurden die Kinder nicht. Zwischen dem zweiten Frühstück um zwölf Uhr, das die Familie und ihr Gefolge gemeinsam einnahm, und dem zeremoniellen Diner um acht Uhr abends gab es nichts zu essen, und wenn der Hunger noch so groß war. [2]

Ferdinand, der Erbgroßherzog, der sich später »der Vierte« nannte, obwohl er nie mehr an die Regierung kam, war nach der Beschreibung seiner Tochter Luise ein hübscher Mann mit lockigem schwarzem Haar und Frauenschönheit sehr zugetan. Er heiratete im Alter von einundzwanzig Jahren eine Tochter des Königs von Sachsen, aber schon nach kurzer Zeit wurde er Witwer.

Die national-revolutionären Aufstände, die im Jahre 1848 in fast ganz Europa zu Tumulten führten, machten auch vor der Toskana nicht halt. In ganz Italien griff das Bestreben nach Einigung und nationaler Selbständigkeit um sich. Da nützten auch Konzessionen, die Leopold II. dem Großherzogtum gemacht hatte, nichts, wie ein Gesetz zur größeren Pressefreiheit, die Bewilligung einer Bürgerwehr und der Plan zur Ausarbeitung einer demokratischen Verfassung. Um seinen Thron zu retten hatte Leopold sogar den Titel eines Erzherzogs abgelegt und steuerte einen Gegenkurs zu seinem Stammland Österreich. Die Demokraten glaubten sich schon am Ziel ihrer Wünsche, als Kaiser Franz Joseph einschritt und seinem Onkel Leopold energisch klarmachte, daß die Toskana kein italienisches, sondern ein österreichisches Land sei. Die Siege Feldmarschall Radetzkys im Jahre 1849 bei Custoza und Novara und die darauf folgende militärische Besetzung der Toskana sorgten zwar für einen Umschwung, aber auch für Haß in der Bevölkerung gegen die fremde Macht. Die Einigung Italiens ließ sich nicht mehr aufhalten. Zumal auch Kaiser Napoleon III. von Frankreich gründlich mitmischte. Die Vorherrschaft der Österreicher in Oberitalien war ihm schon lange ein Dorn im Auge gewesen.

Da traf es sich gut, daß Viktor Emanuel von Sardinien-Piemont ein Bündnis mit Frankreich suchte, und Frankreich wiederum dringend interessiert war an Nizza und Savoyen. Das Bündnis kam zustande. Nizza und Savoyen wurden französisch und sind es heute noch. Bündnisgestärkt drangen nun Italiener und Franzosen 1859 in die Lombardei ein. Wieder wurde geschossen, aber leider gab es keinen Radetzky mehr, der genau hätte sagen können, wohin geschossen werden sollte. Sein unfähiger Nachfolger Gyulai wurde von Kaiser Franz Joseph persönlich abgelöst. Doch auch der Kaiser war alles andere als ein Radetzky, und so kam es wie es kommen mußte. Die Niederlage von Solferino führte zum endgültigen Verlust der Lombardei, darüber hinaus zum Ende der habsburgischen Sekundogenitur in der Toskana. Das Elend der in dieser Schlacht Verwundeten, das Henri Dunant in einem Buch schilderte, gab den Anstoß zur Gründung des Roten Kreuzes. Unter dem Druck der Demonstrationen, geschickt gesteuert von den Gegnern Leopolds, floh Großherzog Leopold II. am 27. April 1859 mit seiner Familie aus dem Land, das sie bisher als ihre Heimat betrachtet hatte.

Die Herrschaft der Habsburger in der Toskana, in Modena und Parma war zu Ende. Auch die kirchenstaatliche Romagna schüttelte die päpstliche Herrschaft ab. Im Sommer 1860 stürzte Garibaldi, zuletzt unter offener Mitwirkung piemontesischer Truppen, das Regime der Bourbonen in Neapel-Sizilien. In Abstimmungen, die in all diesen Gebieten stattfanden, sprach sich das Volk für den Anschluß an Sardinien-Piemont aus. Am 17. März 1861 nahm Viktor Emanuel II. den Titel eines »Königs von Italien« an. Die Einigung war bis auf Venetien und Rom vollzogen. Hauptstadt wurde zunächst Florenz, da Napoleon III. den Rest des Kirchenstaats samt Rom besetzt hielt. Das änderte sich erst 1870, als die französischen Truppen anläßlich des Krieges mit Preußen aus Rom abzogen. Schon im Jahre 1866 hatte ein Bündnis mit Preußen Italien trotz der verlorenen Schlachten bei Custoza und Lissa Venetien eingebracht.

Wie in der Familie Toscana überliefert und von Luise in ihrem Buch *Mein Leben* nacherzählt, war die Flucht aus Florenz ziemlich Hals über Kopf erfolgt. Nicht nur unschätzbare Werte mußten zurückgelassen werden, auch gewöhnlicher Hausrat, ja sogar dringend benötigte Wäsche. Die Flüchtlinge besaßen nicht einmal Taschentücher, um die Tränen zu trocknen, die der Abschiedsschmerz verursachte! Und da die Straßenverhältnisse bescheiden waren und die Gesichter durch den aufgewirbelten Staub ziemlich schmutzig, sah sich die Großherzogin genötigt, ihren Spitzenunterrock zu Hilfe zu nehmen, um damit ihre Lieben in einen einigermaßen vorzeigbaren Zustand zu versetzen.[3] Plötzliche Not, vorläufiges Ende der Etikette und Flucht in ihr altes Stammland Österreich. Wo hätten sie sonst auch hingehen sollen?

Ob Kaiser Franz Joseph sehr glücklich darüber war, ist nicht aktenkundig. Hatte er doch nicht nur den Verlust eines guten Teils von Oberitalien zu beklagen, sondern auch noch die Verwandten mit ihrer ganzen Kinderschar auf dem Hals – und auf der Tasche liegen. Aber als Oberhaupt der Familie blieb ihm nichts anderes übrig, als sie aufzunehmen. Und zu alimentieren. Laut Familienstatut gebührte jedem Mitglied des Hauses neben dem Recht der eventuellen Thronfolge »ein seiner erhabenen Würde und Abstammung« entsprechender Unterhalt, sowie eine angemessene Ausstattung.[4] Diese Apanagen wurden aus dem Staatsvermögen bezahlt, da »der standesgemäße Unterhalt aller zur Regentenfamilie gehörenden Individuen eine Obliegenheit des Staates war«.[5]

Aber da gab es durchaus Unterschiede. Söhne und Brüder des Souveräns erhielten jährlich 75 000 Gulden, seine Töchter und Schwestern 42 000, die anderen männlichen Angehörigen nur noch 45 000, und die Erzherzoginnen waren sogar nur wenig mehr als halb so viel wert, nämlich 24 000 Gulden.

Außerdem gab es ein gemeinschaftliches Familienvermögen. Es bestand aus den »Ativicalgütern« aus dem Nachlaß der Witwe Kaiser Karls VI., sowie dem von Kaiserin Maria Theresia gestifteten »Familienversorgungsfonds« und stand unter der Verwaltung des Familienoberhauptes. Nur ein Drittel durfte verteilt werden. Der Rest diente der Aufstockung.[6] Die Bestimmungen sahen vor, daß Familienmitglieder, die bisher nicht in den Genuß von Zuwendungen gekommen waren, aufgrund außerordentlicher, eine wesentliche Veränderung in ihren Verhältnissen bewirkender Ereignisse, ebenfalls das Recht erhielten, an dem Geldsegen teilzuhaben.

Das traf für die Mitglieder der Sekundogenitur in der

Toskana sowie auf die der Tertiogenitur im ehemaligen Herzogtum Modena zu. Da die nun im Exil lebenden Fürsten ihre Privatbesitzungen dort behielten, war für das Nötigste gesorgt. Laut Bericht des *Neuen Wiener Tagblattes* vom 7. Januar 1903 handelte es sich dabei immerhin um »achtzehn Schlösser und einen immensen Waldbesitz, der im Jahre 1898 um 35 Millionen Lire verkauft wurde«, was zweifellos damals ein schönes Stück Geld war. Infolge schlechter Verwaltung hatte der Wald nämlich nicht nur nichts eingebracht, sondern sogar noch Zuschüsse von jährlich zwei Millionen Lire verschlungen.

Großvater Leopold kaufte Schloß Brandeis an der Elbe in Böhmen und bald darauf Schloß Schlackenwerth bei Karlsbad, Besitzungen, auf denen er künftig lebte. Trotzdem gab er die Hoffnung auf eine Rückkehr in die Toskana zeit seines Lebens nicht auf. Er legte deshalb seinem ältesten Sohn und präsumtiven Nachfolger nahe, durch eine neue Heirat für einen Erben zu sorgen, denn der Witwer hatte aus seiner Ehe mit Prinzessin Anna von Sachsen lediglich eine Tochter.

Ferdinands Wahl fiel auf Alice von Bourbon-Parma, deren Familie ebenfalls aus Italien vertrieben worden war und nun in Österreich lebte. 1868 wurde auf Schloß Frohnsdorf in Niederösterreich Hochzeit gefeiert, worauf Kaiser Franz Joseph für einen angemessenen Wohnsitz sorgte. Er stellte den Neuvermählten einen Teil des Salzburger Residenzschlosses zur Verfügung, wo schon Großvater Ferdinand einige Jahre lang residiert hatte. Dort verbrachte Luise ihre Jugend.

Jugendjahre einer Erzherzogin

Unsere Kenntnis von Luise von Toscanas Jugendzeit verdanken wir hauptsächlich zwei Memoirenbüchern. Das eine, *Mein Leben*, eine Verteidigungs- und Anklageschrift, wurde von ihr selbst im Jahre 1911 verfaßt, das andere von ihrem älteren Bruder Leopold Ferdinand. Als Leopold Wölfling, wie er sich später nannte, schrieb er unter dem Titel *Habsburger unter sich – freimütige Aufzeichnungen eines ehemaligen Erzherzogs*, nach dem Ersten Weltkrieg seine Erinnerungen. Er berichtet darin ebenfalls über seine und Luises Jugendjahre. Beide Bücher sind die sehr persönlich gefärbten Schilderungen zweier Menschen, die man heute als »Aussteiger« bezeichnen würde. Sie erwecken jedoch den Eindruck, nicht immer ganz der Wahrheit zu entsprechen. Gewiß gab es Intrigen. Daß aber die beiden so völlig harmlos und ohne Fehl und Tadel, ausschließlich Opfer einer böswilligen Kamarilla und deren übelwollender Machenschaften waren, wie sie das schildern, darf eher als unwahrscheinlich angesehen werden; allein schon aufgrund der allgemeinen Lebenserfahrung, daß gut und böse ziemlich gleichmäßig über die Menschheit verteilt sein dürften.

Anderseits dürfte vieles durchaus den Tatsachen entsprechen. So erfahren wir zum Beispiel von den Geschwistern, daß Großherzog Ferdinand in Salzburg, so als ob überhaupt nichts geschehen wäre, mit allen Attributen eines regierenden Fürsten hofhielt! Die habsburgische Herrlichkeit in der Toskana war zwar längst dahin, Italien unter einem fest auf seinem Thron sitzenden König Viktor Emanuel geeint, dennoch hielt man an der Fiktion fest, eines Tages wieder in die alte Heimat zurückzukehren wie damals nach dem napoleonischen Intermezzo anno 1814. Geschichte aber, das wollte man natürlich nicht wahrhaben, wiederholt sich nicht.

Immerhin ist aktenkundig, daß Großherzog Ferdinand auch in seinem Exil noch über verschiedene Rechte verfügte. Solange er lebte, blieb er ein souveräner Fürst, der aber in der Ausübung seiner vollen Herrschaftsgewalt eingeschränkt war. Als solcher stand es in seiner Macht, diverse protokollarische Wichtigkeiten auszuüben, zum Beispiel auch weiterhin noch Orden und Titel zu verleihen sowie andere Höfe über Familienereignisse, wie Geburten, Vermählungen, Todesfälle in Kenntnis zu setzen.

Es waren bescheidene Rechte, die im Grunde genommen nichts bedeuteten, aber auch niemandem schadeten. Weshalb sie Kaiser Franz Joseph seinem Cousin »Nando«, den er persönlich gerne mochte und mit dem er oft auf die Jagd ging, auch gerne gewährte. Unter einer Bedingung allerdings: daß Cousin Nando niemals, auch nicht zu einem kurzen Aufenthalt, in die Toskana zurückkehrte. Die Souveränitätsrechte des Großherzogs erloschen samt seinem Titel nach seinem Tod. Seinen Kindern wurde lediglich gestattet, außer dem Titel eines Erzherzogs oder einer Erzherzogin von Österreich, den eines Prinzen oder einer Prinzessin von Toscana weiterzuführen.[7] Ein Titel ohne jeden Anspruch, denn Kaiser Franz Joseph machte sich, was das Wiedererstehen der Toskana unter habsburgischer Herrschaft betraf, nicht die geringsten Illusionen.

Zur Klärung des ansonsten ungebräuchlichen Titel eines »Erzherzogs«, bzw. einer »Erzherzogin«, mögen einige Erläuterungen dienen: Als die Habsburger im 14. Jahrhundert in den Schatten der Luxemburger gerieten, beauftragte Herzog Rudolf IV., genannt »der Stifter«, im Jahre 1358 seine Kanzlei mit der Herstellung einer Reihe von Dokumenten, die die Vorrechte seines Hauses schon von altersher beweisen sollten. Im Jahre 1156 hatte Kaiser Friedrich I. Barbarossa Österreich zum Herzogtum gemacht und den damals dort herrschenden Babenbergern im »Privilegium minus« einige weitere Vorrechte gewährt. Diese ließ Rudolf IV. in einer nachahmenden Urkunde desselben Datums erweitern und durch weitere »alte« Urkunden ergänzen. Als die Dokumente Kaiser Karl IV. zur Bestätigung vorgelegt wurden, gerieten sie ausgerechnet in die Hände des Humanisten Petrarca, der sie als das entlarvte, was sie waren: geschickte Fälschungen. Das war im Mittelalter allerdings keineswegs ehrenrührig. Das sogenannte »Privilegium maius« wurde schließlich im Jahre 1442 von Kaiser Friedrich III., einem Habsburger, bestätigt. Aus ihm leitete sein Urheber das Recht ab, sich »Pfalzerzherzog« zu nennen, was sich Rudolfs Schwiegervater, Kaiser Karl IV., jedoch strikt verbeten hatte. Übrig blieb der etwas unverfänglichere Titel »Erzherzog«, den sämtliche Habsburger seither führen. Zur Zeit des österreichischen Kaiserreiches lautete ihre korrekte Anrede »Kaiserliche Hoheit.«

Die Übersiedlung nach Österreich änderte jedoch nichts an der Tatsache, daß Großherzog Ferdinand nie Österreich, sondern immer noch sein Geburtsland als seine wahre Heimat ansah. Seine Muttersprache war italienisch; deutsch sprach er, wie sein Sohn Leopold behauptet, zeit seines Lebens nur schlecht. Er umgab sich deshalb mit Vorliebe mit italienischen Landsleuten und suchte Italiener als Dienstpersonal, das aus fünfundsiebzig Leuten bestand; denen er, wenigstens laut Luise, »ein guter und gerechter Herr war, der sich liebevollst um ihre persönlichen Angelegenheiten kümmerte«[8]. Wie Leopold Wölfling berichtet, sorgte der Oberhofmeister des Großherzogs, Graf Podstatzki, sowie die beiden Kämmerer, Baron Silvatici und Baron Majneri, dafür, daß höfische Tradition und Ordnung eingehalten wurden. Für die Belange der Großherzogin war Oberhofmeisterin Gräfin O'Donell verantwortlich. Und selbstverständlich gab es Hofdamen, wie die Gräfin Piatti, und eine

23

Anzahl Laikaien, letztere in sandfarbener Livree mit karmesinroten Paspeln. Und Etikette wurde ebenso groß geschrieben wie seinerzeit in Florenz. Der Tagesablauf, auch der der Kinder, unterlag einer genauen Regelung.[9] »Mehr Zwingburg als Fürstenschloß«,[10] nennt Erzherzog Leopold Ferdinand die ehemalige Residenz der Salzburger Fürsterzbischöfe. Ähnlich empfand es Luise, wenn sie schreibt: »Meine Kindheitserinnerungen knüpfen sich an die dunkle, traurige Residenz, die bedrückend auf mein Kindergemüt wirkte, ein Wohnsitz, großartig und vornehm zwar, aber von unwohnlicher Steifheit … und innen und außen ohne jeden künstlerischen Schmuck.«[11]

Das war die unmittelbare Umgebung, in die Luise als zweites von den neun Kindern des großherzoglichen Paares geboren wurde. Dort wuchs sie zunächst als einziges Mädchen unter ihren fünf Brüdern auf. Sie waren die Spielkameraden der lebhaften kleinen Erzherzogin, ihre Vertrauten, die Gefährten ihrer kindlichen Unternehmungen, wohl auch die so mancher Streiche. Besonders gut verstand sich Luise mit dem Erstgeborenen, dem nur um zwei Jahre älteren Leopold Ferdinand. Diese geschwisterliche Verbundenheit hielt über die Kindheit hinaus an, und es besteht kein Zweifel daran, daß Leopolds die Konventionen sprengenden Ansichten und seine Art zu leben Luise stark beeinflußte.

Eine liebevolle Kinderfrau betreute Luise und ihre Geschwister, und wir gehen wohl nicht fehl in der Annahme, daß sie sie auch ein wenig verwöhnte und ihnen die mit Repräsentation beschäftigte Mutter vielfach ersetzte, und die, laut Leopold Wölfling, auch öfters zwischen Kindern und Eltern vermittelnd einwirkte. Er erwähnt dabei nur ihren Vornamen Therese, aus dem die Kinder, die sie zärtlich liebten, die Koseform »Tatl« machten.

Doch auch der Großherzog beschäftigte sich offensichtlich gerne mit seinen Kindern, bei denen er auf eine einfache und natürliche Lebensweise als Grundlage für eine gesunde geistige und körperliche Entwicklung großen Wert legte. »Meine glücklichsten Erinnerungen gelten der Zeit, wo mein geliebter Vater neben mir und meinen Brüdern saß und uns selbsterfundene Märchen erzählte, zu denen er wunderbare Bilder zeichnete und malte. Auf meinem kleinen Puppenherd kochte uns Papa oft allerlei Speisen zu unserer unaussprechlichen Wonne. Er war unser Spielkamerad und verbrachte viele Stunden in unserer Kinderstube«, schreibt Luise und bedauert es sehr, daß er »viele Monate des Jahres auf der Jagd vor allem auf dem Besitz Langreith im Salzkammergut oder beim Segeln auf dem Bodensee verbrachte«, wo die Familie die »Villa Toscana« bei Lindau besaß.[12] Später allerdings sollte sich zeigen, daß das zunächst tiefe Verständnis, das Vater und Tochter jahrelang verband, auch seine Grenzen hatte.

Von ihrer Mutter schreibt Luise nichts. Die Großherzogin, der es neben ihren Standesverpflichtungen vor allem oblag, daß ihre Kinder eine möglichst umfassende Bildung und standesgemäße Erziehung erhielten, dürfte für Luise bei aller Liebe vor allem eine Respektsperson gewesen sein. Die letzte Instanz sozusagen, wenn es um die Ahndung einer Verfehlung ging. Doch sei dazu bemerkt, daß es auch in großbürgerlichen Familien damals durchaus üblich war, die Kinder von Kinderfrauen betreuen zu lassen. Dennoch scheint es, daß Luises frühe Kindheit im Kreise ihrer Geschwister durchaus glücklich gewesen ist. Doch mit dem Erreichen des sechsten Lebensjahres war die Kinderstubenzeit vorbei, und »Tatl« mußte Lehrern und Erziehern weichen. Nun leiteten die Gräfinnen de Bourgogne, Buttler-Heimbach und schließlich Baronin Lerchenfeld-Aham ihre Erziehung. Der Ernst des Lebens begann.

Die jungen Kaiserlichen Hoheiten wurden nicht verhätschelt. Ihre Betten waren hart, auch im Winter nur mit einer einzigen Decke und einem dünnen Kopfkissen versehen, waschen mußten sie sich mit kaltem Wasser und im Sommer wurde noch vor dem Frühstück, das es um sieben Uhr gab, geturnt. Vater gab ein gutes Beispiel. Er stand sogar schon um vier Uhr auf, um zu arbeiten und seine toskanischen Besitzungen wenn schon nicht zu besuchen, so doch zu verwalten.

Um sieben Uhr früh war Frühstückszeit, danach durften die Kinder eine halbe Stunde in Anwesenheit der Eltern spielen, ehe sie genau fünf Minuten vor acht Uhr von ihren Erziehern zum Unterricht abgeholt wurden, der von Lehrern der Salzburger Lehrerbildungsanstalt gehalten wurde, an deren Stelle später Gymnasiallehrer traten, die ihre Schüler in allen an höheren Schulen üblichen Fächern unterrichteten. Der Geheimsekretär des Großherzogs, Blasius Bogdan aus Ragusa (heute Dubrovnik) unterwies die Kinder in Italienisch und Kroatisch. »Meine Erziehung war wirklich eine anstrengende Arbeit«, schreibt Luise darüber. »Ich hatte neun Stunden am Tag still zu sitzen und zu lernen und bildete mich wie zu einem regelrechten Universitätskursus aus.«[13] Um zwölf Uhr folgte ein zweites Frühstück, diesem ein Spaziergang mit den Erziehern, zwischen zwei und vier Uhr wurde wieder gelernt. Punkt fünf Uhr mußten sich die älteren Kinder im großen Salon versammeln, um den Eltern, die mit den jüngsten Geschwistern an der Hand hereinkamen, entgegenzugehen und sie mit einem Handkuß zu begrüßen. Ob es danach zu einem vertraulichen Umgang zwischen Eltern und Kindern kam, ist nicht dokumentiert.

Nach der Meldung, daß serviert sei, begaben sich Hofstaat und eventuelle Gäste entsprechend ihrer Rangfolge in den Speisesaal, wo der Großherzog und seine Gemahlin an einer Längsseite der Tafel nebeneinander saßen, rechts und links davon dem Alter nach die Kinder, gegenüber die Oberhofmeister. Das Diner dauerte eine Stunde, danach ging es zurück in den Salon bis gegen sieben Uhr, um acht Uhr war Schlafenszeit.

Bei feierlichen Diners, wo die Diener dem Anlaß gemäß rote Kniehosen trugen, hatten die Kinder selbstverständlich nichts verloren. Sie durften nur vorher die Mutter in ihrer großen Toilette »bewundern«. Bei Bällen war es ihnen erlaubt, »kurz zuzusehen und einen Schluck Champagner zu trinken«. Sie bekamen dann ein »Bonbon«, auf dessen Umhüllung sich das »Bild der Eltern« befand[14]. Offensichtlich handelte es sich um Pralinen, die für Gäste offizieller Anlässe hergestellt wurden.

Begann bei den jungen Erzherzögen schon sehr früh die militärische Ausbildung – ihr Ziel war, ob die jungen Herren dazu Lust hatten oder nicht, die Offizierslaufbahn – so legte man bei den Mädchen besonderen Wert auf Sprachen, religiöse Erziehung und Repräsentation als Vorbereitung auf ihr künftiges Leben. Da Leopold für eine Laufbahn in der kaiserlichen Marine vorgesehen war, legte man bei seinem Unterricht das Hauptaugenmerk auf Mathematik und Sprachen. Zwei Erzieher, Baron Teuffenbach und Edler von Manussi, sorgten für eine Ausbildung im Reiten und Fechten. Es folgte im Alter von fünfzehn Jahren die Marineakademie im damals noch österreichischen Fiume (heute Rijeka). Der Großherzog hatte zu diesem Zweck dort das zweite Stockwerk einer Villa gemietet, in der Leopold von einem Kammerdiener und einem Lakaien betreut wurde, während eine Köchin namens Fanni für sein leibliches Wohl sorgte. Offensichtlich ging es ihm dort besser als seinem Cousin, dem Kronprinzen Rudolf, dessen militärische Ausbildung auf Wunsch seines kaiserlichen Vaters schon im zarten Alter von sechs Jahren mit aller Härte begann.

An ihrer Erziehung zur Kaiserlichen Hoheit läßt Luise kein gutes Haar. Bitter beklagt sie sich darüber, wie alle Natürlichkeit und freie Entwicklung der Individualität, alle freien Gefühlsäußerungen dem Ziel geopfert wurden, Musterkinder und »geistvolle Automaten« aus ihnen zu machen. »Unsere jungen Leben wurden der kalten, toten Stellung geopfert, die wir später einzunehmen gezwungen waren. Wer nur das geringste Verständnis für solch eine Lage hat, wird begreifen, wie furchtbar so ein Leben ist, besonders für temperamentvolle Lebewesen, und ich denke, daß einige Habsburger, ich eingeschlossen, alle Martern und Qualen einer solch unnatürlichen, künstlichen Erziehung durchgekostet haben.« Besonders zuwider war ihr die Predigt, die sie »vom Morgen bis zum Abend« bis zum Überdruß zu hören bekam: was die Leute von ihr denken und über sie sagen würden, da sie doch eine Kaiserliche Hoheit wäre.[15]

Ein leicht zu erziehendes Kind war Luise nicht. Sie hatte eine rasche Auffassungsgabe, ein gutes Gedächtnis und ein beträchtliches Talent für Fremdsprachen. Insgesamt fiel ihr das Lernen leicht, was ihre Lehrer eigentlich erfreuen und deren pädagogische Arbeit hätte erleichtern müssen. Aber da war andererseits Luises überschäumendes Temperament. Wie ihr Bruder erwähnt, hatte seine Schwester so manche »originellen Einfälle«, die die Lehrer nicht selten zur Verzweiflung brachten. Er nennt jedoch keine Einzelheiten.

Einer dieser »originellen Einfälle« läßt ahnen, aus welchem Holz die junge Erzherzogin geschnitzt und was von ihr in Zukunft noch zu erwarten war. Als ihr nämlich zwecks Ahndung eines vorausgegangenen Delikts die von ihr so geliebte Schwimmstunde gestrichen wurde, rächte sie sich damit, daß sie beim nächstfälligen Spaziergang am Ufer eines kleinen Sees in vollkommen bekleidetem Zustand (und dieser umfaßte zur damaligen Zeit eine größere Anzahl von Kleidungsstücken als heutzutage) ins Wasser sprang! Pudelnaß, wie sie war, kehrte sie ins großherzogliche Schloß zurück und hatte dort, wie sie selbst berichtet, »eine äußerst unangenehme Begegnung« mit ihrer Mutter. »Nur eine Sache ist möglich, Luisa«, beschied sie die Mutter, »und das

28

ist, daß ich sofort nach einem Irrenarzt senden werde, da du verrückt geworden sein mußt!«[16] Was die Großherzogin natürlich nicht tat. Aber daß man mit einem solchen Wort sofort zur Hand war, und sei es nur als Drohung, wirft möglicherweise ein Licht auf Luises spätere Angst, tatsächlich für verrückt erklärt zu werden.

Dennoch scheint sie sich auch nach den Vorstellungen des Hofes gut zu entwickeln. Sie spricht französisch, englisch, italienisch und ungarisch so fließend wie deutsch, sie singt, spielt Klavier und Violine und besitzt große Fertigkeit auf dem Gebiet der Blumenmalerei. Von Jugend an dem Sport sehr zugetan, ist sie eine gute Reiterin und Jägerin, der auch Hochwildjagden in schwierigem Gelände nichts ausmachen, und sie wird, wie das *Neue Wiener Tagblatt* vom 23. Dezember 1902 zu berichten weiß, auf dem Salzburger Eislaufplatz wegen ihrer Fertigkeit im Schlittschuhlaufen oft bewundert. Ihre Liebe zu sportlicher Betätigung wird ihr allerdings später einige Schwierigkeiten bereiten wie auch manche andere ihrer Neigungen. Doch das lag noch in weiter Ferne. Vorläufig war man durchaus damit einverstanden, daß Luise auch bei der Bevölkerung beliebt war und zeigte, daß sie auch ein Herz für die Armen hatte. In diesem Sinne ist in derselben Nummer der Zeitung zu lesen: »Sie wurde von der Salzburger Bevölkerung aufrichtig geliebt; die dortigen Armen hatten in ihr eine unermüdliche Wohltäterin, und die humanitären Anstalten der Stadt wurden von ihr häufig besucht und stets mit Spenden bedacht.« Wie die Wiener *Neue Freie Presse* vom 24. Dezember 1902 schreibt, »begann sie früh die Pflichten der Humanität zu erfüllen. So fehlte sie zum Beispiel in der Salzburger Kinderbewahranstalt bei keiner Weihnachtsbescherung, und es verging kein Monat, in dem sie nicht mit selbstgefertigten Gaben im Anstaltssaal zur Zeit des Abendessens erschien, um sich von der guten Verpflegung der Kleinen zu überzeugen.« Wie wir aber gesehen haben, war die junge Kaiserliche Hoheit schon damals nicht immer ganz so wie ihre Standesgenossinnen, sondern ständig etwas aufmüpfig, mit einem Wesen, das sich nur schwer fügen konnte, und sie blieb auch unter dem Zwang konventionellen Auftretens immer eine Rebellin.

Luise wird später, als sie schon längst den Sprung in die Freiheit getan hat – wo so manches denn doch nicht ganz ihren Erwartungen entsprach – von ihren Standesgenossen, die sich mit der »königlichen Tretmühle« ihres Lebens klaglos abfanden, schreiben: »... ohne Zweifel ist ihre Lebensanschauung in vielen Fällen den Stürmen und Leiden vorzuziehen, die über jene das Schicksal verhängt, die gewaltsam versuchen, Schloß und Riegel zu sprengen, um den Weg in die Freiheit zu finden.«[17] Damals hatte sie schon erlebt, wie dornenreich dieser Weg sein konnte.

Anders als Luise, die ihren Vater als einen eher frei denkenden Mann schildert, für den Religion auch eine gewisse Art von Etikette war, nennt ihn Prinzessin Catherine Radziwill, eine Angehörige des polnischen Hochadels, einen der »bigottesten und engstirnigsten Menschen«, die sie je getroffen hatte. Denn schon »der Anblick des eigenen Körpers, und sei es auch nur zum Waschen, sei eine Todsünde.«[18] Beweisen können wir weder das eine noch das andere. Tatsache scheint aber zu sein, daß die Macht der Geistlichkeit am großherzoglichen Hof, besonders die der Jesuiten, beträchtlich war. Wie die Wiener Zeitung *Die Zeit* in ihrer Nummer vom 24. Dezember 1902 schreibt, ist Luises Mutter, die Großherzogin von Toscana, streng religiös, besucht täglich früh die Messe in der Franziskanerkirche und gilt als Hauptstütze sämtlicher katholischer Vereine und deren Veranstaltungen, bei denen sie ebensowenig fehlt wie ihre Töchter.

Bei dieser Einstellung der Großherzogin ist es nicht weiter verwunderlich, daß sich der Einfluß der Geistlichkeit überall bemerkbar machte. Es gab, wie Luise moniert, keine moderne Literatur, an Zeitungen nur solche betont katholischer Provenienz und Missionsblätter. Theater und Konzertbesuche waren eine Seltenheit, ihre Auswahl unterlag einer strengen Zensur. Dafür waren ihre Gebetbücher und Rosenkränze eines ekklesiastischen Museums würdig, wie Luise schreibt.[19]

Luise findet einigen Anlaß zu scharfer Kritik an der Geistlichkeit: »... es gibt auch solche Priester, die ihren Namen und ihre geistliche Stellung dazu gebrauchen, um Dinge zu sagen und zu tun, die völlig gegen die gute Sitte verstoßen, und nicht nur eine junge Prinzessin hat im Beichtstuhl auf Fragen antworten müssen, die niemals hätten gefragt werden sollen. Und wenn sie andeutete, sie würde sich darüber beklagen, so würde ihr Beichtvater ihr drohen, den Eltern mitzuteilen, daß er leider ihre verderbte Natur erkannt hätte, für die nur ein Kloster der geeignete Platz wäre.«[20]

Kloster oder Irrenhaus. Es ist nicht ganz von der Hand zu weisen, daß damit zumindest gedroht wurde. Eine unterschwellige Angst davor erfüllte schon das Kind Luise. Ihr persönliches Pech sollte es sein, daß sie mit einer ähnlich engstirnigen Atmosphäre wie der ihres Elternhauses auch später konfrontiert wurde. Doch es gab auch angenehme Erinnerungen an die Jugendzeit: Reisen an den Bodensee, nach Böhmen oder nach Gmunden zur Großmutter in Schloß Orth, einmal sogar nach Paris, des öfteren auch nach Wien, das sie im Alter von elf Jahren zum ersten Mal anläßlich eines Besuches beim Zahnarzt besuchte. Lassen wir sie selbst berichten: »Ich werde niemals den ersten Eindruck, den die österreichische Hauptstadt auf mich machte, vergessen. Ich war einfach überwältigt, da Salzburg weit hinter dem Fortschritt zurückblieb. Ich sah in Wien den ersten Tramwagen, das erste elektrische Licht. Die Enthüllung des Maria-Theresia-Denkmals war ein großer Moment in meinem jungen Leben. Alle Mitglieder des habsburgischen Kaiserhauses waren damals bei dieser Feier zugegen. Es war ein unvergeßlicher Anblick und eine ewige Erinnerung für mich.« Und sie schildert anschaulich, welch unauslöschlichen Eindruck Kaiserin Elisabeth auf sie machte. »Oft kamen wir nach Wien und wohnten in der Hofburg, wo wir öfters die Kaiserin von weitem wie eine schöne, märchenhafte Erscheinung durch die Gänge und Säle der Hofburg gleiten sahen. Eine ganz besondere Anziehungskraft ging von ihr aus und zog mich in ihre Nähe.«[21]

Darüber hinaus pflegte das großherzogliche Paar einen regen Kontakt mit Freunden und Verwandten, unter denen sich eine Menge interessanter Menschen befanden. »Königliche Besuche kamen öfters nach Salzburg«, berichtet Luise. »Ich erinnere mich, den Kronprinzen Rudolf von Österreich mit seiner kindlichen Braut Stephanie gesehen zu haben, die Rudolfs Großvater, Erzherzog Franz Karl, besuchten, begleitet vom König Leopold von Belgien und seiner Tochter Clementine, und ich weiß noch, daß ich ihr hübsches, gesticktes Kleidchen bewunderte. Dieser Besuch war ein Fest für ganz Salzburg.« Erzherzog Franz Karl, der Vater Kaiser Franz Josephs, bewohnte ebenfalls einen Flügel der Salzburger Residenz.

Auch Königin Amelie von Portugal befand sich einmal auf der Durchreise. Besonderen Eindruck hinterließ bei Luise der Schah von Persien, Nassr-Eddin. »Als ich ihn durch die Straßen der Stadt auf einem weißen Pferd mit rotgefärbter Mähne und Schweif reiten sah, einen Beamten zur Seite, der einen großen roten Schirm über ihn hielt, war mein Staunen und Verwundern ohne Ende. Die Perser waren auch barbarisch schmutzig in ihren Gewohnheiten, und es entsetzte mich der Gedanke, daß sie Hammel und andere Tiere in den Marmorsälen unserer Residenz schlachteteten und auf großen Spießen am offenen Feuer brieten. Alle waren herzlich froh, als die unsauberen Gäste von dannen zogen.«[22]

Besonders gern begleitete Luise den Großherzog auf die Jagd. »Ich liebte das Jagdleben in der kräftigen Gebirgsluft, der völligen Freiheit und Natürlichkeit, und die Gesellschaft meines geliebten Vaters verschönte alles durch sein völliges Übereinstimmen mit meinem Empfinden. Nur ungern kehrte ich nach Salzburg zurück, wo Kirchenzwang und Beichtväter auf mich warteten.«[23] Diese Empfindung teilte sie offensichtlich mit ihrem Bruder Leopold; auch er berichtet in liebevoller Erinnerung von den Jagdaufenthalten mit seinem Vater in dem einfachen Bauernhaus in Langreith, wo man lebte, wie es Jägern geziemt, mit »Salami und Brot und einer halben Flasche Antinori im Rucksack«.[24]

Hoffen wir also, daß Luise »als Spielgenossin und Freundin ihrer vier Brüder, die ihr stets bei jeder Spitzbüberei halfen und sie unterstützten«,[25] in der Salzburger Residenz auch fröhliche Stunden verlebte und ihre Kindheits- und Jugendjahre nicht gar so hart und freudlos waren, wie sie es uns glauben macht. Mag Luise auch hie und da ein wenig über die Strenge geschlagen haben, gerade ihre frische und natürliche Art, die sich nicht jeder Konvention beugte, macht sie uns liebenswert.

Luise wird verheiratet

Ob Prinzessin oder Bürgermädchen, das Ziel der Eltern war damals allemal das gleiche: die Tochter unter die Haube zu bringen. Möglichst vorteilhaft, versteht sich.

Was Luises Heiratsaussichten betraf, durfte das großherzogliche Paar durchaus zuversichtlich sein. Sie war gut gewachsen, hübsch, mit dunklem Haar und dunklen Augen, und sie hatte zweifellos Charme. Nicht zuletzt war sie eine Habsburgerin aus beinahe noch regierendem Haus, das in der Familienhierarchie gleich hinter der Primogenitur, der Linie des Kaisers, rangierte. Es konnte also nicht allzu schwierig sein, einen geeigneten Gatten für sie zu finden.

Die Suche begann, als Luise sechzehn Jahre alt war, und lag in der Hauptsache im Verantwortungsbereich der Mutter. Zu deren Aufgaben gehörte es nun, Augen und Ohren offenzuhalten, Korrespondenzen zu führen, Gespräche einzuleiten, Kontakte anzubahnen. Und bei alldem den Faktor Zeit nicht aus dem Auge zu verlieren. Denn die Konkurrenz war groß, auch oder gerade für eine hochgeborene Tochter, Prinzessinnen gab es in europäischen Herrscherhäusern wie Sand am Meer. Ehe man es sich versah, konnte ein Mädchen als »alte Jungfer« gelten, deren Heiratschancen gegen Null tendierten. Übrig blieb dann nur in günstigen Fällen das adelige Damenstift, andernfalls das Kloster.

Der erste Kandidat hieß Pedro und war ein Neffe der Kaiserin von Brasilien, der sich mit seiner Tante gerade in Baden-Baden aufhielt. Großherzogin Alice überlegte nicht lange und sagte sich mit ihrer Tochter zu einem Besuch an. Luise hatte keine Ahnung, warum sie auf einmal ihre Großtante, denn das war die Kaiserin von Brasilien, be-

suchen sollte. Nur ihre Brüder, in dieser Hinsicht anscheinend gewitzter, rochen Lunte und hänselten sie mit dem
voraussichtlichen Gatten, an den sie nun »verkauft werden
würde, eine Zumutung, die ihr Wuttränen entlockte«.[26]

Obwohl Luise den jungen Mann wider Erwarten »sehr
nett und liebenswürdig« fand, kam es zu keiner Verbindung.
»Wir erfüllten die Erwartungen unserer Familien jedoch
nicht, und die Heiratspläne fielen ins Wasser«, schreibt
Luise darüber. Offensichtlich lag es an Pedro. Denn »Pedro
sah in mir nur ein lustiges Kind, und wir verbrachten alle
unsere Zeit, in dem Garten der Villa herumzulaufen und
über Blumenbeete zu springen.«[27] Die Reise nach Baden-
Baden war also kein Erfolg gewesen. Zu Luises Glück, denn
Pedro wurde drei Jahre später geisteskrank.

Ein Jahr darauf, im Sommer 1887, anläßlich einer Einladung des Königs und der Königin von Sachsen, reiste die
Familie Toscana nach Schloß Pillnitz bei Dresden. Dort sah
Luise ihren zukünftigen Gatten, den Sachsenprinzen Friedrich August, zum ersten Mal.

Königin Carola hatte zu Ehren der Gäste zu einem Fest geladen. Luise war aufgeregt und schon die Wahl des Ballklei-
des bereitete ihr schlaflose Nächte. Zwar Erzherzogin, zu
Etikette, Würde und Contenance erzogen, war sie doch zugleich ein Mädchen mit kaum siebzehn Jahren, das vor dem
ersten Ball ihres Lebens stand. Sie entschied sich schließlich
für ein duftiges Kleid aus blaßrosa Seidenmousseline und
einen Kranz aus gleichfarbigen Rosen im braunen Haar. Sie
wollte hübsch sein. An diesem Abend tanzte Luise viel mit
dem zweiundzwanzigjährigen Prinzen Friedrich August
und fand ihn nicht nur »sehr hübsch und schmuck in seiner
hellblauen, mit Gold verzierten Husarenuniform«, sondern
auch »außerordentlich liebenswürdig und natürlich«.[28]

»Von allem, was ich in Sachsen sah, war ich entzückt; wir
genossen den Aufenthalt aus vollem Herzen«,[29] äußert

Luise sich darüber in ihren Memoiren. Zu einer Verlobung kam es allerdings nicht. Vorläufig noch nicht. Wenn Gespräche darüber geführt wurden, so erfuhr Luise davon nichts. Was solche Pläne betraf, pflegten Eltern ihren Töchtern gegenüber ziemlich zurückhaltend zu sein.

Erst vier Jahre später, nach einem Zwischenspiel, wurde das Thema Friedrich August wieder akut. Das Intermezzo hieß Prinz Ferdinand, Herrscher des jüngst wiedererstandenen Fürstentums Bulgarien im Südosten Europas. Im Mittelalter hatte es bereits ein unabhängiges Königreich Bulgarien gegeben. Dann geriet das Land jedoch noch vor der Eroberung Konstantinopels durch die Türken jahrhundertelang unter deren Herrschaft. Erst der russisch-türkische Krieg und der ihm 1878 folgende Berliner Kongreß brachte dem Land wenigstens teilweise die Befreiung von diesem Joch. Bismarck hatte es zusammen mit den Repräsentanten der anderen Großmächte in die Hand genommen, die Verhältnisse auf dem Balkan neu zu ordnen. Seit 1887 regierte in Bulgarien Prinz Ferdinand von Sachsen-Coburg-Kohary, Sohn des Herzogs August von Sachsen-Coburg-Kohary und der Prinzessin Clementine von Bourbon-Orléans. Beachtlich, wenn man bedenkt, daß Ferdinands Bruder Philipp mit einer Tochter des belgischen Königs verheiratet und somit Schwager der österreichischen Kronprinzenwitwe Stephanie war. Man sieht: viele Wege führen nach Habsburg.

Ferdinand war also ein regierender Fürst mit einer illustren Verwandtschaft. Die Familie war außerordentlich vermögend und in Ungarn reich begütert. Wenn Luise ihn heiratete, würde sie nicht nur in den Genuß besagter Vermögensverhältnisse kommen, sondern schon von Beginn ihrer Ehe an eine Krone tragen und Fürstin von Bulgarien sein.

Papa ›Nando‹ reiste daher Anfang des Jahres 1891 mit seiner ältesten Tochter nach Wien, um Tante Clementine zu besuchen und mit ihr zu verhandeln. Er begünstigte diese Verbindung.

»Mein Vater war sehr aufgeregt, ich hingegen völlig gleichgültig und ruhig«, schreibt Luise in ihren Memoiren. »Da kam auch schon meine Tante. Klein und umfangreich war sie, eine nicht unelegante Erscheinung, die in allem die vollendete Grande Dame verriet. Sie hatte durchdringende blaue Augen und eine große Nase, und ihr Geist und Urteil waren voll von männlicher Kraft. Leider war Tante Clementine vollkommen taub und gebrauchte ein großes Hörrohr, das wir in sehr unrespektvoller Weise ›Kaffeemaschine‹ nannten, und deshalb wurde die Tante Clementine in unserer Familie allgemein nur ›Tante Kaffeemaschine‹ genannt. Da sie eine außergewöhnlich böse Zunge hatte, erklärten meine Brüder, daß sie den guten Ruf der Leute in ihrer Kaffeemaschine zu Pulver mahle« … »Sie ist recht hübsch, und ich würde mich freuen, sie zur Tochter zu haben«, habe Tante Clementine dann auf französisch zu Großherzog Ferdinand gesagt, »worauf sie Papas Arm nahm und in das anstoßende Zimmer ging, wo ein, ich kann es nicht anders benennen, Schrei-Duett begann. Papa schrie seine Hoffnungen und Zukunftsaussichten in das Hörrohr der Tante, und dieselbe verkündete meinem Papa mit lautem Geschrei ihre Heiratsideen für ihren Sohn Ferdinand, und so hörte ich ihre diplomatischen und feinen Pläne mit größter Bequemlichkeit.«[30]

Fürst Ferdinand war für Luise kein Unbekannter. Er wirkte auf sie zwar wie ein »Opernkönig«, sie schildert ihn aber auch als einen »schönen und eleganten Mann, der geistvoll und reich, eine Frau glücklich machen konnte«.[31] Doch auch diese Verbindung sollte, den offensichtlichen Vorzügen des Bräutigams zum Trotz, nicht zustandekommen.

Luise behauptet, sie habe Ferdinands Werbung zurückgewiesen, weil sie »ihn nie würde lieben können« und sich bereits »zu Prinz Friedrich August hingezogen fühlte«[32]. Oder war vielmehr der Umstand ausschlaggebend, daß Großher-

37

zogin Alice die Coburger (im Gegensatz zu ihrem Mann) nicht ausstehen konnte und den Sachsenprinzen bevorzugte? Der würde wenigstens einmal der solide König eines angesehenen Landes sein und nicht auf einem möglicherweise doch recht fragilen Thron sitzen wie dieser Ferdinand von Bulgarien an der äußersten Ecke der Balkanhalbinsel. Daß der bulgarische Thron dann achtundzwanzig Jahre länger bestand als der sächsische, darf zu den Ironien der Weltgeschichte gezählt werden.

Lassen wir Luise selbst zu Wort kommen: »Ich will nicht behaupten, daß eine Prinzessin gezwungen sei, die erste Werbung anzunehmen«, schreibt sie in ihren Memoiren. »Sie kann ihren zukünftigen Gatten in gewissen Grenzen wählen.« Aber »unsere Erziehung bringt es mit sich, daß wir schweigend annehmen, was uns geraten wird«. Und an anderer Stelle: »Ich weinte bitterlich, als ich meine Stellung mit der anderer Mädchen verglich, die niemals zu einer überstürzten Heirat gezwungen würden, die freier in der Wahl ihrer Gatten sein konnten als eine arme Prinzessin«[33].

Am 19. Juni 1891 kam Friedrich August in Begleitung seines Vaters, des Prinzen Georg von Sachsen, und seiner Schwester Mathilde nach Lindau und hielt, ehe er wieder abreiste, förmlich um Luises Hand an.

Er war zu diesem Zeitpunkt 26 Jahre alt und hatte nach dem Studium der Rechtswissenschaft in Straßburg und Leipzig in Dresden eine praktische Einführung in die Landesverwaltung absolviert. Wie bei Prinzen üblich hatte er bereits eine Blitzkarriere als Offizier hinter sich und bekleidete trotz seines jugendlichen Alters schon einen hohen Rang in der Armee. Er kannte England, Schottland, Österreich und die Balkanländer und hatte unter dem Pseudonym eines Grafen von Weesenstein eine siebenmonatige Mittelmeerreise gemacht, die ihn auch nach Ägypten, Palästina und in die Türkei geführt hatte. Veranlagung und Erziehung hatten ihn zu einem sehr pflichtbewußten Mann gemacht. In Sachsen war er sehr beliebt. Wie die meisten seiner Standesgenossen war er ein leidenschaftlicher Jäger. Das Wild, das er im Laufe seines Lebens zur Strecke bringen sollte, konnte sich sehen lassen, immerhin 600 Hirsche, 12 000 Rehböcke, 23 000 Fasanen.[34] Es gab aber gekrönte oder beinahe gekrönte Häupter, die ihn da weit in den Schatten stellten, wie Kaiser Franz Joseph oder gar Erzherzog Franz Ferdinand, dessen Jäger gar nicht mit dem Nachladen der Flinten nachkamen, die ihr Herr zum Abschuß benötigte.

Als Friedrich August später an die Regierung kam, sollte er zwar dafür sorgen, daß die Dresdner Staatstheater, die er mit seiner Zivilliste unterhielt, immer über erstklassige Kräfte verfügten, aber das geschah wohl mehr aus Gründen der Repräsentation. Ein musischer Mensch war er deswegen nicht. (Unter Zivilliste versteht man in Monarchien die jährliche Geldsumme, die dem Landesherrn verfassungsmäßig zusteht.) »Mein Mann liebt die Jagd«, wird Luise viele Jahre später anläßlich eines Interwiews sagen. »Mein Mann liebt das Militär. Und sonst ist er sehr fromm. Wissenschaft und Künste, Musik, Theater, Literatur, das sind ihm gefahrvolle Gebiete. Als Priesterzögling hat er auf meine Vorliebe zu diesen Dingen immer wie auf eine gefährliche und sündhafte Neigung geblickt.«[35] Ob es sich bei dieser boshaften Bemerkung wirklich um Luises eigene Worte handelt oder der Ausspruch nicht von einem Journalisten publikumswirksam aufbereitet wurde, läßt sich natürlich nicht mehr feststellen.

Im Juni 1891, als Luises Verlobung mit Friedrich August zur Diskussion stand, war sie von jener Erkenntnis noch meilenweit entfernt. Nach kurzer Bedenkzeit nahm sie seinen Antrag an. »Ich wußte, wie sehr meine Eltern meine Verheiratung wünschten, und mein unabhängiger Geist verlangte nach einem freien, weiten Feld der Tätigkeit ... Ich wünschte, an einer Stelle zu stehen, wo ich Einfluß hatte, und der Gedanke, Königin zu werden, schmeichelte meiner Eitelkeit.«[36] Von großer Liebe spricht das nicht, eher von der rationalen Überlegung einer gehorsamen Tochter, das Beste aus der Situation zu machen. Dennoch scheint die entscheidende Begegnung mit Prinz Friedrich August die meisten ihrer Ängste besiegt zu haben. In ihren Memoiren schilderte sie, was sie dabei empfand. »Als Prinz Friedrich August in den Salon hineingeführt wurde, wo wir versammelt waren, vergaß ich meine eigene Aufregung beim Anblick seiner Verlegenheit. Er vergaß in diesem Augenblick, meinen Eltern, wie bei solchen Gelegenheiten die Etikette erfordert, den üblichen Kuß zu geben, und ging auf mich, heftig errötend, zu und drückte einen sehr, sehr scheuen Kuß auf meine Stirne. Als die erste nervöse Spannung gewichen war, schlossen wir uns eng aneinander. Die nähere Bekanntschaft mit meinem Bräutigam ließ mich seine vielen ausgezeichneten Herzens- und Geisteseigenschaften erkennen, und diese Entdeckungen waren eine Quelle großer Freuden für mich, da ich nun sicher war, daß meine Verbindung mit ihm ein Glück für mich bedeuten würde. Friedrich August war ein hübscher, großer und wohlgebauter Mann. Sein offener Ausdruck war durch die besten und freundlichsten Augen der Welt doppelt anziehend. Ich glaube nicht, daß es einen Mann mit edlerem und besserem Herzen wie ihn auf der Welt gibt. Seine Ritterlichkeit war ohne Tadel, und er betete mich an«.[37] Seine Schüchternheit betrachtete sie sogar als Vorteil, denn sie bewies ihr, daß er, was Frauen betraf, noch ein unbeschriebenes Blatt war, und sie »keine Gespenster der Vergangenheit zu fürchten brauchte«.[38]

Aber noch war die Sache nicht perfekt. Luises Eltern hatten zwar ihr Einverständnis mit der Heirat erklärt, aber endgültig darüber zu bestimmen hatte ein Höherer und der saß in

Wien: Seine Majestät, Kaiser Franz Joseph, das Oberhaupt der Familie und des Hauses Habsburg. Der Großherzog telegraphierte daher pflichtschuldigst nach Wien, um die Erlaubnis einzuholen, »seine Tochter Luisa Prinz Friedrich August von Sachsen zur Frau zu geben«.[39]

Es war eine reine Formalität, denn der Kaiser wußte längst Bescheid, aber so wollte es nun einmal das im spanischen Hofzeremoniell wurzelnde Familiengesetz im Hause Habsburg. Natürlich zögerte Kaiser Franz Joseph nicht, sofort und in aller Herzlichkeit zu der bevorstehenden Verbindung Glück zu wünschen. Er hätte auch keine Ursache gehabt, sie abzulehnen, denn Friedrich August erfüllte die beiden wichtigsten Bedingungen, die es für die Ehe einer Habsburgerin gab: er war katholisch und er war ebenbürtig.

Nach dem Familienstatut aus dem Jahre 1839 bestand Ebenbürtigkeit nur dann, »wenn die Ehe mit einem Mitglied des Erzhauses oder dem eines anderen christlichen gegenwärtigen oder vormalig souveränen Hauses oder einem Mitglied jener fürstlichen Häuser, denen nach Artikel 14 der deutschen Bundesakte und nach dem von Kaiser Franz I. am 17. September 1825 in Preßburg erlassenem Handschreiben das Recht der Ebenbürtigkeit zustand, eingegangen wurde.«[40]

Einige Jahre später sollte jenes Gebot der Ebenbürtigkeit die Monarchie erschüttern und zu einem nie wieder gutzumachenden Zerwürfnis zwischen dem Kaiser und seinem Thronfolger führen, als Erzherzog Franz Ferdinand auf einer Heirat mit der nicht ebenbürtigen Gräfin Sophie Chotek bestand. An Friedrich August war in dieser Hinsicht nichts auszusetzen. Seine Herkunft war lupenrein. Die Wettiner, ein Adelsgeschlecht aus Nordthüringen, das seinen Namen von der Burg Wettin herleitet, waren ein ebenso altes und ehrwürdiges Geschlecht wie die Habsburger. Konrad I. setzte sich 1123 in den Besitz der Markgrafschaft Meißen, wurde 1127 von Kaiser Lothar III. damit belehnt und legte damit den Grundstock zum Aufstieg seines Hauses. Schon seit 1423 war Sachsen Kurfürstentum. Im Jahre 1806 kam es zu neuer Würde. Kurfürst Friedrich August III. hatte sich nach dem Debakel Preußens in den Napoleonischen Kriegen dem Franzosenkaiser angeschlossen und wurde dafür mit dem Königstitel belohnt. Als König Friedrich August I. hielt er jedoch ungeschickterweise auch dann noch an seinem Gönner fest, als dieser sich schon längst auf der Verliererstraße befand. Die Strafe dafür folgte auf dem Wiener Kongreß, auf dem nicht nur, wie allgemein behauptet, getanzt, sondern auch hart um die neue Verteilung der Macht gefeilscht wurde. Sachsen verlor einen guten Teil seines Territoriums an das letztlich siegende Preußen. Die Königstitel, die Napoleon so großzügig verschenkt hatte – schließlich kosteten sie nichts –, blieben aber erhalten.

Auch die Religion des Bräutigams stimmte. Obwohl die Bevölkerung Sachsens seit der Reformation hauptsächlich dem protestantischen Glauben angehörte, war das Königshaus streng katholisch. Die Erklärung dieses anscheinend paradoxen Sachverhaltes bedarf eines kurzen historischen Exkurses. Es war wieder einmal um Macht gegangen und um einen Königsthron. Den polnischen zur Abwechslung.

Der Polenkönig Johann Sobieski, bekannt durch seine tatkräftige Mithilfe zur Befreiung Wiens von den Türken im Jahre 1683, war 1697 gestorben. Der Thron war vakant. Kurfürst Friedrich August I. von Sachsen gewann ihn mit habsburgischer Unterstützung, sanftem militärischen Druck und enormen Bestechungsgeldern und nicht zuletzt mit dem Übertritt zum katholischen Glauben. Denn ein protestantischer König von Polen war für die katholischen Polen indiskutabel.

Wie seinerzeit Paris dem Protestanten Heinrich von Navarra war später Warschau dem Kurfürsten von Sachsen, August dem Starken, eben »eine Messe wert«. Ein frommer

Sohn seiner Kirche war er sowieso nicht gewesen. Schreibt ihm doch der Volksmund sage und schreibe dreihundert uneheliche Kinder zu. Namentlich bekannt von ihnen sind außer dem ehelich geborenen Kurprinzen allerdings nur acht. Die versammelte der Vater alle einmal zur gemeinschaftlichen Familienfeier um sich. Er legte offenbar Wert darauf, daß sie einander kennenlernten.

Die Nachricht vom Glaubensübertritt August des Starken hatte bei der Bevölkerung von Sachsen einige Unruhe hervorgerufen, die der Kurfürst-König aber durch eine öffentliche Erklärung zu beschwichtigen vermochte. Es solle bei der Augsburgischen Konfession, hergebrachten Gewissensfreiheit, Kirche, Gottesdienst und Universitäten bleiben, und niemand brauche Angst zu haben, zum Glaubenswechsel gezwungen zu werden. Das Versprechen, das August der Starke den Sachsen gab, haben auch seine Nachfolger gehalten. Nur sie selbst und ihre Familien blieben katholisch.

Gerade die Wettiner hatten in der Geschichte der Reformation eine besondere Rolle gespielt. Wittenberg, die Lutherstadt, liegt im heutigen Sachsen-Anhalt. Dort hatte Kurfürst Friedrich der Weise 1502 die Universität gegründet, die durch Luther und Melanchthon zum Mittelpunkt der Reformation wurde. An der Tür der Schloßkirche von Wittenberg soll der große Reformator Martin Luther am 31. Oktober 1517 seine berühmten 95 Thesen angeschlagen haben. Vor dem Elstertor der Stadt hat er 1520 die päpstliche Bulle, in der ihm der Kirchenbann angedroht wurde, öffentlich verbrannt. Nun tatsächlich mit dem Kirchenbann belegt, verteidigte sich Luther ein Jahr später vor dem Reichstag zu Worms, lehnte aber auch hier den Widerruf ab, worauf die Reichsacht über ihn und seine Anhänger verhängt wurde. Er wäre vogelfrei gewesen, wurde aber heimlich von seinem Landesherrn, Kurfürst Friedrich dem Weisen, auf die Wartburg gebracht, wo er als »Junker Jörg« das Neue Testament ins Deutsche übertrug. Trotz Acht und

Bann kehrte Luther bereits ein Jahr später nach Wittenberg zurück. In der Schloßkirche von Wittenberg befinden sich die Grabstätten Luthers, Friedrichs des Weisen und Melanchthons.

Die Luthersche Glaubensreformation hatte sich in Deutschland rasch verbreitet und das Land zweigeteilt, wobei Sachsen zu den Ländern zählte, die sich bald zu der neuen Lehre bekannten. Katholizismus stand gegen Protestantismus. Jahrelange Kämpfe mit wechselnden Erfolgen zerrütteten die deutschen Länder. Aus Protest gegen die Reichs- und Religionspolitik des am Katholizismus festhaltenden Kaisers Karl V. kam es in den Jahren 1551/52 unter der Führung von Kurfürst Moritz von Sachsen und dem Landgrafen Wilhelm von Hessen zur sogenannten Fürstenverschwörung, die durch ihren Sieg gegen den Kaiser die Stellung der Lutheraner im Reich schließlich festigte. Endlich wurde eine Vereinbarung getroffen. Der Passauer Vertrag, der zwischen Kurfürst Moritz von Sachsen als dem Führer der Fürstenverschwörung und dem deutschen König Ferdinand I. abgeschlossen wurde, gewährte den Protestanten die freie Religionsausübung. Sie wurde am 25. September 1555 im Augsburger Religionsfrieden auf dem dortigen Reichstag als Reichsgesetz verkündet. Den weltlichen Reichsständen wurde die Religionsfreiheit gestattet, sie entschieden zugleich über die Religion ihrer Untertanen. »Wessen die Herrschaft, dessen die Religion«, hieß es nun. Wem der Glaube seines Landesherrn nicht paßte, dem blieb nur die Auswanderung.

Nach diesem Abstecher in die Geschichte der Reformation, an der Sachsen großen Anteil hatte, wollen wir jedoch wieder in das großherzogliche Salzburg zurückkehren, wo schon die Vorbereitungen zur Hochzeit getroffen wurden.

Hier mußten die Formalitäten der Feier geklärt, der »Trousseau«, die Wäscheausstattung der Braut, mußte in Wien bestellt und die Frage des Hochzeitskleides besprochen werden. Eigentlich war es gar nicht anders als bei jeder besseren bürgerlichen Hochzeit auch; nur sehr viel teurer.

Jede Erzherzogin, die mit kaiserlicher Zustimmung heiratete, erhielt eine Mitgift von 100 000 Gulden in Wertpapieren, dazu kamen in Luises Fall 105 000 Gulden für die gemeinsame Hofhaltung und 25 000 Gulden aus dem Staatsvermögen für die Ausstattung. Für alle anderen Erfordernisse, wie Schmuck und Kleider, hatten die Eltern zu sorgen.[41] Außerdem erhielt Luise vom Kaiser ein persönliches Hochzeitsgeschenk, ein Diadem aus Diamanten, Saphiren und Perlen. Auch sonst wurde die Braut reich beschenkt. Großherzogin Alice plünderte für ihre Tochter ihre Schmuckschatulle, König Albert stellte sich gleichfalls entsprechend ein, nicht zu vergessen Bräutigam Friedrich August selber, der seiner Braut Schmuck aus dem Besitz seiner verstorbenen Mutter schenkte. Luise fühlte sich nach ihren eigenen Worten »wie eine Prinzessin aus ›Tausendundeiner Nacht‹«.[42] Und gewiß blickte sie voll glücklicher Erwartung in die Zukunft.

Die Hochzeit

Am 19. November 1891 um 12 Uhr mittags, zwei Tage vor ihrer Hochzeit, betrat Luise am Arm ihres Vaters die Geheime Ratsstube der Kaiserlichen Hofburg zu Wien. Nun konnte man den Raum, in dem die nachfolgend beschriebene Zeremonie stattfand, nicht als düstere »Stube« zur Bearbeitung geheimer Staatsakten bezeichnen, noch unterlag die Zeremonie selbst irgendeinem Staatsgeheimnis. Diese Geheime Ratsstube der Wiener Hofburg präsentierte sich ganz im Gegenteil und zu Luises Überraschung als ein großer, heller Saal im Stil des Barock, dessen Wände mit roter Seide tapeziert waren.

Auf einer Estrade befand sich ein Thronsessel. Davor stand Kaiser Franz Joseph I. Anwesend waren neben dem Bräutigam auf allerhöchsten Befehl sämtliche männlichen Mitglieder des Hauses Habsburg, der Erste Obersthofmeister Prinz Hohenlohe, der Kardinal-Fürsterzbischof von Wien Dr. Gruscha und jede Menge anderer hoher Würdenträger, die Militärs, ordensgeschmückt und in großer Galauniform sowie eine nicht näher bekannte Zahl anderer hoher Würdenträger des Reiches und der Stadt. Sie alle hatten sich – Zeremoniell und Protokoll triumphierten bei solchen Anlässen – nach einem genau festgelegten Schema aufgestellt.

Wir können uns vorstellen, daß aller Augen auf Luise gerichtet waren, die der Bedeutung des Tages entsprechend in großer Toilette erschien. Wie wir von ihr selbst wissen, trug sie »ein wunderschönes rosa Kleid aus mit weißen Veilchen und Maiglöckchen damasziertem Atlas« mit einer fünf Meter langen Schleppe.[43] Es paßte vortrefflich zu ihren dunklen Haaren und Augen, und so mancher mochte den Bräutigam insgeheim um seine hübsche Braut beneidet haben.

Sinn und Inhalt jenes Staatsaktes war die sogenannte »Renunziation«, die Verzichterklärung Luises auf bisher innegehabte Rechte. Jede österreichische Erzherzogin – sie konnte in der Genealogie noch so weit vom Thron entfernt sein – hatte sie vor ihrer Verehelichung abzugeben. Damit wollte das Haus Habsburg sich gegen etwaige spätere dynastische Ansprüche der mit der Heirat aus dem Haus ausgeschiedenen (und somit nur noch ehemaligen) Erzherzogin absichern. Die Renunziation war ein wesentlicher Punkt des Ehevertrages, dessen Bestimmungen schon vorher vereinbart worden waren; in der Regel und auch im vorliegenden Fall Gegenstand langen Feilschens. Denn es ging um viel Geld und die Absicherung der Braut allen möglichen Wendungen des Schicksals gegenüber. Da war kein Detail unwichtig.

Ein wesentlicher Punkt war deshalb die Festsetzung der Mitgift. Sie sollte in Wien, wo die Hochzeit stattfinden würde, dem Bräutigam übergeben werden. Diesem standen, soweit es sich um monetäre Werte handelte, die anfallenden Zinsen zum lebenslänglichen »Nutzgenuß« zu, dafür hatte er in Zukunft für den gemeinsamen Hofstaat und alles, was damit im Zusammenhang stand, Sorge zu tragen. Außerdem hatte Luise von ihm ein jährliches »Nadelgeld« von 20 000 Mark zu erwarten. Sollte sie ihren Gatten überleben, würde das Heiratsgut an sie zurückfallen. Darüber hinaus stand ihr ein jährliches »Wittum« in Höhe von 60 000 Mark zu sowie ein standesgemäßer Wohnsitz in Sachsen. Die beiden letzten Zuwendungen aber würden entfallen, sollte Luise, was nur mit Bewilligung der beiden Häuser möglich war, eine neue Ehe eingehen. Denn auch eine Witwe durfte nicht ohne weiteres den Mann heiraten, der ihr gefiel. Da hatten Familie und Schwiegerfamilie auch noch ein Wörtchen mitzureden. Dynastische Gründe hatten allemal Vorrang.

Kurz gesagt, man meinte, alles geregelt zu haben. An den Fall, der dann tatsächlich eintreten sollte, hatte man nicht gedacht. Der lag außerhalb jeglicher kaiserlich-königlich-habsburgischer und königlich-sächsischer Vorstellungskraft.

Der Ehevertrag trug die Unterschrift der Familienoberhäupter, die Seiner Kaiserlichen und Königlichen Apostolischen Majestät, Kaiser Franz Josephs I., Seiner Majestät König Alberts von Sachsen und Seiner Kaiserlichen und Königlichen Hoheit des Durchlauchtigsten Herrn Erzherzogs Ferdinand IV. Großherzog von Toskana.[44]

Doch kehren wir zur Renunziation zurück. Im Österreichischen Haus-, Hof- und Staatsarchiv befindet sich eine Akte, in der der Ablauf dieser Zeremonie genau festgehalten wurde. »Der Minister des Kaiserlichen Hauses und des Äußeren tritt an die Stufen des Throns und verliest die ihm vom Staatsnotar übergebene Verzichturkunde, worauf Ihre Kaiserliche und Königliche Hoheit, die durchlauchtigste Braut, nach einer Verbeugung vor Seiner Majestät sich zu dem Tisch, auf welchem das Kruzifix steht, verfügt, alldort die beiden ersten Finger der entblößten rechten Hand auf das vom Cardinal-Fürsterzbischof vorgehaltene Evangelienbuch legen, die Eidesformel in die linke Hand nehmen und selbe Wort für Wort laut ablesen, auf diese Weise auch den am Schluß der Formel beigefügten Eid ablegend.«

Luise tat, wie ihr geheißen. Mit ein wenig Herzklopfen wohl, war es doch das erste Mal, daß sie so im Mittelpunkt des Geschehens stand. »Wir, Luise Antoinette Maria, von Gottes Gnaden Kaiserliche Prinzessin und Erzherzogin von Österreich, Königliche Prinzessin von Ungarn, Böhmen … geloben und schwören zu Gott dem Allmächtigen, daß wir die vorliegende Verzichturkunde, von deren Inhalt und Bedeutung Wir vollkommen unterrichtet sind, und welche

48

Wir durch Unsere eigenhändige Namensunterfertigung bekräftigen, in allen ihren Bestimmungen und Klauseln getreulich beachten sollen und wollen. So wahr mir Gott helfe, in dankbarer Anerkennung des Uns bemessenen Heiratsgutes und der Uns zuteilgewordenen Ausstattung, allen beweglichen und unbeweglichen Gütern, Rechten, Ansprüchen und Forderungen, welche einst zum Nachlaß Unserer erlauchten Verwandten gehören, sowie auf das Successions-Recht in den königlichen Ländern und Gebieten entsagen, Uns aller Rechte und Ansprüche begeben, auch im Namen Unserer zukünftigen Erben.« Luise schwört weiter, das Primogeniturrecht und die zwischen männlichen und weiblichen Sprossen festgesetzte »Lineal-Successions-Ordnung« gemäß dem von Kaiser Ferdinand I. am 3. Februar 1839 errichteten Familien-Statut zu beachten. »Von der Erfüllung dieses vor Gott dem Allmächtigen abgelegten Eides soll Uns keine geistliche Absolution entbinden.« So wollte es die Tradition.

Es war, wie schon gesagt, Donnerstag, der 19. November 1891, zwölf Uhr mittags. Achteinhalb Jahre später sollte zu genau derselben Uhrzeit an genau demselben Platz unter Aufbietung des genau gleichen Gepränges eine andere Renunziation stattfinden. Erbitterte Kämpfe waren ihr vorausgegangen. Der Thronfolger von Österreich-Ungarn, Erzherzog Franz Ferdinand, verzichtete für seine zukünftige Frau, die nicht ebenbürtige Gräfin Sophie Chotek von Chotowka und Wognin, auf sämtliche kaiserliche und königliche und sonstige Titel, Würden und Rechte des Erzhauses, ebenso verzichtete er darauf im Namen seiner ungeborenen Kinder, die möglicherweise der noch gar nicht geschlossenen Ehe entstammen würden. Der Kaiser war zeit seines Lebens davon überzeugt, daß sogar dieser Kompromiß an der gottgewollten Ordnung rüttelte, an die er unerschütterlich glaubte. Die Schüsse von Sarajewo haben sie auf ihre Weise wiederhergestellt.

An Luises zeremonielle Verzichterklärung, die in diesem
Fall wirklich nur eine Formalität war, schloß sich um vier
Uhr nachmittags ein Galadiner im Großen Redoutensaal
an, für das 760 Gedecke aufgelegt wurden. Hoffentlich hat
Kaiser Franz Joseph, ein bekannt rascher Esser, sich wenigstens diesmal etwas mehr Zeit gelassen als sonst. Sobald er
nämlich mit einem Gang fertig war, pflegten flinke Lakaien
auch die Teller der übrigen Anwesenden abzuräumen,
selbst wenn jene noch halbvoll waren. Wie man sich erzählt,
soll daher so mancher Gast vom Tisch ziemlich hungrig auf-
gestanden sein und im Restaurant des nahegelegenen Hotel Sacher das nachgeholt haben, was ihm an der kaiserlichen Tafel versagt geblieben war.

Am Freitag abend gab es im Zeremoniensaal der Hofburg
ein Hofkonzert für 450 geladene Gäste, am Samstag, den
21. November, um neun Uhr dreißig begann die Auffahrt
zur kirchlichen Trauung, die in der Hofburgkapelle stattfand. Eine Ziviltrauung war bei der Verheiratung der Mitglieder des kaiserlichen Hauses nicht vorgesehen. Allein die
kirchliche Trauung war gültig. Die Dokumente samt Ehevertrag und Verzichterklärung erhielt danach das Hausministerium des Landes, in welches die Erzherzogin »aushei-
ratete«. Aber lassen wir nun Luise wieder selbst sprechen:
»Mein Brautkleid war reizend und einzig schön. Der weiße
Moiré antique war mit goldenen Rosen und Rosenblättern
in hohem Relief reich gestickt … Auf mein gewelltes Haar
war ein Myrthenkranz gelegt, hinter demselben trug ich ein
aus Diamanten angefertiges Kornährendiadem, Mamas Geschenk, darunter floß der lange Tüllschleier, der mit einer
Goldspitze endigte, über meine Schultern herab.«[45] Das
Kleid stammte aus dem Besitz der sächsischen Prinzessin
Anna, der ersten Frau ihres Vaters. Luise hatte es von ihrer
verstorbenen Halbschwester Maria Antoinette geerbt und
von Anfang an zu ihrem Hochzeitskleid bestimmt.

Vor den Räumen, die die Toscaner wie immer in der Hof-

burg bewohnten, hatte sich eine feierliche Prozession formiert. Angehörige der Hofgendarmerie bildeten ein Spa-
lier. Dicht gedrängt standen die Neugierigen, als der Zug
zur Kapelle schritt. Ein junger Page trug die Schleppe der
Braut. Ob er sie, wie Luise uns schildert, wirklich ganz allein
im wahrsten Sinne des Wortes zu schleppen hatte? Und ob
Luise sie ihm wirklich abnahm und sich selbst über den Arm
legte, weil ihr der Bub so leid tat? Und sie damit weder zum
ersten noch zum letzten Mal gegen die Etikette verstieß?[46]
Die Familienangehörigen hatten sich in der Kapelle versammelt. Auf der linken Seite saß der Kaiser auf einem
Thronsessel, die Braut stand zur Linken des Bräutigams.
Wie es sich für eine Hochzeit im allerhöchsten Kreis ge-
hörte, zelebrierte der Fürsterzbischof von Wien, Kardinal
Dr. Gruscha, persönlich die Messe, der Hof- und Burgpfar-
rer überreichte die geweihten Trauringe, die auf einer goldenen Platte lagen. Nach einer tiefen Verbeugung vor dem
Kaiser und dann vor ihrem Vater sprach Luise ihr Jawort.
Sie sagte es so laut, daß alle Anwesenden erschraken.[47]
»Kaum war der Gottesdienst vorüber, bildete sich in gleicher Weise wie beim Einzug in die Kapelle der Hochzeits-
Cortège, aber da wir die letzten waren, blieben wir stehen
und sprachen mit denen, die um uns herumstanden. Friedrich August trug die Uniform der österreichischen Drago-
ner, die ihm ausgezeichnet stand, und wenn er mich so zärtlich mit seinen lieben, guten, blauen Augen ansah, fühlte
ich, daß ich sehr, sehr glücklich war«, schildert Luise ihre
Gefühle, die sie nach der Hochzeit erfüllten.[48]

Glücklich und stolz, denn all dieses Gepränge galt ihr, einer
jungen Frau, die bisher ein eher bescheidenes Leben in Salzburg geführt hatte. Und vielleicht war sie auch ein wenig
ängstlich wie jede Braut vor dem Neuen, Unbekannten, das
nun auf sie zukam. »Nach der Trauung versammelten wir uns
zu einem Familiendejeuner, das der Kaiser gab. Ich saß ne-

ben ihm, und er war außergewöhnlich gut aufgelegt. Und da sämtliche Familienmitglieder dem Beispiel des Allerhöchsten Hauptes folgten, so verschwand bald die Steifheit, und wir wurden die fröhlichste Tischgesellschaft. Ich erinnere mich, daß Erzherzog Karl Ludwig mir zuflüsterte, daß er Friedrich August beneide«, schreibt Luise über jenes Hochzeitsessen.[49] Dann aber war es Zeit, ihr Brautkleid mit einem Reisekostüm zu vertauschen. Aus der österreichischen Erzherzogin war eine Prinzessin von Sachsen geworden. Der neue sächsische Hofdienst trat seinen Dienst bei ihr an. Es ging ans Abschiednehmen. Das fiel ihr nicht leicht. Daran konnten anscheinend auch die Wiener, die ihr zuwinkten und ein herzliches »Mach's gut, Luise!« wünschten, nicht viel ändern. Doch lassen wir Luise selbst sprechen: »Das Wetter war immer noch nebelig und traurig, und ein feiner Regen sprühte von einem grauen Himmel auf das graue Wien, und als wir zum Bahnhof fuhren, hatte ich die sonderbare Vorahnung von einem unabwendbaren Unglück, die ich vergebens abzuschütteln versuchte. Ich brach völlig nieder, als ich von meinem Papa Abschied nahm. Ich umschlang ihn mit beiden Armen und klammerte mich an ihn, und wir weinten beide.«[50] Der Kaiser hatte dem jungen Paar seinen Privatzug zur Verfügung gestellt, ein, wie Luise berichtet, wahres Schloß auf Rädern, mit Schlafzimmer, Badezimmer, eigenen Räumen für Gefolge und Dienerschaft, und einer besonders praktisch eingerichteten Küche.

»Ich war todmüde und hatte arge Kopfschmerzen vom vielen Weinen, und als der Zug sich in Bewegung setzte, legte ich mich erschöpft auf eine Chaiselongue. Friedrich August deckte mich sorgfältigst mit einem Reiseplaid zu und fast augenblicklich schlief ich ein. Als ich erwachte, wunderte ich mich zuerst, wo ich wäre; aber sofort wurde mir klar, daß, anstatt Luisa von Toscana zu sein, ich Luisa von Sachsen war, die sich auf ihrer Hochzeitsreise befand. Friedrich August kam und setzte sich neben mich. Wir waren in den letzten Tagen so sehr von Etikette gequält gewesen, daß es uns fast schwer wurde zu verstehen, daß wir allein waren und daß niemand sich zwischen uns stellen konnte, da wir jetzt verheiratet waren. Friedrich August war immer noch scheu, aber liebevoll und voll Aufmerksamkeiten, und immer mehr fühlte ich mich zu ihm hingezogen«, schildert Luise ihre Fahrt in die Flitterwochen.[51]

So schwer ihr der Abschied von ihrer Familie auch geworden war, sie war ein optimistischer Mensch. Sie war jung, sie war hübsch und sie hatte jetzt einen Mann, der zu ihr gehörte. Sie würden einander lieben und glücklich machen. Das wünschte sie sich von ganzem Herzen. Dazu wollte sie mit allen ihren Kräften beitragen. Was sollte da also schiefgehen?

Die Flitterwochen Luises und Friedrich Augusts, wenn man überhaupt von solchen sprechen kann, fielen nach all dem Prunk erstaunlicherweise recht bescheiden aus. Man machte auf dem Heimweg nach Dresden nicht einmal einen Umweg. Der kaiserliche Hofzug brachte die Frischvermählten zunächst nach Prag, wo auf ihren besonderen Wunsch auf einen offiziellen Empfang verzichtet wurde; kein Wunder, denn als man ankam, war es elf Uhr nachts. Das junge Ehepaar logierte im kaiserlichen Schloß auf dem Hradschin und verlebte dort »zwei glückliche und gemütliche Tage«, ehe die Fahrt endgültig nach Dresden ging.[52]

Von der Grenze Böhmens bis zur Hauptstadt Sachsens waren es nur drei Schnellzugsstunden. Der königliche Hofzug kam damit jedoch nicht aus. Entlang der Strecke standen die Leute, um einen Blick auf das Brautpaar zu werfen, Taschentücher und Hüte wurden geschwenkt, Hochrufe erklangen, und bei jeder Station wurde angehalten, um die Glückwünsche der Behörden entgegenzunehmen. Die Festung Königstein schoß während der Vorbeifahrt Salut, ebenso die Garnison in Pirna.

Auch in Dresden bereitete die Bevölkerung dem jungen Paar einen enthusiastischen Empfang. Seit der Vermählung der Prinzessin Maria Josepha mit Erzherzog Otto von Österreich im Jahre 1886 war im Königshaus keine Hochzeit mehr begangen worden. Doch während Prinzessin Maria Josepha außer Landes nach Wien ging, hielt diesmal die künftige Königin in Sachsen Einzug.

Die Straßen prangten trotz der späten Jahreszeit im Blumenschmuck, als die sechsspännige Galakutsche, von einer Ehreneskorte der Königs-Garde-Reiter begleitet, durch die Straßen fuhr. Nicht umsonst galten die sächsischen Hofequipagen als die künstlerisch vollendetsten an deutschen Höfen. Die Lakaien auf dem Tritt trugen hellgraue, mit Gold verzierte Livreen, dazu dunkelblaue Samtkniehosen und einen Dreispitz.

»Alles schien vor Freude außer sich zu sein. Die Bevölkerung erfaßte eine ungeheure Begeisterung, und ich fühlte mich durch den enthusiastischen Empfang der Bevölkerung gehoben und konnte vor Erstaunen und Freude kaum fassen, daß all dieser Jubel mir galt«, schildert Luise selbst ihre Eindrücke bei ihrem Einzug in Dresden. Stolz und glücklich saß sie neben ihrem Gatten und erwiderte die Grüße der Menge. Die Begeisterung, die sie umgab, ließ die schönsten Hoffnungen in ihr keimen. Galt sie doch nicht ihr allein als Person, sondern der künftigen Königin dieses Landes. Keine unnahbare Majestät, ein Freund in der Not wollte sie allen sein, die ihre Hilfe brauchten. Und nicht nur ihren Mann, auch ihr Volk wollte sie glücklich machen.[53]

Vor dem Rathaus am Altstädter Markt warteten die Spitzen der Behörden, um ihrem Prinzen und seiner jungen Frau zu huldigen. Im königlichen Schloß hatte sich die königliche Familie auf dem Balkon über dem Georgentor versammelt, um das junge Paar zu begrüßen, ehe es durch das Grüne Tor in den Schloßhof einfuhr.

»Der einzig dunkle Punkt an diesem glücklichen Tag war

die häßliche Toilette, die für meinen Einzug in Dresden eigens ausgedacht und angeschafft wurde. So trug ich, was meine Mama und die Schneiderin für das allein richtige Kleid für meine Ankunft im neuen Heim hielten. Es war aus hellblauem Tuch, mit dunkelblauem Samt ausgeputzt, und dazu ein noisettefarbenes Cape, übersät mit schwarzer Jet-stickerei. Ich dachte, daß ich wie eine perlenbedeckte und behängte Wilde aussehen mußte.« Kurz gesagt, Luise fand es scheußlich.[54]

Königliche Zeremonientafel, danach Glückwunsch-Cour, Glückwunschdeputation im Taschenbergpalais, dem künfti-gen Wohnsitz. Familientafel bei den Neuvermählten und eine »Marschalltafel« im Schloß, Diner bei Kronprinz Georg … eines folgte auf das andere. Am Tag nach der An-kunft gab es eine Festaufführung der »Meistersinger« in der Oper. Zu sieben Fackelzügen formiert, strömten Tausende Bürger auf den Theaterplatz. Den Höhepunkt der Feier-lichkeiten aber bildete am 25. November ein Hofball im großen Saal des Schlosses, zu dem tausend Gäste geladen waren. Dresden wollte zeigen, daß es kein Provinznest war und daß man es dort mit der Kaiserstadt Wien durchaus auf-nehmen konnte.

Für die 800-Jahr-Feier des Hauses Wettin im Jahre 1889 hatten die Stände drei Millionen Mark für die Restaurie-rung des Schlosses bewilligt. Und als das Geld nicht reichte – das war damals nicht anders als heute – hatten sie nolens volens noch einmal so viel dazugelegt. Dabei wurde ein Obergeschoß in den großen Saal miteinbezogen und damit ein Prachtraum geschaffen, dessen Stuckdecke und Ge-mälde als Sehenswürdigkeit galten. Ein Empfang jagte den anderen. An einer Stelle bemerkt Luise: »Mit viel lästigem und lächerlichem Zeremoniell wurden wir in die großen Empfangsräume geleitet, wo die Minister, die verschiede-nen Corps diplomatiques und Hofchargen versammelt wa-ren, die mir alle vorgestellt wurden. Trotzdem ich sehr müde war, so hoffe ich doch, jedem einzelnen etwas Liebenswürdiges und Geeignetes gesagt zu haben – Fürstliche Personen müssen Spartaner in Selbstbeherrschung und Kunst des Ertragens sein. Doch macht die Gewohnheit uns dies zur zweiten Natur.«[55] Luise kannte ihre Pflicht. Deren Erfüllung, wenn bisweilen auch etwas mühsam, war der Preis dafür, daß sie als Gemahlin des künftigen Königs hier eingezogen war.

Und noch etwas fand nicht ihre Zustimmung. Die Wohnung, die sie mit ihrem Gemahl bezog, kommentiert Luise bissig. Nicht nur, daß die Handwerker kaum erst fertiggeworden waren, es überall nach Farbe roch und man bei jeder Tür klebenbleiben konnte, fand sie die Einrichtung ziemlich geschmacklos. Ihr weiß lackierter, mit rosa Blümchen verzierter Rokokosalon erinnerte sie an eine »mit rosa Zucker dekorierte, glacierte Torte, und das Boudoir mit seinen Eichenmöbeln und kupferfarbenen Damastbezügen und den schweren Vorhängen und Draperien« störte erst recht ihren Schönheitssinn.[56] Doch das waren Kleinigkeiten, die sich mit der Zeit ändern ließen. Etwas anderes gab ihr mehr zu denken, und sie war plötzlich nicht mehr so sicher, daß ihr Traum von einem glücklichen Leben in Sachsen in Erfüllung gehen werde. Luise hatte inzwischen ihre neuen Verwandten kennengelernt. Und die waren natürlich nicht so leicht zu ändern wie eine geschmacklose Wohnungseinrichtung.

Die lieben Verwandten

Seine Familie kann man sich nicht aussuchen. Man muß sie nehmen, wie sie ist. Das Schicksal mischt die Karten und verteilt sie, ob gut oder schlecht. Für Luise hielt es sogar einige Trümpfe bereit: sie wurde als Erzherzogin von Habsburg-Toscana geboren, was sie zu ihrer Zeit turmhoch über den Normalbürger erhob. Prinzessinnen aber pflegten verheiratet zu werden, ein Schicksal, das sie allerdings mit so mancher bürgerlichen »höheren Tochter« teilten. Die Zeit, in der Mädchen ihre künftige Gatten selbst zu wählen begannen, lag damals noch in weiter Ferne. Aber sogar heutzutage dürfte es nicht oft vorkommen, daß ein Mädchen seine Heirat platzen läßt, nur weil ihm die Schwiegermutter nicht paßt.

Die böse Schwiegermutter! Bücher haben sie zum Thema. Psychologen befaßten sich mit ihrer Problematik. Eine ging sogar in die Geschichte ein: Erzherzogin Sophie, die Mutter Kaiser Franz Josephs, die der schönen Sisi das Leben schwer machte und ihr ihre Kinder wegnahm. Als Prototyp einer bösen Schwiegermutter wurde sie zur Legende. Was Luise betraf, ging es aber gar nicht um eine »böse« Schwiegermutter. Prinzessin Maria Anna, Infantin von Portugal, die Mutter Friedrich Augusts, hatte in ihrem kurzen Leben keine Gelegenheit gehabt, zu einer solchen zu werden. Sie ruhte schon seit dem Jahre 1884 in der Fürstengruft der Wettiner in der Dresdner Hofkirche. Vielmehr der Schwiegervater war es ...

In Sachsen regierten zur Zeit von Luises Vermählung König Albert und seine Gattin Carola aus dem schwedischen

Hause Wasa, eine Nachkommin des berühmten Königs Gustav Adolf. Weil ihr Großvater, König Gustav Adolf IV. 1809 von den schwedischen Ständen abgesetzt worden war, hatten Carolas Eltern sich in Österreich niedergelassen. Carolas Vater, Prinz Gustav von Wasa, trat in die österreichische Armee ein und erreichte den Rang eines Feldmarschall-Leutnants. Sie selbst wurde in Wien im »Kaiser-Stöckl« von Schloß Schönbrunn geboren und lebte nach der Scheidung ihrer Eltern im Jahre 1844 mit ihrer Mutter, Prinzessin Louise von Baden, auf Schloß Morawetz bei Brünn.

Das Königspaar erfreute sich in der Bevölkerung großer Beliebtheit. Luise beschreibt Albert als »ausnehmend gescheit und die Güte selbst«, die Königin als eine »schöne, aber scheue und zurückhaltende Frau, herzensgut und mildtätig, die nur für die Wohltätigkeit lebte«. Während des französisch-deutschen Krieges hatte sie ihren Gemahl begleitet und eigenhändig und mit größtem Geschick Verwundete gepflegt.[57] Sie galt als »Mutter der Armen« und vermachte später einen guten Teil ihres Vermögens wohltätigen Stiftungen. Zu ihrem Leidwesen waren Albert und Carola kinderlos geblieben. Und zu Luises Pech. Wäre nämlich König Albert ihr Schwiegervater geworden, hätte ihr Leben mit ziemlicher Sicherheit einen anderen Verlauf genommen, wäre sie wohl kaum zum Anlaß für die Art von Gesprächstoff geworden, den es dann in so reichem Maße tatsächlich gegeben hat – und die Geschichtsbücher würden sie höchstens als die letzte Königin von Sachsen registrieren, die sie dann zweifellos geworden wäre.

Mit König Albert und seiner Frau kam Luise prächtig aus. Wenigstens mit kleinen Einschränkungen, wie wir später sehen werden. Der König nannte sie scherzend »Kleine« oder »Kleinchen« und schätzte ihr natürliches Wesen und »ihre gerade Offenheit«[58]. Er nahm es auch nicht krumm, wenn Luise ihm über den ganzen Tisch mit ihrem Weinglas zuprostete. Im Gegenteil, das Königspaar freute sich, daß mit den jungen Eheleuten ein wenig Frische und Fröhlichkeit ins Haus kam. Mit Luises großen blitzenden Augen, die eine ebenso beredte Sprache führten wie ihr Mund, mit ihrem Charme und lebhaftem Temperament schien sie gerade die Richtige dafür zu sein.

Weil Albert und Carola keinen leiblichen Thronerben hatte, war Alberts Bruder Georg nächster Anwärter auf die sächsische Krone. Theoretisch wenigstens. Da Georg nur geringfügig jünger war als der König, nahm man an, er würde im Falle von Alberts Tod zugunsten seines ältesten Sohnes, Luises Mann, Friedrich August, auf die Würde verzichten.

Prinz Georg, Luises Schwiegervater, ist im Urteil seiner Zeitgenossen nicht gut weggekommen. »Georg den Grämlichen« wird man ihn einmal nennen. Luise beschreibt ihn als einen großen, breitschultrigen, schon etwas gebeugten Mann mit eckigem Kopf und spärlichem grauen Haar, an dessen Gesicht besonders »seine kalten, kleinen, blauen Augen« auffielen, »die mißtrauisch unter buschigen Brauen hervorschauten ... Intolerant wie bigott, geistig beschränkt und engherzig, war mein Schwiegervater ein Fanatiker im reinsten Sinne des Wortes, da er wie von einer Art religiösen Wahnsinns erfaßt gewesen sein muß. Sowie er jedoch die Kapelle verließ, fiel alle Frömmigkeit von ihm ab, und er vergaß Toleranz und christliches Verzeihen, beides Eigenschaften, welche die erste Grundlage zu wahrer Religion bilden.«[59]

Luises Bruder, Leopold Wölfling, urteilt ähnlich. Er schildert Georg als einen Mann, der mit »forschenden, feindseligen Blicken« seine Umgebung beobachtet, und »unerbittlich, puritanisch und streng ein System starrgläubiger Unduldsamkeit verkörpert, das jede harmlose Fröhlichkeit als Quelle der Sünde ansah.«[60] Wölfling meint, Georg sei eigentlich ein »bedauernswerter und vereinsamter Mensch« gewesen. Vielleicht kann man die toscanischen Geschwister nicht ganz von Parteilichkeit freisprechen, aber auch Friedrich Kracke, der Biograph König Friedrich Augusts III., gibt zu, daß es im Charakter Georgs »Ecken« gab, die im fortschreitendem Alter immer stärker hervortraten, und die den Umgang mit ihm nicht gerade erleichterten.

Als einen Menschen, der durch seine Verschlossenheit schon immer einsam gewesen war, beschreibt Prinz Friedrich Christian von Sachsen seinen Großvater. Der frühe Tod seiner Gattin, mit der er eine sehr glückliche Ehe geführt hatte, mochte dazu noch wesentlich beigetragen haben. Er habe sich damals sogar ernstlich mit dem Gedanken getragen, im Frieden eines Klosters sein Leben zu beschließen.[61] Kracke hält das Urteil der Zeitgenossen aber für zu negativ: »Seine Zurückhaltung hielt man für Hochmut, seine Bescheidenheit für Beschränkung, seinen Glauben für Bigotterie, seine Verschlossenheit für Härte, sein stark ausgeprägtes Gefühl für Moral für Prüderie«. Den Vorwurf der Intoleranz, besonders in Glaubensfragen, sieht er nicht gerechtfertigt und bezeugt ihm im Gegenteil »ein Herz und ein tiefes Verständnis für Andersdenkende.«[62]

Mag sein, daß Prinz Georg unter der Verkennung seiner Persönlichkeit unendlich litt, wie einer der Biographen seines Sohnes bemerkt. Seine spätere Handlungsweise macht es dem Betrachter schwer, daran zu glauben. Als Beispiel dafür mag ein Vorfall dienen, der Prinz Georgs angebliche gepriesene Toleranz eher in ihr Gegenteil verkehrt. Wie Luise berichtet, bat Königin Carola sie eines Tages, sie bei der Eröffnung eines Wohltätigkeitsbasars zu vertreten, der zugunsten einer protestantischen Kirche abgehalten wurde. Selbstverständlich kam Luise der Bitte nach und wurde dafür von ihrem Schwiegervater bei der Abendtafel in aller Heftigkeit gemaßregelt. »Er sagte, daß ich allen Tadel verdiene, da ich meine Religion verleugnete. Er tobte und arbeitete sich selbst in eine solche wütende Raserei hinein, daß er mich beim Arme faßte und vor der Dienerschaft schüttelte ... Ich verließ die Tafel, und es bedurfte der ganzen Überredungskunst meines Gemahls, mich zu verhindern, dieselbe Nacht nach Salzburg abzureisen.« Und nochmals Luise: »Er lebte nicht in seiner Zeit, welche in dem Jahrhundert der Inquisition hätte sein müssen, und ich denke, die größte Freude seines Lebens hätte damals darin bestanden, jeden Tag einer Ketzerverbrennung beizuwohnen, bis der letzte Protestant Sachsens den Scheiterhaufen bestiegen hätte.«[63] Angeblich hat König Georg auch einmal bei Luise einen Band Nietzsche gefunden, den er vor lauter Zorn in Stücke zerriß. Und anläßlich einer Aufführung von »Faust« im Dresdner Schauspielhaus habe er angeordnet, eine Textstelle zu streichen, die ihm zu glaubensfeindlich erschien.[64] »Im Vertrauen gesagt, Großvater war ein Ekel«, erinnert sich Fürst Friedrich Wilhelm von Hohenzollern-Sigmaringen, ein Urenkel Georgs, einmal aus dem Munde eines Onkels gehört zu haben.[65]

Mathilde, Friedrich Augusts ältere Schwester, zwar auch keine Person, zu der sich Luise hingezogen fühlte, hatte einmal zu den Heiratskandidaten für den österreichischen Kronprinzen Rudolf gezählt, der sich jedoch schließlich für Prinzessin Stephanie, die Tochter des Königs von Belgien, entschied. Bekanntlich endete die Ehe mit der Tragödie von Mayerling. Prinzessin Mathilde hatte also eher Ursache, ihrem Schicksal dankbar zu sein, daß die Verbindung nicht zustande kam. »Meine Schwägerin Mathilde ist eine außergewöhnliche Frau«, schreibt Luise in ihren Memoiren und meinte damit wohl, daß diese keineswegs in das Bild paßte, das man sich damals von einer Prinzessin machte. Schon die Größe und Stärke ihrer Gestalt, der »alles Weibliche ganz fehlte«, sprengte den Rahmen des Normalen. Das gleiche galt für ihr Wesen, sowie für die Art ihrer Beschäftigung. Sie malte mit Vorliebe großflächige Gemälde, war eine versierte Kennerin von Kunst und Literatur, eine leidenschaftliche

Bienenzüchterin und betrieb Studien über das Leben der Ameisen. Über ihren Geschmack fällt Luise ein ziemlich schonungsloses Urteil: »Ich erinnere mich, daß sie jahrelang im Theater ein himbeerfarbenes, mit winzigen, grünen Blümchen besticktes Seidenkleid trug. Das Haar trug sie in völlig eigenartiger Weise und ebenso die Diademfrisur. Ihre Anziehzeit wurde in Minuten eingeteilt, so wurden zwölf und dreiviertel Minuten für eine Hoftoilette berechnet, fünf und eine halbe Minute für die Dinertoilette, und die Kammerfrauen durften keinen Augenblick länger als die angegebene Zeit für die Toilette und Frisur Mathildes verwenden. Sie wählte stets die durchsichtigsten Stoffe aus. Ihre Hüte bedeckten gewöhnlich Kopf und Ohren. Ihr Reitkostüm, das den wechselnden Farben der Witterung ausgesetzt war, trug alle Farben.«[66] Von tiefer Frömmigkeit erfüllt, stand sie dem anderen Geschlecht völlig gleichgültig gegenüber.[67] Hatte Kronprinz Rudolfs Ablehnung bei ihr ein Trauma verursacht? Oder fand sich kein Bewerber mehr? Jedenfalls blieb Prinzessin Mathilde unvermählt. Eine ziemlich extravagante Dame also, ein Blaustrumpf, wie man damals sagte. Es ist begreiflich, daß zwischen Luise und ihr weder Verständnis noch eine besondere Sympathie herrschte. »Wir konnten uns nie verstehen, es befand sich auch nie eine große und warme Sympathie zwischen uns, da sie mich gerade nur notgedrungen zu dulden schien«, schreibt Luise[68].

Das gleiche gilt für Prinz Johann Georg, Bruder Friedrich Augusts, dessen Hauptinteresse, wenigstens laut Luise, darin bestand, die Lebensgeschichten der diversen Päpste zu lesen. Luises anderer Schwager schließlich, Prinz Max, hatte sein Leben sogar ganz der Religion gewidmet. Er wurde Priester und erhielt später eine Professur an der katholischen Universität im Schweizer Freiburg; in seinem Wesen ein »wirklich guter und überzeugt frommer Mann, der seine Zeit und sein Vermögen guten Werken der Nächstenliebe verwendet«, über die er die eigene Person ganz vergaß. Als er einmal völlig ungepflegt, in schäbiger Kleidung und mit zerrissenen Schuhen in Dresden ankam, hatte er nichts anderes bei sich als eine Zahnbürste, »und die benütze ich auch für meine Haare«[69]. Ein Original also auch er.

Es wundert einen nicht, daß Luise, ihren eigenen Worten nach zu schließen, »vom Tage ihrer Ankunft in Dresden mit Frömmigkeit gerade zu übersättigt« worden ist.[70] Ihre neue Familie, die einst aus purer Staatsräson zum Katholizismus konvertiert und in Sachsen von fast ausschließlich protestantischer Bevölkerung umgeben war, nahm es anscheinend mit ihrer Religion und deren Ausübung besonders ernst. Möglich auch, daß Georgs Gemahlin, die dem streng katholisch portugiesischen Herrscherhaus entstammte, noch das ihre dazu beigetragen hatte und dem Einfluß der Priester auf Prinz Georg Vorschub leistete. Sicher hingegen ist, und in keiner Weise verwunderlich, daß die so sehr zur Schau gestellte Frömmigkeit, die zweifellos mit einer gewissen Engstirnigkeit und Intoleranz Hand in Hand ging, sehr bald Luises Widerspruchsgeist hervorrief und ihm immer neue Nahrung gab. Luise fühlte sich bespitzelt, ausgehorcht, sogar im Beichtstuhl von indiskreten Fragen bedrängt. »Einstmals, ich erinnere mich wohl, wurde an mich im Beichtstuhl eine sehr intime Frage gestellt, deren Beantwortung ich verweigerte, da ich sagte, sie sei nur aus widerlicher Neugierde gestellt worden. Da wurde mir mitgeteilt, daß diese besondere Frage im Auftrage meines Schwiegervaters an mich gerichtet worden wäre«, äußert sich Luise zu diesem Thema[71]. Sie mag dabei etwas übertrieben haben, ganz erfunden hat sie diese Begebenheit zweifellos nicht. Als Luise heiratete, hatte sie gehofft, dem »Kirchenzwang und den Beichtvätern« am großherzoglichen Hof endlich zu entkommen. Doch sie hatte nur den Regen in Salzburg gegen die Traufe in Dresden eingetauscht …

Auch Luises Tochter Maria Alix bezeichnete, mehreren Biographen Friedrich Augusts zufolge, die Zustände am Dresdner Hof als ausgesprochen »muffig«, eine Atmosphäre, die dem »heiteren Charakter« ihrer Mutter kaum entsprach und »ihr keineswegs behagte.« Sie »war zur Opposition geneigt und machte gerne alles anders als es bisher gewesen war. Damit stieß sie oft an.«[72] Und in Luises eigenen Worten: »Wenn ich versuchte, natürlich zu sein, wurde ich sofort von der Familie meines Gemahls unterdrückt. Wir waren von Anfang an entgegengesetzte Elemente. Ich war der Kuckuck im Sperlingsnest oder das einzige künstlerisch und originell veranlagte Mitglied einer würdigen Familie der guten Mittelklasse.«[73] Manchmal ging es nur um ganz banale Dinge. Zu Ehren des neuvermählten Paares wurde im Schloß ein Hofball veranstaltet. Luises Mutter hatte für diesen feierlichen Anlaß ein Kleid bestimmt, ein sehr prächtiges zweifellos, steif und glitzernd und über und über mit Perlenstickerei verziert. Es hatte nur den Nachteil, daß es seiner Besitzerin überhaupt nicht gefiel. Darin sollte sie auf dem Ball erscheinen? Auf ihrem ersten Hofball hier? Wie der Leser wohl ahnt, kam das für sie überhaupt nicht in Frage. Doch woher in der Eile ein Kleid nehmen, das ihrer Vorstellung besser entsprach? Luise schaffte es mit Hilfe ihrer Kammerfrau und einer Schneiderin, die ihr diese empfahl. Das Ergebnis war eine raffiniert-einfache Robe aus meergrünem Chiffon mit rundem Ausschnitt und fast unsichtbaren Ärmeln. Ein Seidenband in gleicher Farbe hielt die schimmernden Falten zusammen; in ihrem dunklem Haar trug sie blaßrosa Nelken, auf denen einige Diamanten glitzerten. »Die Kronprinzessin brachte eine Note mondäner Eleganz an unseren Hof, die dort etwas Neues war«, sollte später ein Korrespondent über sie schreiben, allerdings dazu auch einschränkend bemerken: »Neu war auch ihr Toilettenluxus und leider auch die Höhe ihrer Toiletten-Rechnungen.« Auch daß sie »bei Hofbällen und anderen Veranstaltungen nicht gerade abgeneigt war, die Vorzüge ihrer Gestalt durch ihre Toilette zum Ausdruck zu bringen, hat man ihr freilich in manchen Hofkreisen sehr übel genommen.«[74]

»Ich sah jung und mädchenhaft aus, und nichts hätte mir besser stehen können. Ich fühlte in mir den Übermut jugendlichen Glücks«, schreibt sie über diesen Abend.[75] Doch die kalte Dusche blieb nicht aus. Ihr Ballkleid sei »völlig unpassend, ja ganz unmöglich für eine Prinzessin«, kritisierte sie ihr Schwiegervater. Luise kümmerte sich nicht darum. Das beanstandete Kleid aber machte solches Aufsehen, daß schon am nächsten Tag der ganze Vorrat an grünem Chiffon in Dresden ausverkauft war. Es wurde mehr als fünfzigmal kopiert und versucht, ihre Kammerfrau zu bestechen, damit sie den Namen der Schneiderin verriete.[76]

Ein Punkt für Luise, wie es schien. Und wie man meinen sollte, eine ganz und gar unwichtige Angelegenheit. Doch auch solches summiert sich und schlägt letztendlich zu Buche. Gewiß, der sächsische Hof galt vielfach als »zu wenig offen, zu betont katholisch und zu engstirnig«, wie der Historiker Peter Wiesflecker in seiner Diplomarbeit ausführt. Doch »durch ihren Hang zur Leichtlebigkeit, ihre manchmal zu freie Art und durch ein für ihre Kreise zu freies Benehmen war Luise von Anfang an angreifbar.« Sie hat es selbst erkannt: »Originalität und Phantasie sind Sünden am Dresdner Hof, und von diesem Standpunkt aus betrachtet, kann ich begreifen, daß ich mich als sehr störendes Element erwiesen haben muß, da ich nicht ihre Erwartungen erfüllte. Jede Äußerung meiner Unabhängigkeit wurde mit Mißtrauen betrachtet, und ich denke, daß alle, Friedrich August ausgenommen, mit meinem Schwiegervater einverstanden waren, als er sagte: ›C'est malheureux que tu sois venue dans notre famille, parceque tu ne seras jamais une des nôtres.‹ (Es ist ein Unglück, daß du in unsere Familie gekommen bist, da du niemals eine der unseren sein wirst.)«[77].

Doch spielt die liebe Verwandtschaft, samt Schwiegervater, Schwagern und Schwägerinnen, und mag sie noch so kleinkariert sein, denn wirklich eine so maßgebende Rolle? Hatte Luise nicht einen Mann, der sie liebte und der ihr notfalls beistand? Friedrich August, »ein braver Mensch, gemütlich in seiner Art«, wie Leopold Wölfling ihn schilderte, offen, aufrichtig, jemand, der seine Pflichten ernst nahm, hat bei aller Liebe wohl die Mentalität seiner Frau nie so richtig verstanden. Vielleicht hat er auch nie begriffen, wie wichtig anderen Menschen manchmal Dinge sein können, die man selbst für nebensächlich hält. Vor allem aber war er nicht der Mann, der es gewagt hätte, gegen seinen Vater Stellung zu beziehen. Denn Prinz Georg hatte seine Kinder zu Disziplin und Gehorsam erzogen. Der Vater galt als höchste Autorität, sein Wille war Gesetz. Wir wissen nicht, wie weit Luise sich ihrem Mann anvertraute. Später jedenfalls schreibt sie: »Ach, wie wünsche ich jetzt, daß in diesen damaligen Zeiten, wo ich mich zurückgestoßen fühlte und mir so weh ums Herz war, ich ihm gesagt hätte, wie elend ich war! Vielleicht hätte er mich verstanden. Aber der Stolz und der Wunsch, meinen Mann nicht in Kämpfe zu stürzen, denen er nicht gewachsen war, ließ mich all mein Leid, alle gegen mich gerichteten Intrigen ... für mich behalten und im tiefsten Herzen verschließen.«[78] Selbst wenn Luise hier die Wahrheit sagt, ist es unwahrscheinlich, daß Friedrich August die Disharmonie, die zwischen seiner Frau und den Angehörigen seiner Familie herrschte, nicht bemerkt haben sollte. Verschloß er also bewußt die Augen davor und meinte, man werde sich schon aneinander gewöhnen? Vertraute er einfach dem Faktor Zeit? Kronprinz Georg, der Hauptwidersacher, war schließlich ein alter Mann ...

Luise wird Mutter

Das Taschernbergpalais in Dresden hat eine bemerkens-
werte Geschichte. August der Starke ließ das schloßartige
Gebäude zu Beginn des 18. Jahrhunderts für seine damalige
Maitresse, die Gräfin Cosel, auf dem Taschenberg neben
dem königlichen Schloß erbauen. Eine gedeckte Brücke
verband die beiden Gebäude. August liebte, vielleicht um
nichts von seiner Stärke zu verlieren, die Bequemlichkeit.
Aus seinen vielfältigen Beziehungen zur Damenwelt hat er
zeit seines Lebens nie ein Geheimnis gemacht, und die Gräfin Cosel bildete da keine Ausnahme. Seiner Frau blieb
nichts anderes übrig, als es hinzunehmen.

Gräfin Cosel sollte sich dieser Perle des Barock, Unter-
pfand einer zunächst großen Liebe und Schauplatz vieler
Feste, jedoch nur einige Jahre lang erfreuen. Sie hatte
August zwar zwei Kinder geboren, sich aber dann zu sehr in
die Politik eingemischt. Hinzu kam, daß er sich wieder einmal verliebt hatte, was allerdings bei ihm gang und gäbe
war, schließlich aber überschritten persönliche Forderungen, die Constantia Cosel an August stellte, die Grenze von
Augusts Wohlwollen, und es kam zur Explosion. Constantia
verlor ihren ganzen Besitz, wurde zur Staatsfeindin erklärt
und auf die Festung Stolpen verbracht, wo sie noch nahezu
fünfzig Jahre lebte. August besuchte die Festung ein einziges Mal, aber nicht um seine ehemalige Geliebte zu sehen,
sondern um eine neue Kanone zu besichtigen. Sic transit
gloria mundi.

Das Taschenbergpalais wurde später erweitert, 1889 auf
Staatskosten renoviert und war bis zum Sturz der Monarchie Residenz der sächsischen Kronprinzen. Während des

letzten Krieges fand es als Krankenpflegeschule und Kommandostelle der Wehrmacht Verwendung und fiel im Februar 1945 wie so viele andere Gebäude den verheerenden Bombenangriffen auf Dresden zum Opfer. Nur das Treppenhaus Meister Pöppelmanns und die Rokokokapelle blieben teilweise erhalten. Wo einst Constantia Cosel und August der Starke miteinander getanzt und einander geliebt hatten, Luises und Friedrich Augusts Kinder geboren wurden, gehen heute Vergnügungsreisende und Manager ein und aus. Das wiederaufgebaute Taschenbergpalais dient, sehr zum Ärger mancher traditionsbewußter Dresdner, als Luxus- und Konferenzhotel.

Im November 1891 bezog das junge Paar im Taschenbergpalais Quartier, wie schon erwähnt, traditionsgemäß die Residenz des jeweiligen Kronprinzen. Sah der König also seinen Neffen bereits als Thronfolger an, als er ihm und Luise diesen Wohnsitz zuwies? War der Neffe seinem Dafürhalten nach der direkte Nachfolger und nicht sein Bruder, der es dem Gesetz nach war? Man möchte annehmen, daß er der Jugend den Vorzug gab.

An Geld mangelte es nicht. Das junge Paar verfügte über ausreichende Einkünfte. Schon bei Erlangung der Volljährigkeit hatte Friedrich August nach dem königlichen Hausgesetz 10 000 Taler (30 833 Mark) zur Gründung eines Hausstandes aus dem Steueraufkommen erhalten. Laut Artikel 20 desselben Hausgesetzes bezog er jährlich eine Apanage von 20 000 Talern (61 666 Mark). Dazu kam der Ertrag von Luises Mitgift. Verglichen mit dem Jahreslohn eines sächsischen Textilarbeiters, der im Jahre 1902 nicht viel mehr als 500 Mark betrug,[79] war ein solches Einkommen im wahrsten Sinne des Wortes fürstlich.

An der Dienerschaft mußte also nicht gespart werden. Dreißig Personen beschäftigte allein Friedrich August, darunter sieben Kutscher, fünf Leute für die Küche und vier

Diener. Diese persönliche Hofhaltung stand unter der Leitung von Wolf Ferdinand von Tümpling. Wir werden ihm eines Tages in besonderer Mission begegnen. Für Luise selbst waren elf Hofdamen und Bedienstete tätig, darunter als Oberhofmeisterin zuletzt Henriette Florentine Freifrau von Fritsch. Auch über sie wird noch zu berichten sein. Anderes Personal kam mit wachsender Familie hinzu: Kinderfrauen, Lehrer, Erzieher. Wenn in Luises neuem Hausstand auch nicht alles ihren Vorstellungen entsprach, der Rahmen wenigstens war einer zukünftigen Königin würdig.

Aber auch Luise erfüllte die Erwartungen, die der sächsische Hof in sie setzte. In dynastischer Hinsicht wenigstens. Sie sorgte endlich für männliche Erben in der direkten Linie. Seit zweihundert Jahren hatte man vergeblich darauf gehofft. Am 15. Januar 1893 kündigte ein Salut von 101 Kanonenschüssen an, daß ein Prinz das Licht der Welt erblickt hatte. Nach der Tradition im Hause Wettin hatten die königliche Familie und der Staatsminister bei der Entbindung zugegen zu sein. Nach Luises Schilderung warteten sie im Nebenzimmer und wurden auf eine harte Geduldprobe gestellt, denn die Geburt dauerte 48 Stunden. »Die Ärzte gaben mir am Ende Chloroform, und das erste, was ich hörte, war ein leises Weinen. Etwas, was ich noch niemals empfunden hatte, durchbebte mich, dann kam mein Gemahl, vorsichtig ein kleines, in Flanell eingewickeltes Bündel tragend ... und legte mir meinen Erstgeborenen in die Arme. Ich bedeckte das winzige Gesichtchen und die blauen Händchen mit ungezählten Küssen, und als ich fühlte, daß dieses hilflose kleine Wesen so ganz von mir abhing, umschloß mein Herz es in unendlicher Liebe.«[80] Luise hatte sich nicht nur von Anfang an auf ihr Baby gefreut, sie hatte auch die Ausstattung selbst ausgewählt, wobei sie sich als eine recht modern denkende Frau erwies; »bequeme und praktische Sachen ... weder Spitzen noch Bänder und unnützes Zeug«[81] wollte sie für ihr Baby haben. Nur die

Wiege sollte genauso aussehen, auch ebenso vergoldet sein wie die in Salzburg, in der sie und ihre Geschwister gelegen hatten. In einem kostbaren Spitzenkleidchen und auf einem mit Spitzen bedeckten Kissen wurde der kleine Prinz vierundzwanzig Stunden später in der Kapelle des Taschenbergpalais auf den Namen Georg Ferdinand getauft.

Doch es blieb nicht alles eitel Wonne. Schwiegerpapa hatte wieder einmal seinen eigenen Kopf. Lassen wir Luise berichten: »Natürlich verlangte ich selbst mein Kind zu nähren; ich war jung, kräftig und gesund, und so schien mir diese Mutterpflicht nur richtig und selbstverständlich. Mein Schwiegervater mit seiner gewohnten anmaßenden Autorität verbot es mir und fügte hinzu: ›Prinzessinnen tun derartige Dinge nicht.‹«[82] Luise setzte zwar ihren Willen durch, aber nur für einige Tage. Dann verboten die Ärzte ihr, das Baby weiterzustillen. Aller Protest, alles Weinen war vergeblich. Das Baby wurde einer Amme übergeben. Schwiegerpapa hatte gesiegt. Und die Tradition. Tradition war auch die sonderbare Zeremonie, die sechs Wochen nach der Geburt des ersten Kindes einer sächsischen Prinzessin stattfand. »In einer wundervollen, dekolletierten Toilette sitzt die Prinzessin in einem der Empfangsräume; das Kindchen … in der Wiege neben ihr. Eine endlose Defiliercour beginnt an ihr und dem Kinde vorbei, und sie ist gezwungen vor jedem, der vorbeikommt, eine tiefe Verbeugung zu machen. Es waren sage und schreibe achthundert Personen.«[83] Pflichten einer Prinzessin …

Am 31. Dezember des gleichen Jahres wurde Prinz Friedrich Christian, von seiner Mutter »Tia« genannt, geboren. Ihm folgte am 9. Dezember 1896 Ernst Heinrich. Eine Tochter, die 1898 das Licht der Welt erblickte, starb gleich nach der Geburt. Noch drei Mädchen folgten: am 24. Januar 1900 Prinzessin Margarethe Carola, am 27. September 1901 Maria Alix und schließlich am 5. Mai 1903 Prinzessin Anna Monica Pia. Über letztere wird noch viel zu berichten sein.

»Eine Ehe ohne Kinder ist wie ein Kuchen ohne Rosinen«, soll Friedrich August öfters gesagt haben[84], in dieser Hinsicht durchaus einig mit seiner Gattin. Beide liebten sie Kinder über alles. »Alles Glück, das ich erträumte, fand ich in meinen geliebten Kindern«, schreibt Luise in ihren Memoiren; und »ich war Protektorin einer Kleinkinderbewahranstalt auf dem Lande, die immer überfüllt von herzigen kleinen Kindern war, in deren Mitte ich mich in meinem eigensten Element fühlte und glücklich war. Ich half sie waschen, anziehen, spielte mit ihnen auf dem Boden, ließ die Kleinen über mich kriechen, mich an den Haaren zupfen, soviel sie wollten.«[85]

Besonders wohl fühlte sie sich bei ihren alljährlichen Aufenthalten auf dem Lande, in der Villa Wachwitz am rechtsseitigen Elbufer oberhalb Dresdens. »Der Aufenthalt auf dem Lande war mir damals besonders lieb, da ich freier atmen konnte und mein Gemahl und ich ein einfaches und glückliches Leben zusammen führen konnten. Die Kinder waren stets um mich auf dem Lande. Ich badete sie und zog sie an, spielte mit ihnen und lehrte sie ihre einfachen kleinen Gebete sagen. Sie waren mein Stolz, mein Liebstes auf der Welt. Ich sorgte stets dafür, daß ihre Individualität sich frei und ungezwungen entwickeln durfte … Unser Leben auf dem Lande wurde fast ausschließlich im Freien zugebracht. Wir spielten Tennis, ritten und fuhren und nahmen ein einfaches Mahl im Gras sitzend ein … Ich kann keinen fruchtbeladenen Kirschbaum sehen, ohne an die längst entschwundenen Sommer zu denken, wenn die Kinder mit mir in den Garten gingen, um Kirschen zu pflükken. Ich kletterte selbst dann auf eine Leiter und warf die purpurnen Früchte in die lieben, kleinen Händchen, die sich mir entgegenstreckten. Oh! Glückliche Tage, die ich mit den geliebten Meinen verbrachte, die ihr für immerdar vergangen und entschwunden seid«, schließt Luise wehmütig ihre Erinnerungen an die Tage im sommerlichen Wachwitz.[86] Hie und da kochte sie auch selbst für ihre Lieben, was Friedrich August sehr schätzte. Sie muß wohl wirklich gut gekocht haben, denn auch Fürst Friedrich Wilhelm und Prinz Meinrad von Hohenzollern erinnern sich daran, als ihre Großmutter in der Vorkriegszeit zu Besuch auf Schloß Umkirch bei Freiburg im Breisgau war und dort Proben ihrer Kochkunst gab.

Trotz mancher familiärer Querelen scheint dieses erste Ehejahrzent im Leben Luises und ihres Gatten eine glückliche und erfüllte Zeit gewesen zu sein. Ohne Ärger ging es natürlich auch damals nicht ab. Daß sich dies und das für eine Prinzessin nicht schicke, hatte Luise schon in ihrem Elternhaus zur Genüge zu hören bekommen. In Dresden war es nicht anders. Ob sie aus der Hofloge im Theater Bekannte zu jovial begrüßte oder ihnen gar über die Logenbrüstung die Hand entgegenstreckte; ob sie im Winter inmitten der Dresdner Bürger Schlittschuh lief oder es sich gar in den Kopf gesetzt hatte, das Radfahren zu erlernen, das eben in Mode gekommen war. Und sie, wie schrecklich, ihre neue Fertigkeit sogar auf einer Dresdner Straße ausübte! Das schockierte sogar König Albert und Königin Carola, die ihr sonst wohlgesinnt waren, so sehr, daß sie Luise auf der Stelle rufen ließen und ihr strengstens untersagten, je wieder radzufahren. Daß Luise dazu die Erlaubnis ihres Gatten eingeholt hatte, änderte nichts an dem Verbot.

Pikant wird die Geschichte vor allem durch ein Gerücht, das später durch die Presse geisterte. Demnach soll Luise diese Radausflüge »im feschen Radlerkostüm« – was immer man sich darunter vorstellen mag – »und in Gesellschaft ihres amerikanischen Zahnarztes« unternommen haben. Sogar von einem Ausflug nach Pirna war die Rede, wobei das Paar von einem Gewitter überrascht wurde, was zu erregten Szenen zwischen den Ehegatten geführt habe. Der Hofklatsch wollte sogar wissen, daß Luises Mutter in strengstem

Incognito nach Dresden geeilt sei, um eine Versöhnung herbeizuführen.[87]

Dennoch lenkte Königin Carola einige Wochen später ein. Leicht dürfte es ihr nicht gefallen sein. Aber sie hatte erfahren, daß der deutsche Kaiser seiner Schwägerin, der Gattin des Prinzen Friedrich Leopold, höchstpersönlich gestattet hatte, in Berlin radzufahren. Und was Kaiser Wilhelm recht war, mußte dem sächsischen Hof wohl oder übel billig sein.

Natürlich erledigte Luise ihre Einkäufe in Dresden selbst, anstatt die Hoflieferanten kommen zu lassen. Und sie ließ es sich nicht nehmen, »an einem Stiftungsfest des ›Österreichisch-Ungarischen-Hilfsvereins‹ teilzunehmen, wo sie als Patronesse des Ballfestes mit in die Reihen der Tänzerinnen trat und auch den Kotillon fest mittanzte, bei welchem es ja vom Zufall abhängt, welche Paare zusammengeführt werden.«[88]

Als der Skandal um die damalige Kronprinzessin Luise bereits in aller Munde war, schrieben die *Münchner Neuesten Nachrichten* dazu in ihrer Ausgabe vom 25. Dezember 1902: »Das mag in Wien immerhin nicht gerade ungewöhnlich sein, in Dresden aber, wo es bis dahin üblich war, daß von den Prinzen und Prinzessinnen des königlichen Hauses Personen unter ihrem Rang es als ganz besondere und selten gewährte Auszeichnung anzusehen haben, wenn sie zu einem ›Tanz befohlen‹ wurden, konnte solche ›Extravaganz‹ der hohen Frau schon recht übel vermerkt werden.« Ob am Wiener Kaiserhof, wo das Spanische Hofzeremoniell herrschte, und jedes Familienmitglied streng nach seinem Rang zu sitzen hatte, solches Tun toleriert worden war, mag bezweifelt werden.

Von einem Opernbesuch incognito, den die angeblich an heftigen Kopfschmerzen leidende Prinzessin, mit einer roten Perücke und gekleidet wie eine Bürgersfrau, unternahm, wußte zum Glück nur ihre Kammerfrau, die sie begleitete.

Nicht auszudenken, was passiert wäre, hätte die Familie gewußt, daß Luischen immerhin einen Akt lang ganz oben auf der Galerie saß und mit heimlichem Vergnügen den treffenden Bemerkungen lauschte, die ihre Umgebung über die königliche Familie in der Hofloge machte. »Es war mir wirklich schwer, nicht zu lachen, als ich die Urteile und treffenden Witze hörte, mit denen die Leute jedes einzelne Mitglied der königlichen Familie bedachten. ›Wie lauter Mumien sehen sie aus‹, rief ein junges Mädchen. ›Mathilde ist zu geizig, um sich ein neues Kleid zu kaufen, das, was sie anhat, ist ein alter Bekannter‹, bemerkte eine andere. ›Wie schade, sie sollte etwas nehmen, um ihr Fett loszuwerden‹, meinte eine dritte. ›Wie streng Prinz Georg aussieht. Es würde ihm guttun, wenn er den Ballettproben beiwohnen würde, anstatt so viel in die Kirche zu gehen‹, und jedermann kicherte bei diesem gewagten Ausruf. Und dann lief die Frage von Mund zu Mund: ›Wo ist Luisa?‹ – ›Sie ist spät daran.‹ – ›Vielleicht kommt sie gar nicht.‹ – ›Wie schade! Sie ist das einzige menschlich denkende und fühlende Wesen von allen zusammen.‹«[89]

Kommt bei diesem heimlichen Ausgang nicht der Gedanke an die österreichische Kaiserin Elisabeth auf? Sisi ging allerdings noch einen Schritt weiter: in Maske und gelbem Domino, einem damals üblichen seidenen Maskenmantel, besuchte sie am Faschingsdienstag des Jahres 1874 die Rudolfinaredoute im Wiener Musikvereinssaal, sehr zur Verzweiflung ihrer Hofdame Ida von Ferenczy, die sie begleiten mußte.[90]

Luises Opernbesuch blieb unentdeckt. Ein anderer, ganz in offiziellem Rahmen zwar, wurde trotzdem zum Eklat. Luise hatte nämlich den berühmten Smaragdschmuck Augusts des Starken nicht nur neu fassen lassen, was ihr erlaubt worden war, sondern bei dieser Gelegenheit gleich seine Umarbeitung veranlaßt. So wie er war, hatte er ihr nicht gefallen. Müßig zu betonen, daß diese Eigenmächtigkeit wiederum der königlichen Familie nicht gefiel … Es kam zu einer lautstarken Szene in der Hofloge, die dem Publikum im Parterre nicht entging. Die Geschichte machte ihre Runde.[91]

Das Volk hingegen liebte »seine Luisa«. Es sprach sich rasch herum, daß die Prinzessin sich nicht scheute, auch einmal ein Arbeiterkind auf den Arm zu nehmen, und daß sie eine recht unkonventionelle Lebensauffassung hatte. Sie äußerte ihre Meinung frei und verkehrte auch mit einfachen Leuten ganz unbefangen und selbstverständlich. »Ich war Protektorin einer Kleinkinderbewahranstalt auf dem Lande, die immer überfüllt von herzigen, kleinen Kindern war. Eines Tages trug ich ein hübsches Kind auf dem Arm in dem sonnigen Garten außerhalb der Anstalt auf und ab, als ich einen Arbeiter sah, der über dem Holzzaun lehnte und mich anscheinend mit großem Interesse beobachtete. ›Wer sind Sie?‹ fragte barsch der Mann. ›Ich bin Prinzessin Luisa‹, erwiderte ich. ›Sie, die Prinzessin?‹ ›Gewiß.‹ ›Na, wenn Sie die Prinzessin sind, ist es gut, daß Sie gleich wissen, daß dieses Kind einem verachteten Sozialisten gehört, der alle Prinzen und Fürsten haßt und zum Teufel wünscht‹, sagte der Mann laut und mißtrauisch. Ich blickte ihn ruhig an, worauf ich sagte: ›Ob dieses Kind einem Sozialisten gehört oder nicht, ist mir genau dasselbe, ich sehe nur das süße Geschöpfchen in ihm.‹ ›Verzeihen Sie mir, Königliche Hoheit‹, stammelte der Arbeiter, ›nun verstehe ich, warum man Sie *unsere Luisa* nennt.‹«[92]

Viele, die mit Luise in Kontakt kamen, schwärmten von ihrer liebenswürdigen, völlig ungezwungenen Art. »Wartet, bis ich einmal Königin bin, dann wird es euch besser gehen«, will man einmal in ihrer gewohnten Offenherzigkeit von ihr gehört haben, als Leute sich über die schlechten Zeiten bei ihr beklagten.[93] Kein Wunder, daß das dem Hof gründlich mißfiel und man ihr mangelndes Standesbewußtsein vorwarf. Nun, eine Prinzessin, wie man sie sich vorstellte, war Luise wirklich nicht. Aber auch sie stellte sich ihre Umwelt offensichtlich anders vor, als diese in Wirklichkeit war und sparte nicht mit Kritik. »Der Hofkreis bestand während der ganzen Zeit, die ich in Sachsen erlebte, aus einer Sammlung der kleinlichsten, böszungigsten und eingebildetsten Wesen, die ich mir nur denken kann. Ich gab dieser Sammlung den Spitznamen ›Arche Noah‹«, urteilt sie über ihre Umgebung.[94]

Als spüre sie instinktiv, daß die Monarchie in ihrer gegenwärtigen Form doch nicht mehr ganz zeitgemäß war, fand sie, daß »die höhere Mittelklasse und die kaufmännische Gruppe das Rückgrat der sächsischen Nation sind. Sie sind frei von dem albernem Getue und der Stumpfsinnigkeit der Aristokratie.«[95] Gebildete Kaufleute und Akademiker hielt sie für besser erzogen und geistvoller als so manche Hofleute; die Damen der Hofaristokratie waren ihr zu engstirnig und zu wenig elegant, »zu schwerfällig und zu beschränkt, um selbst einen harmlosen Flirt zu verstehen.«[96] Kurz gesagt, Luischen war gelegentlich einem kleinen Flirt nicht abgeneigt. In allen Ehren, versteht sich.

»Ich wünschte mir stets, daß es mir vergönnt wäre, ein gründliches Aufräumen in meiner Umgebung vorzunehmen«, gesteht sie in ihrem Buch und hofft, so manchen »in die Rumpelkammer zu schaffen und für immer dorthin zu verbannen.«[97] Die höfischen Verhaltensvorschriften empfindet sie als starke Einengung: »Ich war mit Etikette von allen Seiten umgeben«, beklagt sie sich später, und gleicht auch damit der österreichischen Kaiserin, »und ein Außenstehender vermag es sich nie vorzustellen, wie furchtbar diese Qual war. Mein Geist war wie in einem Gefängnis eingeschlossen. Wenn ich versuchte, natürlich zu sein, wurde ich sofort von der Familie meines Gemahls unterdrückt, und obwohl Friedrich August sehr treu und wie ein guter Kamerad zu mir stand, so gelang es ihm nicht, die kindische Furcht vor seinem Vater abzuschütteln.[98]

Friedrich August war eben doch immer mehr Sohn als Gatte. So manches wäre vielleicht anders gekommen, hätte er sich mit mehr Nachdruck vor seine Frau gestellt. Nach Lage der Dinge aber waren die Meinungsverschiedenheiten vorprogrammiert. In ihrem Artikel »Die Kronprinzessin von Sachsen« schreiben die *Münchner Neuesten Nachrichten* vom 25. Dezember 1902: »Oftmals wenn die Prinzessin bei großen Anlässen in der Mitte der Königsfamilie fehlte, hieß es in Dresden allgemein: ›Prinzessin Friedrich August hat schon wieder Hausarrest!‹« Ob es wirklich je so weit kam, ist indessen nicht verbürgt. Die Opernsängerin Therese Kramer, die an der Dresdner Hofoper engagiert war, behauptet es, Luise selbst dementiert später energisch, je zu einem Hausarrest verdonnert worden zu sein.

König Georg

»Gewartet habe ich lange genug, um König zu werden. Ich hatte das Warten bereits satt. Ich hätte dich, Friedrich August, statt meiner regieren lassen, aber du scheinst mir dafür nicht allzu geeignet, und was dich, Luisa, betrifft, so wirst du wohl verstehen, daß du noch lange brauchen wirst, ehe du eine Königin werden kannst«, sagte König Georg am Tage nach dem Tode seines Bruders Albert, der im Nebenzimmer aufgebahrt lag. Daraufhin habe Prinzessin Mathilde als älteste Tochter des neuen Königs sofort auf ihrem »Vortritt« bestanden, was Friedrich August, nunmehr wirklich Kronprinz, jedoch ablehnte; der »Vortritt« gebühre der Kronprinzessin. So beschreibt wenigstens Luise in ihren Memoiren das peinliche Gezänk und fügte noch hinzu: »Er (der König) schwelgte förmlich in seiner neuen Würde und seine ungezügelte Freude kam mir unpassend und taktlos vor.«[99] Die Hofberichterstattung erwähnt begreiflicherweise nichts von dieser Szene. Ob sie sich tatsächlich wörtlich so abgespielt hat, möge dahingestellt bleiben. Am Sinngehalt ist wohl kaum zu zweifeln.

König Albert war nach längerer Krankheit am 19. Juni 1902 im Alter von 74 Jahren auf seinem Schloß Sibyllenort in Schlesien gestorben. Er hatte schon seit einigen Jahren an Blasenkrebs gelitten. Nach Artikel 3 des Wettiner Hausgesetzes, in dem die Rangfolge geregelt wird, war Georg als Alberts Bruder der nächste Anwärter auf den Thron. Die wenigsten nahmen jedoch an, daß er wirklich Anspruch darauf erheben würde. Immerhin war er mit seinen siebzig Jahren nur wenig jünger als der Verstorbene. Der neue König konnte sich aber darauf berufen, daß er keineswegs der

78

erste war, der in seinem Alter noch den sächsischen Thron bestieg. Auch 1827 hatte der zweiundsiebzigjährige Anton die Nachfolge seines Bruders Friedrich August I. angetreten. Es reizte Georg wohl, auszukosten, wie es wäre, König zu sein, der Erste im Staat, der Erste in der Familie, deren Mitglieder ihm dann noch mehr als früher Gehorsam schuldeten. Gemäß Artikel 4 des Hausgesetzes hatte der König »alle zur Erhaltung der Ruhe, Ehre, Ordnung und Wohlfahrt des königlichen Hauses dienlichen Maßregeln zu ergreifen«. Das Nachtragsgesetz aus dem Jahre 1879 gestand ihm darüber hinaus die Entscheidung in Straf- und Disziplinarverfahren über die Mitglieder des königlichen Hauses in erster und letzter Instanz zu. Es machte sie praktisch zu Untertanen des Königs. Die Kronprinzessin war natürlich in die potentiellen Auswirkungen dieses Gesetzes mit eingeschlossen, und daß Georg damit über sie und ihre Handlungen bestimmen, alle Macht über sie ausüben konnte, dürfte letztlich einer der Gründe seines Entschlusses gewesen sein. Ihm, dem neugekrönten König Georg, stand nun die Macht zu und nicht seinem Sohn, der möglicherweise doch Luises weiblichem Charme erlag. Dieser sollte nur noch eine Weile warten, bis die Reihe an ihn kam. Und Luise mit ihm.

Vielleicht ging es auch nicht nur um persönliche Animosität. Luise war bei der Bevölkerung beliebt. Ihr gewinnendes Wesen, ihre Freundlichkeit und Offenheit hatten ihr rasch die Zuneigung weitester Kreise eingebracht. »Wie du nach Popularität haschest!« hatte ihr der Schwiegervater einmal vorgeworfen.[100] Doch Luise »haschte« nicht danach. Sie war populär. Besonders die einfachen Menschen liebten sie. Aber was in den Augen des Hofes die Sache noch schlimmer machte: diejenigen, die Luise ihre Zuneigung entgegenbrachten, die Arbeiter, waren zugleich die, die sozialdemokratisch wählten!

Durch den Fortschritt der Industrialisierung in der zweiten Hälfte des 19. Jahrhunderts hatte sich der Anteil der Arbeiterschaft ständig vergrößert, und die Sozialdemokratische Partei hatte Macht und Einfluß gewonnen. Bei den Reichstagswahlen im Jahre 1903 hatten 22 der 23 sächsischen Wahlkreise sozialdemokratisch gewählt, die Zunahme an sozialdemokratischen Stimmen hatte im Schnitt 58,8 % betragen.[101] Die Furcht vor Marx und Engels ging in den tonangebenden Kreisen um, denn deren Anhänger sammelten laufend Punkte. Ohnmächtig mußte die herrschende Klasse zusehen, wie das Volk begann, sich auf sich selbst und seine Situation zu besinnen, sich plötzlich »Rechte« anmaßte und damit allmählich zu einem Machtfaktor heranwuchs, der einfach nicht mehr negiert werden konnte. Eine neue Zeit dämmerte herauf. Kein Wunder, daß die stockkonservative Altherrenriege am sächsischen Hof sie fürchtete wie der Teufel das Weihwasser. Und Luise, die niemanden im unklaren darüber ließ, daß sie nur zu gerne manch alten Zopf gehörig stutzen würde, schien dieser Entwicklung sogar Vorschub zu leisten! Kurz gesagt, man hatte Angst vor Luise.

»Luisa ist viel zu demokratisch. Sie hat eine lächerliche Liebe für das Volk und vergißt stets die Pflichten ihres Standes«, soll Prinzessin Mathilde beim Tode ihres Onkels Albert gesagt haben.«[102] Nein, Luise durfte nicht Königin werden. Friedrich Augusts Charakter bot keine Garantie dafür, daß er seine eigenwillige Frau entsprechend im Zaume hielt. Am besten, sie würde überhaupt nie Königin, mochte so mancher ganz im Sinne seines Herrschers gedacht haben. Diesem bereitete die politische Lage auch in anderer Hinsicht Sorgen. Wie Prinz Friedrich Christian von Sachsen sich äußerte, sah sein Großvater, König Georg, ein engagierter Verfechter des Föderalismus, das damalige Deutschland Bismarcks als eine Vorstufe zum Einheitsstaat, der letztendlich zum Ende der Monarchie und damit zur Staatsform der Republik führen könnte.[103]

König Georg bestieg am 19. Juni 1902 nach seinem Bruder Albert den sächsischen Thron, wie er selbst sagte, »mit Zagen; denn eines solchen Fürsten Nachfolger zu sein, ist schwer.« Aber »sein Pflichtgefühl hinderte ihn daran, sich einem Amte zu versagen, zu dem er vor Gott und den Menschen berufen worden war.«[104] Die Hoffnung mancher Kreise auf eine Verjüngung des Königtums hatte sich nicht erfüllt. Das Volk liebte seinen neuen König nicht. Der Hof war überaltert. Etikette und höfische Formen wurden groß geschrieben. Der Einfluß der katholischen Geistlichkeit, die zu sehr zur Schau getragene Frömmigkeit war den Leuten suspekt. »Schwarz wie dieser Kater ist unser Landesvater«, habe eines Tages auf einem Schild gestanden. Dresdner Bürger hätten es zusammen mit einem Körbchen, in dem eine schwarze Katze saß, von der Empore der Schloßkapelle herabgelassen.[105] Nur zu gerne hätte Luise so manches am sächsischen Hof geändert und modernisiert. Nun mußte sie ohnmächtig zusehen, wie nicht nur alles beim alten blieb, sondern ihr der Wind noch stärker als früher ins Gesicht blies.

Auch der verstorbene Herrscher war kein »modern« denkender Monarch gewesen. Er und seine Gattin aber hatten Luise zumindest gemocht. Von wenigen Ausnahmen abgesehen, waren sie ihr stets mit Wohlwollen begegnet. Nun war König Albert tot, und Königin Carola hatte sich auf ihren Witwensitz Strelitz zurückgezogen. Mit diesen beiden verlor Luise eine Stütze, deren Bedeutung nicht hoch genug eingeschätzt werden kann. Jetzt hatte Georg freie Hand. Nach Artikel 7 des Hausgesetzes war auch die Auswahl des Hauspersonals einzig und allein seine Sache. Und natürlich hatte er »seine« Leute, Minister, Hofdamen, Lakaien, die ihm ergeben waren und seine Ansicht über die Kronprinzessin teilten oder die einfach der Macht dienten, die er verkörperte. Kein Zweifel auch, daß es unter ihnen Spitzel gab, die bei Luise spionierten und ihre Beobachtungen oder das, was sie dafür hielten, brühwarm und entsprechend ausgeschmückt dem König hinterbrachten. »Mein Wunsch bestand darin, aus dem Hofe einen geistig weit über allen anderen stehenden intellektuellen Mittelpunkt zu bilden, und dieser Gedanke wurde wieder der Grund zu endlosen Streitfragen. Ich wechselte zwischen Empörung und heftiger Niedergeschlagenheit, da ich merkte, daß ich unter unausgesetzter Beaufsichtigung war und wie ein kleines Mädchen, das eine sehr strenge Erzieherin braucht, behandelt wurde.«[106] Auch Fürst Friedrich von Hohenzollern-Sigmaringen, ein Enkel Luises, ist davon überzeugt, daß vor allem die Oberhofmeisterin Freifrau von Fritsch viel dazu beitrug, Luises Stellung zu untergraben.

»Meine Lage war nach dem Tode König Alberts fast unerträglich«, berichtet Luise. »Mein Schwiegervater fühlte, daß seine Gesundheit erschüttert war, und es schien, als wenn er entschlossen gewesen wäre, mich mit allen Mitteln, ob gut oder schlecht, ehe er sterben würde, loszuwerden. Es muß ihm ein schrecklicher Gedanke gewesen sein, daß ich Königin von Sachsen werden würde.«[107] Nach Walter Fellmann, dem Biographen Friedrich Augusts, machte Georg gar kein Hehl daraus, daß die ungeliebte Schwiegertochter eigentlich ihren Zweck erfüllt habe. Sie hatte zur Sicherung der Thronfolge beigetragen und »sei nun entbehrlich, ja belastend für das Haus Wettin.«[108] Vor allem der Einfluß, den sie als Mutter auf die heranwachsenden Kinder nehmen könnte, war Georg nicht geheuer. Die Art und Weise, wie sie mit ihren Kindern umging, hatte ihm sowieso nie gepaßt. »Meine Kinder mochten ihn nicht, und wenn sie den Großvater besuchen sollten, gab es oft Geschrei … und ich mußte alles aufbieten, um sie zu überzeugen und zu beruhigen.«[109] Doch Druck erzeugt Gegendruck. Luise gesteht selbst ein, daß die »Tyrannei einen schlechten Einfluß« auf sie auszuüben begann, und sie »oft etwas tat, nur um den vorhandenen Mächten kühn zu trotzen.«[110] Ihren »Erzfeind«, auf den sie alle Strafen der Hölle herabwünschte, sah Luise neben ihrem Schwiegervater in Minister Georg von Metzsch. Dabei war er ihr anfangs sogar recht sympathisch, erschien ihr als »geistvoller, witziger und angenehmer Mensch, als eine Ausnahme am Dresdner Hof«, mit dem sie in bestem Einvernehmen stand.[111]

Bis es eines Tages zum Bruch kam, laut Luises Bericht im Jahre 1897 anläßlich eines Urlaubsaufenthaltes auf der Insel Norderney. Dort habe Minister von Metzsch sie und ihren Gatten zum Essen eingeladen. In ein zweitklassiges Restaurant, wie sie bemerkt, wo »auf dem Tisch weder ein Tischtuch lag, noch eine Blume stand, nur ganz gewöhnliches Tafelgerät.« Schon das war ein arger Fauxpas, doch es kam noch schlimmer. Auf Luises Frage, welches Abendessen der Minister für sie bestellt habe, antwortete er: »Da ich den einfachen Geschmack kenne, der sie als Habsburgerin auszeichnet, habe ich mir erlaubt, Ihnen etwas kalten Schinken, den Sie so lieben, vorzusetzen.« Tatsächlich lagen dann auf dem Teller nur »zwei dünne Schnitten Schinken.« Sollte es ein Scherz sein? Eine Anspielung etwa auf das »einfache« Stück Rindfleisch, das das Oberhaupt der Familie Habsburg, Kaiser Franz Joseph, zum Mittagessen mit Vorliebe aß? Aber durfte ein Mann wie Metzsch sich überhaupt einen solchen Scherz erlauben? Für Luise jedenfalls ging der Spaß zu weit. Sie empfand ihn als Affront. Sie rächte sich mit einer Einladung zu einem exquisiten Mahl im elegantesten Restaurant der Insel, zu dem sie Metzsch und seine Frau bat; dazu bemerkte sie: »Später, wenn ich als Königin an der politischen Tafel sitzen werde, wird es verschiedene Speisen für meine Gäste geben; dann Exzellenz, werden Sie nur zwei dünne Scheiben politischen Einflusses erhalten.« – »Von Metzsch vergaß mir das nie, und von diesem Augenblick an wurde er mein Todfeind.«[112]

Eine wahre Begebenheit? Oder nur eine gut erfundene? Denn durfte sich ein Minister seiner zukünftigen Königin gegenüber tatsächlich so viel herausnehmen? Ist das bei den hierarchischen Zuständen, die vor hundert Jahren an den deutschen Höfen herrschten, überhaupt vorstellbar? Wie Friedrich August, der der Schilderung nach ebenfalls anwesend war, auf diesen Vorfall reagierte, ist nicht bekannt. Wenn Metzsch hingegen tatsächlich, wie Luise behauptet, »König Alberts und ihres Schwiegervaters unentbehrliches zweites Ich war, dem sie in allem ein unumschränktes Recht einräumten, der vollstes Vertrauen genoß und selbst über die intimsten Familienverhältnisse genau unterrichtet wurde«[113], dann hätte sie klüger daran getan, gute Miene zum bösen Spiel zu machen, anstatt sich mit diesem einflußreichen Mann zu verfeinden. Aber Vorsicht und langes Überlegen war nie Luises Sache.

Sie hätte ja nur auf ihre Stunde zu warten brauchen. Doch Luise konnte nicht warten, auch später nicht, als es um weit mehr ging als um eine kleinliche Rache wegen eines Abendessens. »Sie besaß ein sanguinisches Temperament, das, von einer lebhaften Phantasie getragen, sie zu allzu raschen, von Augenblicksstimmungen beeinflußten, voreiligen Entschlüssen verleitete«, lautet Krackes in diesem Fall wohl treffendes Urteil. Auch Fürst Friedrich-Wilhelm von Hohenzollern ist der Meinung, daß so manche Äußerungen Luises wohl eher ins Reich der Phantasie gehörten als in die nüchterne Wirklichkeit, und sieht darin ein Erbe ihrer toscanischen Ahnen.

Die Katastrophe bahnt sich an

»Meine harmlosen Freundschaften wurden als gemeine Liebeleien hingestellt, und ich konnte niemals jemandem Interesse entgegenbringen, ohne daß man mir irgendeinen häßlichen Hintergedanken als Grund unterlegte«, wird Luise später in ihren Memoiren schreiben[114], und damit vor allem auf eine Geschichte anspielen, die von unzähligen Blättern in aller Welt verbreitet wurde: ihre Verbindung mit dem Hauslehrer Giron.

André Giron, 1879 in Belgien geboren, war seit 3. Januar 1902 als »Sousprecepteur« der Prinzen Georg und Christian am sächsischen Hof tätig. Er sollte seine hochgeborenen Schüler zunächst in seiner Muttersprache Französisch und später auch in Mathematik unterrichten. Laut Bericht der Wiener Zeitung *Die Zeit* vom 30. Dezember 1902 war sein Vater Hauptmann im Pioniercorps, nach anderen Quellen Direktor im belgischen Kriegsministerium. Der junge Giron wollte sich zuerst dem geistlichen Stand widmen, gab aber, aus was für Gründen auch immer, das Studium bald auf. Dafür, daß er auch eine Schule für Bergwerkswesen in Lüttich schon ein Jahr später wieder verließ, waren nach einer Quelle gesundheitliche Gründe maßgebend. Einer anderen Meldung zufolge hatte er jedoch seine Studien mit glänzendem Erfolg abgeschlossen. Schillernde Persönlichkeiten also Vater und Sohn, deren berufliche Werdegänge beziehungsweise die vorliegenden Berichte darüber mit einiger Vorsicht zu genießen sind.

Als André Giron nach Erreichung seiner Volljährigkeit in den Genuß einer Erbschaft kam, ging er nach Paris, wo er Berichten zufolge in Künstlerkreisen auf dem Montmartre verkehrte. Dort machte er die Bekanntschaft eines Adeligen, der sich zum Maler berufen fühlte. Dieser Chevalier d'Yvonneau fand Gefallen an dem gewandten und gebildeten jungen Mann und verschaffte ihm Eingang in die höhere Gesellschaft. Giron erhielt eine Erzieherstelle in einem reichen Haus, in dem er bald wie ein Familienmitglied behandelt wurde. Auf diese Weise machte er schließlich die Bekanntschaft von Kronprinzessin Luise von Sachsen, die sich gerade mit ihrem Gatten zu Besuch in Paris befand. Manche Zeitungen wollen sogar wissen, daß die Beziehungen zwischen Luise und dem jungen Mann schon damals begannen. Die Prinzessin habe daraufhin dessen Berufung als Sprachlehrer ihrer Söhne so geschickt inszeniert, daß Friedrich August nicht den geringsten Argwohn schöpfte und mit der Wahl seiner Gattin durchaus einverstanden war.[115] Aber die Journalisten haben ja bekanntlich schon immer das Gras wachsen hören. Unstreitbar ist, daß André Giron im Auftrag des Hofes von Hauptmann O'Byrn als Lehrer für die jungen Prinzen engagiert wurde.

Giron war schlank, schwarzhaarig und hatte einen kleinen, dunklen Schnurrbart. Er war lebhaft, hatte ein gutes Benehmen und wußte sich zu kleiden. Ob er wirklich von einer so auffallenden Schönheit war, wie manche ihn beschreiben, mag dahingestellt bleiben. Zweifellos war er ein gutaussehender Mann, der es auch verstand, sich in Szene zu setzen. Luise selbst nennt ihn einen geistvollen und liebenswürdigen Gesellschafter, un homme aimable, mit dem sie sich gerne unterhielt, wenn sie sich nach den Fortschritten ihrer Söhne erkundigte. War es wirklich nur das Interesse der Mutter am Unterricht ihrer Kinder? Sie wußte deren Ausbildung immer in guten Händen und hatte sich angeblich früher nie so sehr darum gekümmert. Oder war es vielmehr Giron selbst, der ihre Aufmerksamkeit erregte? Nicht der Lehrer also, sondern der Mann? Versuchen wir doch, uns ein wenig in Luises Situation zu versetzen.

Sie hatte es schwerer als je zuvor in Dresden. Nicht nur ihre Hoffnung, daß Friedrich August schon jetzt den Thron besteigen und sie damit zur Königin machen würde, hatte sich in Luft aufgelöst; zudem schikanierte sie der alte Mann, der jetzt darauf saß, bei jeder Gelegenheit.

Er hatte sie immer abgelehnt. Das war allgemein bekannt und gab jenen Elementen Auftrieb, die mit ihm übereinstimmten oder ihren Vorteil darin sahen, es zu tun. Der König war zwar alt, aber einige Jahre konnten ihm durchaus noch vergönnt sein. Bei ihrem Mann fand Luise keine Hilfe, Freunde am Hof hatte sie nicht. Wie einsam muß sie sich gefühlt haben, wie völlig allein gelassen mit ihren Problemen! »Ich war ohne Freunde, und wie sehnte ich mich nach jemandem, dem ich voll und ganz vertrauen konnte! Mein Gemahl war stets unverändert lieb und gut zu mir. Wenn ich aber versuchte, ihm von meinem Leiden zu erzählen und ihm zu erklären, wie die Dinge wirklich stünden, konnte oder wollte er nicht glauben, daß es solche Bosheit gäbe.«[116] Eine traurige Wahrheit. Nie hätte Friedrich August es über sich gebracht, seinen Vater übler Nachreden, böswilliger Unterstellungen und sinistrer Machenschaften zu verdächtigen. Nicht ohne Grund hielt er Luises Ängste für bloße Hysterie und bemühte sich, sie ihr auszureden. Sie war wieder schwanger, und in diesem Zustand brauchte man eine Frau nicht allzu ernst zu nehmen. Sie war eben überreizt und geneigt, überall Gespenster zu sehen. Ihre flehentliche Bitte, mit ihr und den Kindern nach Ägypten zu fliehen, war für ihn absurd und jeder Grundlage entbehrend. Vielmehr dachte er nicht im geringsten daran, um solcher Hirngespinste willen seine Stellung als künftiger König zu riskieren, die er für gottgegeben ansah. Am liebsten hielt er sich überhaupt aus diesen Dingen heraus. Als Kronprinz von Sachsen hatte er seine Verpflichtungen, und die hielten ihn oft, wahrscheinlich gar nicht gegen seinen Willen, von Dresden fern.

Nun hätte eine standesbewußte Kronprinzessin mit dem Hauslehrer ihrer Kinder höchstens sachbezogene Themen knapp erörtert. Luise war aber keine besonders standesbewußte Kronprinzessin und sah sehr bald in André Giron nicht nur den Hauslehrer, dessen Aufgabe es war, ihre Kinder zu unterrichten, sondern auch den Menschen. Den Menschen, der ihr zwar nicht helfen, aber wenigstens zuhören konnte, weit mehr als ihr Ehegatte, der ihre Klagen bagatellisierte. Und er gefiel ihr, auch als Mann. Aus dem Gespräch wurde Intimität.

Zweifellos machte Luise einen schweren Fehler. Sie hätte ihre Grenzen kennen müssen. Nicht die der Prinzessin, aber die der verheirateten Frau. Aber wer vermag es, die subtilen Ströme zu analysieren, die auf einmal zwischen zwei Menschen fließen und sie zueinander führen: Sympathie, Verwandtschaft des Geistes, gegenseitiges Verstehen, all die Anziehungskräfte der Seele und des Körpers, eben jenes Phänomen, das wir schließlich Liebe nennen. Luise verneint entschieden, daß Liebe samt ihren Folgen im Spiel war. »Ich habe nie auch nur im Traum daran gedacht, meinen Gemahl zu hintergehen«[117], wird sie später schreiben und ihre Beziehung zu Giron als völlig harmlos darstellen. Eine bloße Schutzbehauptung, die sie durch ihre Handlungsweise selbst widerlegte.

Daß Minister von Metzsch zu Luises Gegnern zählte, wissen wir bereits. Doch auch eine Frau gehörte dazu, eine, die sogar kraft ihrer Stellung einen besonderen Einblick in das Leben ihrer Herrin hatte: Oberhofmeisterin Freifrau von Fritsch. Sie wird als »eine etwa fünfundvierzigjährige, aristokratische Erscheinung mit scharfgeschnittenen, große Energie verratenden Gesichtszügen« geschildert[118]. Nun, an Energie dürfte es wirklich nicht gefehlt haben, brachte doch sie den Stein schließlich ins Rollen. Wenn wir Luise glauben dürfen, verdankte Baronin von Fritsch ihre Stellung niemand Geringerem als König Georg, mit dem sie von Jugend auf befreundet war. Platonisch, versteht sich. Daß sie als Spitzel für ihn tätig war und redlich dazu beitrug, Luise »hinauszuekeln«, bestätigt hingegen Fürst Friedrich Wilhelm von Hohenzollern.

»Ein anderer Spion lebte in meinem eigenen Hausstand. Er war persönlicher Diener meines Gemahls und deshalb glaubte er, sich alles erlauben zu dürfen. Er erlaubte sich einmal, mich in einer widerlichen vertraulichen Weise anzusprechen, und als er sah, wie empört ich darüber war, bewachte er mich stets wie ein Spion ... Eine widerliche Atmosphäre umgab diese Kreatur ... Ich habe niemals eine so tödliche Abneigung gegen irgend jemanden empfunden als gegen diesen von Metzsch gedungenen Spion.«[119] Luise nennt diesen »Spion« auch in dem auf obiges Zitat folgenden Text nicht mit Namen. Doch scheint ein Kammerdiener Ranisch in der Liste der Zeugen auf, die später bei dem vom König eingesetzten Ehegericht ihre Aussage machten. Dabei dürfte es sich um den von ihr erwähnten Lakaien handeln.

Wenn Luise sich also sogar in ihren eigenen Räumen von Spionen umgeben fühlte, ja annahm, daß sie regelrecht überwacht wurde, hatte sie bestimmt nicht unrecht. Auch Fellmann berichtet, daß Freifrau von Fritsch Minister von Metzsch einen in Luises Gemächern entdeckten Brief zuspielte. »Luise wurde zur Rede gestellt. Durch diese Befragung ließ sich die Überwachung nicht verheimlichen. Wenn eine Hofdame persönliche Utensilien der Kronprinzessin kontrollierte, geschah das zweifellos nicht ohne Auftrag. Metzsch, der offenbar Indizien gegen Luise zu sammeln hatte und die Baronin als Helferin benötigte, lehnte deren Ablösung ab. Das konnte ein Minister nicht entscheiden. Die Auswahl des Hofstaats war nach dem Hausgesetz einzig und allein Sache des Königs. Frau von Fritsch blieb auf ihrem Posten.«[120]

Dazu kam, daß der Kronprinz gerade in diesen Herbstmonaten des Jahres 1902 sehr oft abwesend war. Reisen an diverse Höfe standen an, wo er seinen Vater vertreten mußte, militärische Inspektionen und Manöver erforderten seinen Einsatz. Im Jahre 1898 war er Generalleutnant und Kommandeur der 1. sächsischen Division geworden und 1902 zum Kommandierenden General des XII. Armeecorps avanciert. Und schließlich sollte auch das edle Waidwerk und damit das Vergnügen zu seinem Recht kommen, in seinen sächsischen Revieren, im schlesischen Sibyllenort oder in Tarvis im damals noch österreichischen Kanaltal, wo er ein großes Jagdgebiet gepachtet hatte. Von seinem Jagdausflug in das salzburgische Revier seines Schwiegervaters kehrte er zudem erst verspätet und mit einem gebrochenen Unterschenkel nach Dresden zurück. Aber lassen wir zuerst Luise selbst sprechen: »Im November 1902 … kam Frau von Fritsch in meinen Salon, und zu meinem Erstaunen wagte sie es, über das freundliche Interesse zu sprechen, das ich für den Erzieher meiner Söhne hatte … Ich bestand darauf, daß sie ihre Anklage, daß ich mit M. Giron geflirtet hätte, vor meinem Gemahl wiederholen solle. Frau von Fritsch weinte und schluchzte; sie beschwor mich, nicht auf dieser Aussprache zu bestehen.«[121] »Nach ihrer Anklage sandte Frau von Fritsch zu M. Giron und hoffte, ihn mit einem Geständnis zu fangen. Er war empört und verlangte augenblicklich, seinem Verleumder gegenübergestellt zu werden. Nichts vermochte ihn dazu zu bewegen, bei Hofe zu bleiben.« Unter dem Vorwand wichtiger Familienangelegenheiten reiste er sofort ab.[122] Die Wahrheit? Oder doch eher nur der Versuch einer Rechtfertigung?

Niemand vermag heute mehr das Geflecht von Wahrheit, Halbwahrheit und bloßen Erfindungen zu entwirren, das herauszufiltern, was sich tatsächlich zugetragen hat. Dichtung und Wahrheit hatten sich längst zu einem undurchdringlichen Gestrüpp vermengt. Von harmloser Sympathie bis zu einer innigen »Herzensneigung«, von einer Liebe, von der Luise nicht lassen konnte, bis zu Leidenschaft, in der sie entbrannte, berichten die Zeitungen. Und von einem Brief ist die Rede, den sie aus einem Versteck (aus einem toten Briefkasten also, wie es in der Geheimdienstsprache heißt) geholt haben soll, von Giron vorher dort deponiert. Ein Vorgang, den beobachtet zu haben Frau von Fritsch behauptet. Das Schicksal nahm seinen Lauf.

Tatsache ist, daß Giron am 2. Dezember 1902 seiner Dienste enthoben wurde. Wie das *Neue Wiener Abendblatt* vom 23. Dezember zu wissen glaubt, »hatte sich der französische Sprachlehrer bei seiner Entlassung verpflichtet, alle Beziehungen zu dem fürstlichen Hause abzubrechen und Sachsen zu verlassen. Letzteres geschah wohl, indem sich der Franzose nach Bayern begab, die Beziehungen zur Kronprinzessin aber nicht abbrach, sondern mit derselben correspondirte (!). Kurz vor der Überführung des Kronprinzen von Salzburg nach Dresden (infolge des Beinbruchs) gelang es nun, die complete (!) Correspondenz zwischen der Kronprinzessin und dem Lehrer aufzufangen. Der Inhalt des Briefwechsels, insbesondere jener der Briefe der Kronprinzessin, soll auf den Kronprinzen einen geradezu vernichtenden Eindruck gemacht haben, zumal aus mehreren dieser Schreiben klar hervorgeht, daß die Relationen der Prinzessin zu dem Franzosen ereignißschwer (!) waren. Nach Kenntnisnahme dieser Correspondenz beschied der Kronprinz seine Gattin zu sich. In dieser Unterredung soll nun die Kronprinzessin den Sachverhalt nicht in Abrede gestellt haben.«

Die Presse des In- und Auslandes hatte endlich wieder einmal ihr Thema gefunden und schlachtete es weidlich aus. Der Erfindungsgabe war Tür und Tor geöffnet. Nun wußte man plötzlich (oder glaubte vielmehr zu wissen), daß die Ehe des kronprinzlichen Paares schon von Anfang an ein Unglück gewesen war, und Luise eigentlich lieber doch

Ferdinand von Bulgarien geheiratet hätte. Außerdem habe Friedrich August die ganze Zeit ein Verhältnis mit einer Schauspielerin gehabt, was Luises berechtigte Eifersucht hervorgerufen habe. Bei solchen Szenen habe sich der Gatte nicht gescheut, sich zu Tätlichkeiten hinreißen zu lassen. Auch habe Friedrich August im großherzoglichen Jagdrevier gar keinen Beinbruch erlitten, sondern Erzherzog Leopold Ferdinand, Luises Bruder, habe den Schwager wegen seines Lebenswandels zur Rede gestellt, worauf ein Duell stattgefunden habe … Auch sei Luises Beziehung zu Giron keineswegs die erste in ihrer Ehe gewesen, nur habe der Kronprinz ihr immer wieder verziehen …

Es ist kaum zu glauben, was journalistische Phantasie für Kapriolen zu schlagen vermag, um dürftige Tatsachen aufzubereiten und so das Interesse des Lesers zu erregen. Damals wie heute. Und kein Geringerer als Karl Kraus war es, der in seiner *Fackel* die Sensationsgier der Presse entsprechend gegeißelt und mit bissigen Kommentaren versehen hat. Aber nicht nur die Journalisten schürten das Feuer der Gerüchteküche. Auch die Diplomaten. In den Archiven liegen noch heute deren Briefe, seitenlang und handgeschrieben. Die Schreibmaschine war noch verpönt. Dem Telefon wollte man das heikle Thema schon gar nicht anvertrauen. So berichtete man eben unter dem Siegel höchster Vertraulichkeit an die vorgesetzte Stelle alle Neuigkeiten, die es in dieser Angelegenheit gab. Der Hauptleidtragende in dieser Affäre war zwar der königliche Hof in Dresden, aber auch das Kaiserhaus in Wien war direkt betroffen. In München und Berlin war man an den Vorgängen interessiert. Ging es doch nicht nur um die Kronprinzessin von Sachsen, sondern auch um eine hochgeborene Erzherzogin von Österreich! Eine »ausgeheiratete« zwar, aber Luise war und blieb eine Habsburgerin. Da standen die Ehre und der gute Ruf des allerhöchsten Hauses auf dem Spiel.

Und wieder waren es die Toscanas, die auf so anrüchige

Weise von sich reden machten! Geschah es doch nicht zum ersten Mal, daß es Ärger mit ihnen gab. Schon vor einigen Jahren war Erzherzog Johann Salvator, der diesem Zweig der Familie angehörte, aus dem Kaiserhaus ausgetreten. Er hatte es vorgezogen, ein einfacher Bürger namens Johann Orth zu werden, ein Mädchen aus dem Volk zu heiraten und den Beruf eines Kapitäns der Handelsschiffahrt zu ergreifen. Glück hatte es ihm nicht gebracht. Sein Schiff war mit Mann und Maus untergegangen, er selbst seither verschollen. Doch damit nicht genug. Auch mit Leopold Ferdinand, Johann Orths Neffen, rissen die Schwierigkeiten nicht ab. Und nun noch Luise! Und gerade von ihr hatte man immer so viel gehalten ...

Der k. u. k. Gesandte in Sachsen von Velics hatte in nächster Zeit an seinen Chef in Wien, den Grafen Agenor Goluchowski, Minister des Äußeren und des kaiserlichen und königlichen Hauses, eine ganze Menge zu berichten.

Die Flucht

Am 23. November 1902 war Kronprinz Friedrich August von seinem mißglückten Jagdausflug nach Dresden zurückgekehrt. Der Bruch des linken Unterschenkels erwies sich als unkompliziert, aber das Bein mußte eingegipst werden, und die Heilung würde ihre Zeit brauchen. Man kann sich vorstellen, daß die Laune des Patienten nicht allzu rosig gewesen sein dürfte.

Am 2. Dezember wurde Giron Knall auf Fall entlassen. Das Gerücht, daß man ihm seinen Abgang mit einer stattlichen Summe »versüßt« habe, wurde von ihm energisch dementiert. Was immer sich abgespielt haben mag und welcher Vorfall zu seiner fristlosen Kündigung führte, kann nur vermutet werden. Beweise gibt es keine. Aus den folgenden Ereignissen gewisse Rückschlüsse zu ziehen, sollte jedoch erlaubt sein.

Luise selbst berichtet, daß sie sich nach jenem Auftritt mit ihrer Oberhofmeisterin zu ihrem Gatten begeben und ihn in einem Anflug von Verzweiflung gebeten habe, mit ihr aus Sachsen fortzugehen. »›Laß uns nach Ägypten gehen‹, drang ich in ihn, ›wenn ich mit dir bin, dann erst werde ich ruhig sein. Du allein kannst mich retten. Ich bitte, ich beschwöre dich, rette mich vor denen, die mich verderben wollen.‹ Aber alles war umsonst.«[123] Ein »später«, auf das Friedrich August sie vertröstete, sollte es nie mehr geben. Selbst wenn wir annehmen, daß Luise die Wahrheit schreibt, wie hätte Friedrich August ihre Bitte erfüllen sollen? Der Kronprinz hatte Verpflichtungen, dem Land gegenüber, seinem Vater. Außerdem stand Weihnachten vor der Tür, und er lag da mit einem eingegipsten Bein. Etwas viel für einen Mann. Auch ein anderer hätte seiner Frau in dieser Situation nicht helfen können.

Luise gibt als Grund für ihre Ängste eine Unterredung mit ihrem Schwiegervater wieder, in der er sagte: »Luisa, deine Ansichten … überzeugen mich immer mehr, daß du das Ideal einer Königin von Sachsen … nicht erfüllen kannst. Ich bedaure nur, daß deine lächerlichen modernen Ideen mir nicht erlauben, dich für Lebenszeit einzusperren, oder besser noch, dich so vollständig verschwinden zu lassen, daß man niemals mehr von deinem Schicksal etwas erfahren würde … Ich will dir nur sagen, was ich stets gedacht habe, daß du geistesgestört bist und daß die bourbonisch-habsburgischen Exzentrizitäten sich in dir so entwickelt haben, daß sie der Grund deines geistig anormalen Zustandes geworden sind … Zum Glück sind in unserer Zeit alle Vorsichtsmaßregeln für Geisteskranke getroffen, und ich werde mich persönlich dafür interessieren, daß du von den Folgen deiner Handlungen bewahrt bleibst.«[124] Darauf habe Frau von Fritsch den Auftrag erteilt, daß Luise mit ihren Kindern nicht mehr allein bleiben dürfe, da sie sie »in einem hysterischen Anfall bedrohen oder angreifen« könnte. Und ihre Entbindung werde auf dem »Sonnenstein« erfolgen. Der König und sie selbst hätten alle diesbezüglichen Einzelheiten bereits vorbereitet.[125] Besagter »Sonnenstein« war ein Irrenhaus. Waren Luises Befürchtungen also berechtigt? Eingedenk jener anderen Louise, ebenfalls Prinzessin aus königlichem Haus, die tatsächlich – und mit allerhöchstem Einverständnis – in einer Irrenanstalt gelandet war?

Es lohnt, an dieser Stelle einer Affäre, die Luises Befürchtungen nicht zu Unrecht erregte, etwas ausführlicher nachzugehen, weil sie ein bezeichnendes Licht auf Zeitgeist und den moralischen Zustand der Aristokratie des Fin de siècle wirft. Louise von Coburg war eine Tochter König Leopolds II.

von Belgien, Stephanie, die Witwe des österreichischen Kronprinzen Rudolf, ihre Schwester, Queen Victoria von England ihre Tante, der deutsche Kaiser sowie der Zar von Rußland zählten zu ihren Vettern. Sie war im Alter von sechzehn Jahren an ihren um vierzehn Jahre älteren Cousin, den schwerreichen Prinzen Philipp von Sachsen-Coburg-Kohary verheiratet worden. Und obwohl Louise in der Hochzeitsnacht im Negligé aus dem Palais lief und in der Orangerie Zuflucht suchte, ihr Gatte selber, ein ausgesprochener Lebemann, sie später in ganz Europa betrog, wurde das Dekorum gewahrt. Der Ehe entsprossen zwei Kinder, Louise ging am Kaiserhof ein und aus; sie galt als eine der elegantesten und meist umschwärmten Damen Wiens. Was immer auch geschah, der Schein der intakten Ehe wurde, wie in höheren Kreisen üblich, aufrechterhalten. Bis schließlich der kroatische Oberleutnant der Ulanen, Graf Geza Mattachich, in Louises Leben trat und sie sich Hals über Kopf in ihn verliebte.

Louise von Coburg ging mit ihrem Geliebten, den sie zuerst zu ihrem Stallmeister gemacht hatte, auf Reisen, wo sie wie gewohnt auf größtem Fuß lebte. Geld hatte in ihrem Leben nie eine Rolle gespielt. Sie war es gewöhnt, auch die höchsten Rechnungen für die unsinnigsten Ausgaben pflichtschuldigst von ihrem Mann bezahlen zu lassen. Und der Prinz von Coburg, zunächst stolz auf seine schöne, elegante Frau, hatte bislang auch immer mehr oder minder willig die größten Summen beglichen. Doch als Louise keinerlei Rücksicht mehr nahm, in aller Öffentlichkeit mit ihrem »Kammervorsteher« Mattachich zusammenlebte und ihre Schulden immer größer wurden, wurde es dem Prinzen denn doch zu bunt. Er weigerte sich, zu bezahlen. Was ihm unter den gegebenen Umständen ja nicht zu verübeln ist. Die Schulden, die Louise inzwischen angehäuft hatte, beliefen sich immerhin auf die Kleinigkeit von etwa zwei Millionen Kronen.

Nun beging Louise von Coburg nicht nur eine Riesen-dummheit, sondern einen kriminellen Akt. Bedrängt von ih-ren Gläubigern, die endlich Geld sehen wollten und auf einer Bürgschaft bestanden, fälschte sie auf einigen Wech-seln den Namen ihrer Schwester, der Kronprinzessin-Witwe Stephanie, zum Überfluß noch reichlich ungeschickt. Sie hoffte natürlich, diese würde sie decken. Doch Stephanie war gerade krank. Ihr Obersthofmeister wußte von nichts. So endete die Angelegenheit bei der Staatsanwaltschaft. In Agram, wohin Louise und Mattachich geflüchtet waren, wur-den beide verhaftet. Mattachich wurde wegen Wechselfäl-schung angeklagt. Louises Beteuerung, nicht Mattachich, sondern sie selber habe die Unterschrift gefälscht, wurde kein Glauben geschenkt. Eine Prinzessin begeht ein solches Delikt einfach nicht. Der Ulanen-Oberleutnant, Stallmeister und Kammervorsteher wurde von einem Militärgericht de-gradiert, seines Adelstitels für verlustig erklärt und zu sechs Jahren schwerem Kerker in der Militärstrafanstalt Möllers-dorf bei Wien verurteilt. Louise wurde in die Privatheilan-stalt von Professor Obersteiner in Wien-Döbling verbracht, dort interniert, für geisteskrank erklärt und unter Kuratel gestellt.

Es ist erwiesen, daß Prinz Philipp von Coburg die Ein-weisung seiner Gattin in eine Irrenanstalt mit »allerhöch-ster« Billigung veranlaßt hat. Die Nachricht wurde von Sei-ner k. u. k. Apostolischen Majestät Obersthofmarschallamt im Amtsblatt der *Wiener Zeitung* vom 17. Juni 1899 bekannt-gegeben.[126] Allein diese höchste Instanz, die für alle Mit-glieder des österreichischen Kaiserhauses maßgebend war und direkt dem Kaiser unterstand, konnte so etwas verfü-gen. Denn eine Prinzessin von Coburg wegen eines so blamablen Deliktes wie einer Wechselfälschung vor den Schranken eines öffentlichen Gerichtssaales sehen zu müs-sen, wäre nicht nur für die Familie Coburg, sondern auch für das Kaiserhaus eine zu große Schande gewesen. Doch die Blamage, der man hatte entgehen wollen, sollte nicht ausbleiben.

Die Überlegung, von der man ausging, war von zwingender Logik: Wenn eine so hochgeborene Prinzessin, Tochter eines Königs, so handelte, wie Louise es getan hatte, mußte sie verrückt sein! Alles andere war undenkbar und unannehmbar. Eine internationale Gutachter-Kommission bescheinigte den bedauerlichen Geisteszustand der Prinzessin, was sich auszugsweise folgendermaßen liest: »... Der dauernde Aufenthalt der Frau Prinzessin in der geschlossenen Anstalt ist in Rücksicht auf diesen Krankheitszustand (krankhafte Geistesschwäche) und im Interesse der hohen Patientin unbedingt notwendig.« Gezeichnet (u. a.) von dem berühmtesten Psychiater der damaligen Welt, Erfinder der Malaria-Therapie zur Heilung der progressiven Paralyse, Träger des Medizin-Nobelpreises von 1927, Professor Doktor Julius Wagner von Jauregg. Man war dem Allerhöchsten Haus gefällig, zumal sich auch das Honorar von dreitausend Mark, das der Professor dafür vom Obersthofmarschallamt erhielt, sehen lassen konnte.[127] Es soll nicht beschönigt werden, daß Louise von Coburg eine Verschwenderin war, die Unsummen bedenkenlos zum Fenster hinauswarf. Doch schwachsinnig, wie es im ersten Untersuchungsergebnis heißt, war sie deswegen nicht.

Ihr Vater, König Leopold II. von Belgien, galt als der reichste König Europas. Auch Prinz Philipp erfreute sich, was sein Vermögen betraf, eines ausgezeichneten Rufes. Geld war für Louise ein abstrakter Begriff, etwas, das »man hatte«, auch wenn man es nicht in der Tasche trug. Das wußten auch die Geschäftsleute, die Bankiers, und boten ihr in Erwartung eines guten Gewinns bedenkenlos ihre Dienste an. Nicht nur Louise, auch sie rechneten damit, daß ein unermeßliches Erbe sie erwartete. So schien es wenigstens.

Einige Jahre nach seiner Verurteilung gelang es Mattachich, seinen Fall über einen sozialdemokratischen Abgeordneten ins Parlament zu bringen. Bald darauf wurde er begnadigt. Seine Rehabilitierung erreichte er nicht. Er schaffte es jedoch, Louise zu befreien und mit ihr nach Frankreich zu fliehen. Dort bescheinigte am 23. Mai 1905 eine französische Gutachter-Kommission nach eingehender Untersuchung der Prinzessin, daß aufgrund ihres völlig normalen Geisteszustandes weder die Entmündigung noch die Internierung in einer geschlossenen Anstalt geboten sei.[128] Daraufhin gab am 26. Juni 1905 das Obersthofmarschallamt amtlich bekannt, daß die »wegen Schwachsinns im Grunde der Bestimmungen 21 und 269 a. b. G. B. verhängte Curatel am heutigen Tage aufgehoben wird.«[129] Es war eine Blamage nicht nur für die Familie, sondern auch für den berühmten Professor. Wagner von Jauregg hatte Mühe, zu erklären, daß die französischen Ärzte jetzt wohl recht hätten, seines und seiner Kollegen Gutachten aber durchaus korrekt gewesen sei zu dem Zeitpunkt, an dem es erstellt worden sei ...[130]

Nach ihrer Scheidung von Philipp von Coburg brachte Louise den Rest ihres Lebens (und ihres Vermögens) damit zu, das Testament ihres Vaters anzufechten, der seinen Privatbesitz, die Kongo-Kolonie, nicht seinen Töchtern, sondern dem belgischen Staat vermacht hatte. Selbst seine langjährige Geliebte erbte noch ein Vielfaches dessen, was eigentlich seine ehelichen Kinder hätten bekommen sollen, wäre das Kongo-Testament nicht im Wege gestanden. Trotz der besten Rechtsanwälte gelang es Louise nicht, eine Revision des Urteils zu erwirken.

Louise starb einige Monate nach Mattachich völlig verarmt im Jahre 1924 in Wiesbaden. Ihre letzte Hoffnung, wenigstens noch ihre Tante Charlotte, die ehemalige Kaiserin von Mexiko, beerben zu können, hatte sich ebenfalls nicht erfüllt. »Wenn die Charlotte stirbt«, soll ein geflügeltes Wort bei ihr gewesen sein. Doch ›die Charlotte‹ tat ihr nicht den Gefallen, zu sterben, zumindest nicht rechtzeitig. Seit Jahrzehnten geistig umnachtet, erreichte sie ein nahezu biblisches Alter und überlebte Louise noch um drei Jahre.

Der Fall Louise von Coburg war bestimmt der spektakulärste seiner Art. Der einzige scheint er dennoch nicht gewesen zu sein. Am 17. Oktober 1905 meldeten zumindest die *Münchner Neuesten Nachrichten*, daß der Erbgraf von Erbach-Erbach, der gegen den Willen seiner Familie die Tochter einer Wäscherin geheiratet hatte, von seinen Verwandten in ein Irrenhaus gebracht und die Ehe für ungültig erklärt worden war. Es gab kein Dementi, und der Fall geisterte auch später noch durch die Presse.

Der Skandal um Louise von Coburg ging damals durch die ganze Welt. Es besteht kein Zweifel daran, daß er der Kronprinzessin von Sachsen bekannt war. Pikanterweise war deren Namensschwester zu jener Zeit sogar ganz in ihrer Nähe interniert, nämlich in der Anstalt »Lindenhof« von Dr. Pierson in Coswig bei Dresden. War es da ein Wunder, daß ihr jene Affäre als schreckliches Beispiel vor Augen stand?

»Ich überlegte mit ohnmächtiger Verzweiflung, wie hilflos ich wäre, wenn ich in einer Maison de Santé untergebracht würde, und schaudernd erinnerte ich mich verschiedener Prinzessinnen, die für immer in ein Irrenhaus verbannt wurden, was mit lebendigem Begrabensein gleichbedeutend ist«, schreibt Luise; »wenn ich an das dachte, erfaßte mich plötzliche Todesangst. Nein, mein Kindchen durfte niemals in einem Narrenhaus geboren werden.« Und als Konsequenz: »Es blieb mir nichts anderes als die Flucht übrig.«[131]

Luise war in Panik geraten. Zu Recht? Oder zu Unrecht? Wäre König Georg wirklich so weit gegangen, die Schwiegertochter, eine gebürtige Habsburgerin, in einem Irrenhaus internieren zu lassen?

Am 5. Dezember machte das Kronprinzenpaar noch gemeinsam eine Ausfahrt. Es begab sich in das Militärhospital, wo Friedrich Augusts Bein geröntgt wurde. Am 9. Dezember verließ Luise Dresden. Es lief alles völlig normal ab. Der Zweck der Reise, ein Besuch bei den Eltern in Salzburg, erschien ganz natürlich. Ihr Vater war alt und leidend. Weihnachten war nicht mehr fern. Wie üblich hatte Luise vorher die Erlaubnis König Georgs eingeholt und sich von ihm verabschiedet. Mitglieder des Hauses durften nur mit seiner Einwilligung ins Ausland reisen (Artikel 6 des Hausgesetzes). Friedrich August ahnte nicht, daß er seine Frau nie wiedersehen würde.

Ob dem Abschied wirklich eine »heftige Szene« vorausging, ist unbewiesen. Das gilt auch für die Behauptung, daß der letzte Jagdausflug des Kronprinzen ins Salzkammergut vor allem dem Zweck diente, sich mit dem Großherzog von Toscana auszusprechen, da er »das Geständnis seiner Gattin, daß er nicht der Vater des zu erwartenden Kindes sei, schon in Händen hatte.«[132]

In Begleitung des Hofmarschalls von Tümpling und der Hofdame Fräulein von der Schönberg-Rothschönberg reiste Luise zunächst nach München, wo sie, wie die *Münchner Neuesten Nachrichten* meldeten, um 21.45 Uhr ankam und im Hotel Rheinischer Hof abstieg. Ihr Wunsch, sich mit Prinzessin Therese von Bayern zu treffen, konnte nicht erfüllt werden, da diese nicht erreichbar war. Wollte Luise sich mit ihr beraten? Am nächsten Morgen reiste Luise termingemäß nach Salzburg weiter. Vom sächsischen Gesandten, der am Bahnhof erschienen war, verabschiedete sie sich mit den Worten: »Auf Wiedersehen in acht Tagen!« Die Zimmer im Hotel Rheinischer Hof waren schon vorsorglich bestellt worden.[133] In Salzburg erwartete Luise eine herbe Enttäuschung. Großherzogin Alice, weit davon entfernt, die Tochter mit offenen Armen aufzunehmen, riet ihr kühl, so schnell wie möglich nach Dresden zurückzukehren. Und der Großherzog, von dem Luise sich mehr Verständnis erhofft hatte, reagierte nicht anders. Ihre nervösen Depressionen seien auf ihren Zustand zurückzuführen, ihr Schwiegervater wolle nur ihr Bestes und habe gewiß nicht ihre Verfügung in ein Irrenhaus, sondern lediglich eine Ruhekur gemeint. Außerdem wolle er »unter keiner Bedingung zwischen ihr und Friedrich August stehen … Wenn er (Friedrich August) sagt, daß kein Grund zur Beunruhigung vorliegt, weiß und sagt er das Richtige, und du tätest besser, alle diese krankhaften Phantasien und ungerechten Verdächtigungen dir ganz aus dem Kopf zu schlagen.«[134]

Ob die Eltern damals schon mehr wußten oder nicht – manchen Berichten zufolge war es ihnen längst bekannt, daß es in der Ehe ihrer Tochter nicht zum besten stand –, sie trachteten jedenfalls, die Angelegenheit möglichst rasch aus der Welt zu schaffen und sich selbst herauszuhalten. Was immer auch geschehen war, noch konnte man es unter den Teppich kehren, würde Luise brav zu ihrem Mann zurückgehen. Denn da war ja der Kaiser in Wien, der streng darüber wachte, daß alles seine Ordnung hatte. Das war keineswegs eine Anmaßung. Nach dem Familienstatut stand dem Familienoberhaupt »die Souveränität und Gerichtsbarkeit, sowie das Recht einer besonderen Aufsicht über alle Familienmitglieder zu«. Das erstreckte sich auf »alle Handlungen und Verhältnisse, welche auf die Ehre, Würde, Ruhe, Ordnung und Wohlfahrt einen Einfluß haben könnten.«[135] Großherzog Ferdinand und seine Gattin befanden sich in einer peinlichen Lage. Wenn Luise nicht schleunigst nach Dresden zurückkehrte, würde diese Bestimmung des Hausgesetzes auch auf sie Anwendung finden. Hatte ihnen ihr Sohn Leopold in dieser Beziehung doch schon genügend Unannehmlichkeiten bereitet.

Leopold war wie alle habsburgischen Erzherzöge von Jugend auf für eine militärische Laufbahn bestimmt. Er wählte die Marine, eine Waffengattung, zu der er sich besonders hingezogen fühlte. Schon als Halbwüchsiger war er mit Begeisterung mit seinem Vater auf dem Bodensee gesegelt. Auch die Frau fürs Leben glaubte er gefunden zu haben: seine Cousine Elvira, die Tochter von Don Carlos, dem spanischen Kronprätendenten, die er schon seit seiner Knabenzeit kannte und liebte. Als er sie jedoch bei der Hochzeit seiner Schwester Luise in Wien wiedersah und sich mit ihr verloben wollte, verweigerte Kaiser Franz Joseph aus politischen Gründen seine Zustimmung zur Ehe. Die Zerstörung seiner Zukunftshoffnungen, deren Gründe er nicht einsah und die er auf Intrigen zurückführte, traf Leopold tief. Doch damit nicht genug. Auf einer Reise in den Indischen Ozean, die er als Marineoffizier auf der »Kaiserin Elisabeth« mitmachte, kam es zu einem Zerwürfnis mit dem österreichischen Thronfolger Erzherzog Franz Ferdinand, der sich ebenfalls an Bord befand. Letzterem zufolge hatte Leopold sich an Bord weder wie ein Offizier noch seinem hohen Rang gemäß benommen, indem er vor allem mit Kadetten verkehrte. Leopold wurde unter dem Vorwand einer plötzlichen Erkrankung in Sydney ausgeschifft und mußte in Begleitung von Linienschiffsleutnant von Schleinitz die Rückkehr antreten.

Seine Versetzung zur Infanterie kam einer Bestrafung gleich. In seiner Garnisonsstadt Iglau, wo der Erzherzog als Oberst im 3. Feldbataillon Dienst tat, machte er die Bekanntschaft von Wilhelmine Adamowicz. Sie war so alt wie er, Tochter eines Postbeamten, zeitweise als Hausangestellte, Ladenmädchen und Bedienung in Wirtschaften tätig und genoß nicht eben den besten Ruf. Aus Akten der Wiener Polizeidirektion geht hervor, daß sie wiederholt wegen liederlichen Lebenswandels bestraft wurde und deshalb ein »Gesundheitsbuch« erhielt, das sie jedoch nach einigen Tagen wieder zurückgab.[136] Diese Art von Broterwerb hatte sie natürlich nicht mehr nötig, seit ein Erzherzog für sie sorgte. Er kaufte ihr eine Villa in der Sternwartestraße 56 im Wiener Nobelbezirk Währing, in die sie ihre beiden Schwestern mitnahm. Erzherzog Leopold besuchte sie dort regelmäßig und nahm sie unter dem Pseudonym Leopold Wölfling auf Reisen mit. Als er jedoch beschloß, die ehemalige Prostituierte morganatisch zu heiraten, wurde er »zur Heilung nervöser Zustände«, die wohl auch eine Alkoholentzugskur beinhalteten, in die Klinik von Dr. Erlemeyer nach Bensdorf am Rhein geschickt.[137] Denn auch eine morganatische Ehe oder Ehe zur »linken Hand«, eine im Recht des Hochadels legitime Heirat mit einem Partner niedrigeren Standes, die vermögens- und erbrechtlich benachteiligt war, wäre ein Skandal gewesen. Doch Wilhelmine Adamowicz war nicht Leopolds erste Affäre dieser Art. Schon vor ihr hatte er ein Verhältnis, das nicht ohne Folgen blieb. Die unehelich geborene Tochter strengte sogar 1928 eine Alimentationsklage gegen ihn an, bei den materiellen Verhältnissen Leopolds zu jener Zeit eine vergebliche Liebesmühe.

Der Großherzog, der aufgrund polizeilicher Beobachtungen längst von dem Verhältnis seines Sohnes zu Wilhelmine wußte, versuchte alles, um es zu beenden. Allmählich ließ Leopold sich überzeugen. Er schrieb an Wilhelmine einen Abschiedsbrief und versicherte Kaiser Franz Joseph, »daß dies der einzige Weg sei, um wieder ein anständiger Mensch und Soldat zu werden.«[138] Ein Rechtsanwalt wurde eingeschaltet, in einer Wiener Bank 100 000 Kronen in mündelsicheren Wertpapieren hinterlegt und die Villa ausbezahlt und danach verkauft. Für die Übersiedlung Wilhelmines nach Baden gab es noch zusätzlich 10 000 Kronen. Das Haus Toscana ließ es sich also eine Menge kosten, um Fräulein Adamowicz loszuwerden. Doch es war umsonst. Leopold fand schon sehr bald, daß es ihm unmöglich sei, sich von Wilhelmine zu trennen. Als er den Kaiser um Wiedereinstellung in den militärischen Dienst bat, und sein Ansuchen abgelehnt wurde, waren die Würfel für ihn gefallen. Er entschloß sich, aus dem Kaiserhaus auszutreten.

Trotz Familiengesetz wurden den jungen Erzherzögen also einige Freiheiten zugestanden. Sie sollten sich ruhig ein wenig austoben. Man überwachte sie diskret, um über ihren Lebenswandel und Umgang Bescheid zu wissen. Trieb es einer einmal zu bunt, konnte es sehr wohl passieren, daß er von Seiner Majestät persönlich zum Rapport befohlen wurde und dort seine Standpauke erhielt. Auch eine Versetzung in eine entlegene Garnison in Bosnien oder Galizien war ein beliebtes Mittel, eine unbotmäßige Kaiserliche Hoheit zur Räson zu bringen. Verknüpfte es doch die Bestrafung mit der nötig erscheinenden räumlichen Trennung. Oder es konnte der allerhöchste Befehl ergehen, schleunigst eine längere Reise anzutreten, wie es dem Neffen des Kaisers, Erzherzog Otto, nach der leidigen Affäre im Wiener Hotel Sacher geschah. (Otto, ein berüchtigter Lebemann und immer zu Streichen bereit, betrat eines Abends zu vorgerückter Stunde das Hotel Sacher. Nicht ungewöhnlich für Erzherzog Otto. Ungewöhnlich war jedoch sein Aussehen: Er kam im Adamskostüm, nur umgürtet mit seinem Säbel, und sorgte damit für einen beachtlichen Skandal, der seinem kaiserlichen Onkel nicht verborgen blieb.) Im Umgang mit einer Frau niedrigen Standes zeigte man sich für gewöhnlich nicht kleinlich. Traten irgendwelche Schwierigkeiten auf, war man durchaus bereit, ihr den endgültigen Abschied von ihrem hochgeborenen Freund entsprechend zu »vergolden«. So hielt man die jungen Herren gewissermaßen an der langen Leine. Aber alle Toleranz hatte ihre Grenzen. Wer sie überschritt, begab sich auf ein gefährliches Terrain.

Kehren wir zu Luise zurück. Sie hatte bei ihren Eltern weder Aufnahme noch Hilfe gefunden. Sie glaubten ihr nicht. Oder wollten ihr nicht glauben. Mehr noch: sie schickten sie wieder nach Dresden zurück. Und ihre Mutter würde sich bestimmt nicht scheuen, den wahren Grund ihrer

Reise nach Salzburg dorthin zu berichten. Nun gab es nur mehr einen, der für sie Verständnis hatte und ihr vielleicht helfen konnte: das war ihr Bruder Leopold.

Wir können mit Sicherheit annehmen, daß Leopold alles wußte. Die Geschwister hatten die ganze Zeit miteinander korrespondiert. Leopold soll auch den Briefwechsel Luises mit Giron vermittelt haben. Über ihr Gespräch mit Leopold berichtet Luise in ihrem Buch: »›Leopold‹, sagte ich, ›meine Lage ist wirklich eine verzweifelte. Meine letzte Hoffnung bist du. Überlasse mich nicht meinen Feinden.‹ – ›Dich aufgeben? Gewiß nicht‹, rief der getreue Kamerad, ›ich will nicht von gewissenlosen Priestern und einem jesuitischen alten König und seinen Kreaturen meine Schwester tyrannisiert wissen. Ich bin überzeugt, daß du recht hast mit allem, was du sagst. Und ich begreife Friedrich August nicht.‹ – ›Was sollen wir tun?‹ fragte ich. ›Nun, Luisa, ganz einfach, wir gehen morgen abend fort‹, sagte Leopold. ›Ich werde alle Vorbereitungen für unsere Reise treffen.‹«[139]

Am Abend des 11. Dezember überreichte Luise dem Arzt Dr. Minnich, der ihren Gatten bei seinem Beinbruch als erster behandelt hatte, das Ritterkreuz des ihm vom König verliehenen Albrecht-Ordens Erster Klasse, wobei sie sehr guter Laune zu sein schien.[140] Am selben Abend fand in der Salzburger Residenz »ein Hofdiner statt, welchem u. a. Erzherzog Ludwig Viktor, ferner Erzherzog Leopold Ferdinand und die Kronprinzessin Luise beiwohnten … Letztere zeigten sich dabei so heiter und sorglos, sie plauderten so frisch und lebhaft, daß man unmöglich annehmen konnte, daß die Geschwister ein so ernster Gedanke beschäftige«, wird aus Salzburger Hofkreisen berichtet.[141] Luise ging bald zu Bett, damit ihre Kammerfrau, die im Nebenzimmer schlief, keinen Verdacht schöpfte. Leise, um diese nicht zu wecken, zog sie sich an, der Kälte wegen – es hatte sechzehn Grad unter null – »nahm ich ein warmes, schwarzes Sergekleid mit Astrachanmuff. Ein Filzhut mit schwerem Kreppschleier vervollständigte mein Kostüm. Ich nahm allen Schmuck, etwas Wäsche, die nötigsten Toilettegegenstände und packte alles in einen kleinen Handkoffer ... Auf Strümpfen schlichen wir durch die eisigen Säle bis zu meines Bruders Wohnung ... Leopold schloß eine Tür am Ende der Treppe auf, und wir befanden uns auf dem Salzburger Domplatz. Ein geschlossener Wagen, mit raschen Pferden bespannt, wartete auf uns, und wir fuhren nach einer kleinen Station, wo wir den Wiener Expreß nahmen, ein weiterer Schritt dem unbekannten Ziel entgegen.«[142]

Im Wagen reisten die Flüchtenden nach Hallein, wo sie um zwei Uhr früh ankamen, und im Wartesaal dritter Klasse die Zeit bis zur Ankunft des Anschlußzuges verbrachten. Um 3.45 Uhr ging es weiter nach Zürich. Nun waren auch bei Luise die Würfel gefallen und sie hatte, wie sie selbst es nennt, »den Rubicon überschritten«.

Genf

In Salzburg wurde Luises und Leopolds Flucht erst am Vormittag entdeckt, und man kann sich die Aufregung und das Entsetzen vorstellen, das dort darüber herrschte. Niemand hatte die geringste Ahnung gehabt, daß die beiden so weit gehen würden. Erst am 23. Dezember 1902 berichtete das *Neue Wiener Tagblatt*, daß vom toscanischen Hof aus zwar sofort Recherchen eingeleitet wurden, die peinliche Angelegenheit aber mit größter Diskretion behandelt wurde. Das erste Lebenszeichen der Flüchtigen kam aus Zürich, wo sie im Hotel »Bellevue« abgestiegen waren. Von dort teilten sie den Eltern telegraphisch mit, nunmehr in der Schweiz bleiben zu wollen.[143]

Nach eitel Wonne war Luise jedoch nicht zumute. Zwar fühlte sie sich ihren eigenen Worten zufolge nach Überschreiten der Schweizer Grenze »vor Verfolgung und Festnahme« sicher, kam aber dennoch sehr bald zur Erkenntnis, daß »ich eine große Anzahl meiner Schiffe hinter mir verbrannt hatte«.[144] Zürich empfing die hochgestellten Ankömmlinge kalt und unpersönlich. Kein roter Teppich auf dem Bahnhof, kein Bürgermeister, der sie willkommen geheißen, kein Empfang, der sie erwartet hätte. Nicht einmal eine Kammerfrau resp. Kammerherr hatten für ihre Bequemlichkeit gesorgt. Es gab nichts als ein ungemütliches Hotelzimmer. Es muß schon ein wenig desillusionierend gewesen sein, auf einmal als ganz gewöhnliche Reisende zu gelten, und nicht als hochgeborene Kronprinzessin, die einer Stadt die Ehre ihres Besuches gab.

Und zu allem Überfluß war da noch eine Frau, die sich als zukünftige Gattin ihres Bruders Leopold vorstellte! Eine

Frau, von der Luise sofort erkannte, »daß sie sicher nicht in ihre Welt gehörte«, ja daß sie nicht einmal »gewohnt war, selbst die einfachsten Grundsätze der Erziehung und des Benehmens bei Tisch zu berücksichtigen«. Die Frau mit dem »prachtvollen tizianroten Haar« und den »madonnenhaft schönen dunklen Augen« war Wilhelmine Adomowicz, die aus München eingetroffen war. »Ich war bestürzt. Ich hatte das weder erwartet noch gewünscht. Darum fühlte ich instinktiv, daß ihre Ankunft alle meine Pläne umstürzen müßte.« Denn »ich war bis zu diesem Augenblick der festen Überzeugung gewesen, daß Leopold mit mir in der Schweiz ein Heim gründen wolle, und zwar bis zu dem Tag, wo ich Königin und alle Schwierigkeiten gelöst sein würden und ich gefahrlos nach Sachsen zurückkehren konnte.«[145] Doch Leopold wollte so rasch wie möglich heiraten, und da war die Anwesenheit der Schwester nicht eben erwünscht. Zudem machte er ihr klar, daß man zweifellos ihre Kinder als Lockmittel benützen würde, um sie nach Sachsen zurückzubringen, wo mit Sicherheit ein Irrenhaus auf sie wartete. In dieser Situation gab es nur eine Lösung, nämlich die Flucht nach vorn. Sie mußte sich in einer Weise kompromittieren, daß man sie dort gar nicht mehr haben wollte. »Nun erinnerte ich mich an jemand, der in impulsiver Art geschworen hatte, sich meinen Diensten zu widmen, gleichgültig wann und wie ich es verlangte: M. Giron.«[146]

Angesichts des Skandals, den sie damit verursachen würde, habe sie sich noch einmal an ihre Eltern gewandt und sie gebeten, nach Hause zurückkehren zu dürfen. Diese hätten ihr aber geantwortet, daß sie sich ihrer anderen Kinder wegen nicht mit ihr abgeben könnten. Daraufhin hätte sie Giron gerufen. So schreibt Luise wenigstens in ihren Memoiren und fügt in weiser, doch leider später Erkenntnis hinzu: »Damals war ich unfähig, den wahren Ernst und die Tragweite meines Schrittes zu ermessen.«[147] Luise stellt in ihren Memoiren ihre Beziehung zu Giron als völlig harmlos dar, was aber nicht der Wahrheit entspricht. Aus den vielen Berichten, die über ihre Flucht kursierten, ergibt sich vielmehr, daß der »aimable« Giron nicht so ganz der Ritter ohne Furcht und Tadel war, der erst dann herbeieilte, als Luise ihn rief, und ihr half, sie zu »kompromittieren«. Wir können es vielmehr als erwiesen annehmen, daß sie und Giron ihre Flucht längst geplant hatten, nachdem aus dem Gesprächspartner der Liebhaber geworden und ihr Verhältnis von Frau von Fritsch entdeckt worden war. Die Oberhofmeisterin, die Luise von Anfang an nicht gut gesinnt war, berichtete darüber dem König und brachte damit den Stein ins Rollen. Später wird sie als Kronzeugin der Anklage im Prozeß gegen Luise aussagen.

Aber wir brauchen Frau von Fritsch gar nicht zu bemühen. Es gibt nämlich ein handschriftliches Zeugnis von Luise selbst, in dem sie ihre Schuld bekennt: Am 23. November 1902 hatte sie noch in Dresden an ihren Schwiegervater geschrieben, daß sie am 20. d. M. alles gebeichtet habe, und fährt mit den Worten fort: »... Um nicht den Mut zu verlieren, brauche ich nun nur noch, daß Du mir, liebster Papa, vergeben mögest, nachdem ich voll Vertrauen den schwersten Schritt in meinem Leben gemacht, Dir meine Schuld offen zu gestehen! Ich weiß, ich bitte nicht umsonst einen Vater, der sein armes, schuldiges Kind gewiß nicht verlassen wird, das voll tiefer Reue zu ihm gekommen ist. Hilf mir bitte, liebster Papa! Dein unglückliches Kind Luise.« Und am selben Tag wendet sie sich erneut an ihn: »... tief beschämt von Deiner so rührenden Güte und Liebe für mich, komme ich nun, Dir feierlich zu versprechen, daß mein Leben von heute an ein Neues geworden, nie mehr ich der geringsten Untreue meinem gegebenen Versprechen gegenüber mich schuldig machen werde! Ich will mutig gegen meine böse Natur kämpfen ... ich will nur meiner Pflicht leben, mein Vergehen büßen, versuchen durch ein tadelloses Betragen ein wenig meine Schuld abzutragen ... Wie unendlich dankbar ich Dir bin, liebster Papa, daß Du mich nicht von Dir gestoßen, kann ich gar nicht sagen. Ich küsse Deine lieben Hände, Deine dankbare Tochter Luise.«[148]

Was Luise bewog, gerade dem ihr verhaßten und feindlich gesinnten Schwiegervater ihre Schuld zu gestehen, ist nicht recht nachzuvollziehen. Wie wir später sehen werden, hatte Freifrau von Fritsch sie nie in flagranti ertappt. Da Luise selbst darüber nichts schreibt, auch alle anderen an den Ereignissen beteiligten Personen Stillschweigen darüber bewahrt haben, läßt sich aus dem unterwürfigen Ton jener Briefe nur schließen, daß Luise wohl nicht mehr aus noch ein gewußt hat. Etwas Schwerwiegendes mußte geschehen sein, daß ihr nur mehr die eine Hoffnung blieb: durch ein ehrliches Geständnis und tiefe Reue das Schlimmste zu verhüten, indem sie im wahrsten Sinne des Wortes zu Kreuze kroch.

Nach ihrer Ankunft in der Schweiz verstand Luise es geschickt, ihre Spuren zu verwischen. Ihren Kammerherrn, Hofmarschall von Tümpling, hatte sie vorsorglich schon von Salzburg aus nach München geschickt. Nun teilte sie ihm in einem fingierten Telegramm mit, daß sie unter keinen Umständen mehr nach Dresden zurückkommen würde. Ein Freund Girons hatte es in Brüssel aufgegeben. Die Nachricht schlug wie eine Bombe ein. Man wußte in Dresden nicht, was man davon halten sollte, und war völlig ratlos. Da über den beabsichtigten Austritt Erzherzog Leopolds aus dem Kaiserhaus schon einiges verlautet war, nahm man zunächst an, Luise habe ihren Bruder bloß begleitet. Niemand wollte wahrhaben, daß sie ihren Gatten und ihre Kinder für immer verlassen habe.

Friedrich August schickte sofort Tümpling und Frau von Fritsch nach Brüssel, um Luise zur Rückkehr zu bewegen. Nicht nur die Ehre des Ehemannes, auch das Prestige des Königreiches standen auf dem Spiel. Man versuchte also zunächst, Zeit zu gewinnen, und hoffte, daß sich die ganze leidige Angelegenheit noch vertuschen ließe. In diesem Sinn berichtete auch der österreichische Gesandte in Dresden nach Wien: »der hiesige königliche Hof sei entschlossen, die plötzliche Abreise der Kronprinzessin, welche bisher im Publikum noch nicht bekannt geworden ist, vorderhand noch geheimzuhalten.« Doch Tümpling und Frau von Fritsch konnten ihre Kronprinzessin in Brüssel natürlich nirgends finden. Luise hatte sich inzwischen mit Giron und Leopold samt Braut nach Genf abgesetzt.

Nun nahm man Zuflucht zu jener Ausrede, deren sich die Politik auch heute noch des öfteren bedient. Am 17. Dezember meldete das offiziöse *Dresdner Journal*: »Ihre k. u. k. Hoheit, die Frau Kronprinzessin, ist nach einer von Salzburg eingegangenen Nachricht erkrankt und wird infolgedessen erst nach einiger Zeit nach Dresden zurückkehren können.«

Doch längst hatte man in anderen Zeitungsredaktionen Lunte gerochen, waren die Blätter voll von Gerüchten. Lange Artikel beschäftigten sich mit Luises Vorleben. Eine große Rolle in der Berichterstattung spielte natürlich Giron. Dichtung und Wahrheit verschmolzen untrennbar ineinander. Presse und Publikum hatten endlich ihre Sensation, und die Angelegenheit totzuschweigen, wie der Hof es gerne getan hätte, war nicht mehr möglich. Schon viel zu viel war publik geworden. Auch der Äußerung des österreichischen Gesandten in Dresden, »es sei ihm bekannt, daß die hohe Frau schon seit Wochen schwer leidend sei«, wurde kaum Glauben geschenkt.[149] Daraufhin entschloß man sich zu folgender Meldung, die der Wahrheit wenigstens etwas näher kam. Sie wurde am 22. Dezember im *Dresdner Journal* veröffentlicht: »Die Kronprinzessin hat in der Nacht vom 11. auf den 12. Dezember in einem anscheinend krankhaften Zustand seelischer Erregung Salzburg plötzlich verlassen unter Abbruch aller Beziehungen zu ihren hiesigen Angehörigen und hat sich in das Ausland begeben. Am Hofe wurden für den Winter alle größeren Festlichkeiten abgesagt einschließlich der Hof- und Kammerbälle, auch ein Neujahrsempfang findet nicht statt.« Auch Bälle oder Soireen, »die stets durch die Gegenwart des königlichen Hofes ausgezeichnet wurden«, waren abgesagt worden; worunter aber, wie die Zeitung bemerkt, »die Geschäftswelt … ganz empfindlich leiden wird, und dies noch dazu in einer Zeit allgemeiner wirtschaftlicher Depression«. Es kommt eben überall im Leben auf die Betrachtungsweise an.

Am 15. Dezember war der sächsische Kriminalkommissar Arthur Schwarz nach Brüssel und schließlich nach Genf gereist, um Luise zurückzubringen. Wie Fellmann berichtet, hatte er sogar versucht, sie dort zu kidnappen, war aber an der Wachsamkeit der Genfer Polizei gescheitert. Die Schweiz beschwerte sich wegen dieses diplomatischen Vorfalls. Sogar ein internationaler Haftbefehl wurde von den sächsischen Behörden bei der Reichsjustiz gegen Luise beantragt: »Sie habe, hieß es, in einem Zustand geistiger Verwirrung die Kronjuwelen im Wert von 800 000 Mark gestohlen … und errege öffentliches Ärgernis.«[150] Es ist jedoch erwiesen, daß sie auf ihrer Flucht kaum Geld und nur den Schmuck bei sich hatte, der ihr persönlich gehörte: Geschenke von Kaiser Franz Joseph, König Albert und Königin Carola sowie von Friedrich August. Bis zu welchem Maße jedoch dieser Schmuck wirklich als ihr persönliches Eigentum gelten konnte, war allerdings strittig, denn er galt dem Hausgesetz zufolge als Familienbesitz und durfte nur mit Zustimmung des Königs außer Landes gebracht werden.

Die Fahndung wurde jedoch nach schon wenigen Tagen aufgehoben. Zu abenteuerlich erschienen der Diebstahl der Juwelen und die angebliche Geisteskrankheit. Wie Fellmann ausführt, belustigte man sich nämlich bereits über die Sachsen, die ihre ausgerissene Kronprinzessin suchten, deren »seelische Erregung einen Schnurrbart trage und schwarze Locken«. Kein Wunder, daß Graf Rex, der sächsische Gesandte in Wien, dringend in Dresden anfragte, wie er sich denn bei der bevorstehenden »Neujahrsgratulation« verhalten solle. Seine Frau und er ließen sich sowieso schon so wenig wie möglich blicken. Allmählich wurde es für den Hof also Zeit, Farbe zu bekennen und das blamable Ereignis einzugestehen. Am 23. Dezember blieben alle Theater »anläßlich des schmerzlichen Ereignisses in der sächsischen Königsfamilie, durch welches das Land seine zukünftige Königin verloren hat«, geschlossen.[151] Nach einer amtlichen Meldung aus Dresden wurde bereits am selben Tag der Hofstaat der Kronprinzessin aufgelöst, und die Behörden bekamen den Auftrag, ihr unter gar keinen Umständen das Überschreiten der sächsischen Grenze zu gestatten. Sie war ausgewiesen und durfte nie mehr nach Sachsen zurückkehren.[152] Man hatte Luise fallengelassen.

Der König handelte hart und konsequent. Wir werden in der Folge sehen, wie sehr er sich beeilen wird, die ungeliebte Schwiegertochter endgültig loszuwerden.

Am 24. Dezember berichtet die Presse unter Berufung auf ein Privattelegramm aus Genf, daß Luise mit ihrem Bruder und Giron vor elf Tagen dort eingetroffen und im Hotel d'Angleterre abgestiegen waren. Das Hotel liegt am Quai Mont Blanc in unmittelbarer Nachbarschaft des Beau Rivage, wo Kaiserin Elisabeth seinerzeit die letzte Nacht ihres Lebens verbracht hatte. Das Geschwisterpaar hatte sich unter den Namen Graf Buriano und Frau von Oppen und Begleiter eingetragen. Das Incognito war jedoch bald gelüftet. Die neuen Gäste gingen sehr wenig aus, lebten relativ einfach, sollen aber in der Stadt große Einkäufe gemacht haben. Letzteres offensichtlich, um sich neu einzukleiden, da sie aus Salzburg kaum Gepäck mitgebracht hatten.[153]

In der Schweiz erregte die Anwesenheit der beiden Geschwister zunächst kein besonderes Aufsehen. »Wir gestehen auch einer Kronprinzessin und einem Erzherzog das Recht zu, ihr Privatleben einzurichten, wie es ihren Neigungen am besten entspricht … Und besonders sind wir zur Nachsicht gestimmt, wenn eine Frau wie die Kronprinzessin mit ihrem Recht an das Leben, in ihrem Freiheitsdrang sich gegen den Zwang veralteter Etikette auflehnt«, schrieb die Berner Zeitung *Der Bund* am 24. Dezember 1902.

Am 20. Dezember war Erzherzog Josef Ferdinand, ein jüngerer Bruder der Geschwister, im Hotel Angleterre eingetroffen. Er war den beiden im Auftrag der Familie nachgereist. Man gab anscheinend die Hoffnung nicht auf, die Entflohenen doch noch zur Vernunft zu bringen. Vergebliche Liebesmüh! In einer, wie es heißt, sehr bewegten Unterredung habe Prinzessin Luise ihrem Bruder erklärt, daß nun nichts mehr zu ändern sei, und sie werde von Giron, den sie liebe, nicht lassen.[154] Erzherzog Josef Ferdinand mußte unverrichteter Dinge wieder abreisen.

Nachdem die Genfer Behörden den sächsischen Kriminalkommissar Schwarz in seine Schranken gewiesen hatten, mußte er sich wohl oder übel mit der Rolle eines Beobachters begnügen. Mit penibler Genauigkeit übermittelte er tagtäglich die vom Hotelpersonal mittels reichlicher Trinkgeldgaben gewonnenen Informationen nach Dresden und wußte sich sogar Zugang zu Luises Post zu beschaffen. Wir werden später sehen, wie präzise er über die Verteilung der Betten in den einzelnen Räumen Bescheid wußte und natürlich auch, welches Schlafzimmer Luise und Giron miteinander teilten. Aber nicht nur Luise, auch Bruder Leopold sorgte für Eklat. Er zeigte telegraphisch dem Kaiser und dem Obersthofmarschallamt, als der für die Mitglieder des Kaiserhauses kompetenten obersten Hofbehörde, an, daß er auf seinen Rang als Mitglied des österreichischen Kaiserhauses verzichte und den bürgerlichen Namen Leopold Wölfling annehme, um ein Mädchen aus einfachen Kreisen heiraten zu können. Dem armen Kaiser Franz Joseph blieb wirklich nichts erspart, er konnte nichts tun, als sich mit dem Wunsch seines Neffen abzufinden. Aber wer der Ehre, Mitglied der allerhöchsten Familie zu sein, entsagte, hatte die Folgen zu tragen. Sie wogen schwer.

Der Kaiser verständigte Leopold, daß er ihn aus der Liste der Mitglieder des Kaiserhauses sowie der Träger des Goldenen Vließes streiche, seine Apanage von 40000 Kronen jährlich abschaffe, ihm untersage, je nach Österreich zurückzukehren und ihm den formellen Befehl erteile, »sich als Untertan einer anderen Macht zu naturalisieren.« Ein Abgesandter des Wiener Hofes, Hauptmann Ritter von Töply, Kammervorsteher Leopolds, überbrachte diesem ein diesbezügliches Handschreiben des Kaisers.[155]

Damit war nun Leopold wieder nicht ganz einverstanden. Vor allem aus pekuniären Gründen. Alles Geld wollte er denn doch nicht einbüßen. Erst nach einigen Monaten wurde eine Einigung erzielt. Am 3. April 1903 verzichtete Leopold Wölfling in rechtsverbindlicher Form auf alle seine Rechte, auch auf die Erbrechte nach seinen Eltern, desgleichen auf jede Apanage aus der Hof- und Staatsdotation, sowie auf die Quote aus den Erträgnissen des Familienfonds. Er legte seine Offizierscharge und alle seine Orden ab. Er erklärte, nie wieder nach Österreich zurückzukehren und eine andere Staatsbürgerschaft zu erwerben. Dafür erhielt er eine sofortige Abfindung in Höhe von 200000 Kronen, sowie eine lebenslängliche Apanage von jährlich 36000 Kronen aus den Privatmitteln des Hauses Toscana.[156] »Ich war frei. Ein neues Leben tat sich vor mir auf, hell und froh, erschien es mir ...«, schrieb Leopold, nachdem er die Verzichtserklärung unterzeichnet hatte.[157] Wir werden sehen, ob seine Euphorie berechtigt war.

Zeitungsberichten zufolge wurde »das Weihnachtsfest von den beiden Paaren im Hotel d'Angleterre auf das fröhlichste und in familiärer Weise gefeiert«. Auch ein Christbaum fehlte nicht.[158]

Luise hatte ihre rechtliche Vertretung dem Schweizer Altbundesrat Lachenal, einem der besten Genfer Anwälte, übertragen und ihn zu folgender Erklärung ermächtigt: »Sie sei entschlossen, die eheliche Gemeinschaft nicht wieder aufzunehmen und werde zunächst weder nach Deutschland noch nach Österreich zurückkehren, da sie überzeugt sei, man werde sie, falls sie zurückkehrte, für geistesgestört ausgeben, um sie in einem Irrenhaus zu internieren. Sie sei glücklich, sich unter dem Schutz der Schweizer Gesetze zu wissen.«[159] Im Gegensatz zu anderen Schweizer Kantonen wurde in Genf Ehebruch nicht bestraft.

»Wir sind glücklich, vertrauensvoll und frei«, erklärte Leopold, »mehr verlangen wir nicht! Ich betrachte mich jedenfalls nur mehr als einfachen Privatmann, entbunden aller Sorgen der Etikette und des offiziellen Lebens, Österreichs und Sachsens Hofglanz existieren nicht mehr in unseren Gedanken ... Der Kaiser verlangte, daß meine Schwester und ich zurückkehrten. Wir refusierten. Das Leben bei Hof war für uns nicht mehr auszuhalten.«[160]

Es versteht sich von selbst, daß sich unmittelbar nach Bekanntwerden der Nachricht, wo sich die Flüchtigen aufhielten, eine Schar von Journalisten an ihre Fersen hefteten. Geschah es doch nicht alle Tage, daß ein echter Erzherzog und eine richtige Kronprinzessin alles im Stich ließen, was bisher ihr Leben bedeutet hatte. Und warum hatten sie es getan? Um der Liebe willen! Der Liebe zu einem Mann und einer Frau aus dem Volk! Eine wunderbare Story! Leopold nahm kein Blatt vor den Mund und erklärte, daß er Wilhelmine Adamowicz zu heiraten gedenke. Auch Luise gestand zu wiederholten Malen, »daß sie hoffe, ihre Ehe zu lösen, worauf sie Giron heiraten wolle, denn ihre Liebe zu ihm sei viel zu innig. Sie wollten sich dann irgendwo als schlichte Leute niederlassen. Sie hoffe aber trotz allem, zuweilen mit ihren Kindern zusammenkommen zu können.[161] »Meine Kinder sind das einzige, was ich auf dieser Erde bedauere ... Ich bin entschlossen, alle meine Mutterrechte aufrechtzuerhalten. Eine Mutter hat selbst, wenn sie schuldig ist, das Recht, ihre Kinder zu lieben und zu sehen.«[162]

»Giron ist der einzige Mann, welchen ich liebe«, sagte Luise angeblich einem Korrespondenten des *New York Herald*. »Er liebt mich auch. Ich fühle, daß ich entfernt von ihm nicht leben könnte. Wenn ich wieder anfangen sollte, würde ich nicht anders handeln.«[163] Und dem Redakteur des *Figaro*, Gustave Fuß: »Ich liebe André Giron. Er wird mein Gatte sein, und unser beider Leben wird in eines übergehen. André wird arbeiten, und ich werde mich den Umständen fügen ... keine Königin sein, sondern in Paris oder einem Vorort wie eine friedliche Bürgerin leben, die wenig ausgibt. Sie sehen, ich habe nicht einmal eine Kammerfrau. Aber was liegt daran?« Und »Ich will nichts als meiner Liebe leben und mein Glück in aller Stille, in aller Verborgenheit und aller Einfachheit genießen.«[164] In ihrer Ausgabe vom 8. Januar 1903 melden die *Münchner Neuesten Nachrichten*, daß die ganze erste Seite der Pariser Zeitschrift *L'Illustration* von einem Doppelbrustbild des berühmten Liebespaares eingenommen wurde, wofür Luise und Giron dem Blatt gesessen waren.

Über ihr Verhältnis zu ihrem Gatten befragt, erwiderte Luise angeblich: »Mein Mann ist immer gut zu mir gewesen. In seiner Weise freilich, und er kann wahrhaftig nichts dafür, daß diese Art für mich verletzend und kaum erträglich ist. Seine Zärtlichkeit ist mir zu unbeholfen, zu linkisch derb und in ihrer absoluten Ungeniertheit qualvoll. Aber ein braver Mensch ist er und ein guter Mensch, und er liebt mich heute noch«. In diesem Interview dementiert sie auch jedes Gerücht, daß ihr Mann sie jemals betrogen habe: »Mein Mann und mich betrügen? Der Gedanke schon muß jedem komisch sein, der ihn kennt. Ihm sind die Frauen nichts ...

›Befreie mich von dieser Oberhofmeisterin!‹ habe sie ihn wiederholt gebeten. ›Ich mag sie nicht. Sag, daß du willst, daß man sie wegschickt.‹ Er versprach es. Dann aber kam er wieder und bat mich um Geduld; und das Ende war, daß er mir sagte: ›Da ist nichts zu machen.‹ Ihm war der Gehorsam so tief eingeprägt, daß er nicht einmal gegen den Hofstaat etwas auszurichten vermochte.«[165]

In ihren Memoiren gibt Luise allerdings an, daß sie nur äußerst selten mit Reportern sprach. »Ich weigerte mich stets, mich interviewen zu lassen. Und viele sogenannte Interviews, die angeblich in der Schweiz und auch an anderen Orten stattgefunden haben sollen, sind lügenhafte und grundlose Erfindungen. Ich erinnere mich, daß der Reporter eines amerikanischen Blattes, als ich aus meinem Zimmer trat, sich mir näherte und ohne weiteres sagte: ›Hören Sie, Prinzessin, ich werde diese Treppe, über die Sie schreiten, mit Banknoten bedecken, wenn Sie mir einige Worte sagen; ist das nicht ein annehmbares Geschäft?‹ Ich beachtete ihn gar nicht und schritt an ihm vorüber.«[166]

Die Wahrheit wird, wie so oft, in der Mitte liegen. Es unterliegt kaum einem Zweifel, daß sie gelegentlich Fragen eines Reporters beantwortet hat, aber ebensowenig ist zu bestreiten, daß ihr später so manche Äußerung in den Mund gelegt oder so interpretiert wurde, wie sie sie niemals getan hatte. Bestimmt machte sie der Rummel, der um ihre Person gemacht wurde, nicht glücklich. »Sie sieht auffallend blaß und eingefallen aus«, berichtete Kommissar Schwarz nach Dresden, und er »glaubte eher eine ältere kranke Frau als unsere Kronprinzessin zu sehen«. Sie selbst berichtet über jene Tage: »Die fortwährende Anstrengung und mein Gesundheitszustand ließen mich fühlen, daß ich am Ende meiner Kraft angelangt war und ein nervöser Zusammenbruch unvermeidlich sei.«[167]

Eher war Giron sich seiner Bedeutung bewußt und setzte

sich entsprechend in Szene. Aber auch bei ihm wurde wohl so manches journalistisch wirksamer aufbereitet. »Der Kronprinz war gewalttätig und nicht besonders intelligent. Die Prinzessin hatte ihn nur auf Befehl ihrer Mutter geheiratet. Sie litt ein Martyrium. Wir sahen uns täglich, zuerst waren es Causerien, dann nach und nach Confidencen, schließlich Geständnisse. Es kamen die Verdächtigungen. Am 14. November (1902) verließ ich das Haus. Die Prinzessin war entschlossen, mir zu folgen«, erklärte Giron angeblich dem *Echo de Paris*.[168] Und nach einem Bericht aus Genf: »am 1. Mai begaben wir uns nach Wachwitz, wo mein Verhältnis mit der Prinzessin ein intimes wurde.« Er sei auch nicht mittellos, sondern besitze ein kleines Vermögen von 100 000 Francs und habe selbst der Prinzessin das nötige Geld von 700 Mark geschickt. … »Sie (die Prinzessin) erwartet ihre Entbindung Ende April. Bis dahin möchten wir die Scheidung erreicht haben wegen des Kindes, das durch unsere Heirat legitimiert würde. Sind wir verheiratet, reisen wir nach Paris. Die Prinzessin liebt Paris, und dort werde ich arbeiten. Die Prinzessin ist sehr einfach in ihrer Geschmacksrichtung. Lassen werden wir nicht voneinander.« An anderer Stelle: »Die Prinzessin ist eine gefühlvolle Frau, sie hat eben südliches Blut. Seit elf Jahren hat sie sich für ihren Gemahl und ihre Kinder aufgeopfert, aber sie konnte es nicht mehr länger aushalten. Wir haben uns gekannt und geliebt, das ist die ganze Geschichte.«[169]

In ihren Memoiren erwähnt Luise ihr Zusammensein mit Giron mit keinem Wort. Es heißt nur lapidar: »M. Giron blieb nicht lange in der Schweiz, und er kehrte, da mein Ruf durch seine Gegenwart kompromittiert und damit sein Zweck erfüllt war, nach Brüssel zurück.«[170] Richtig ist, daß die Trennung von Giron nicht lange auf sich warten ließ. Daß er aber nur ein treuer Ritter Toggenburg war, den man rief und der dann gehorsam von der Bildfläche verschwand, als er nicht mehr gebraucht wurde, der Mohr, der seine

Schuldigkeit getan hatte, können wir Luise denn doch nicht abnehmen. Der folgende Bericht mag illustrieren, daß sie in ihren Memoiren die Wahrheit bisweilen sehr zu ihren Gunsten interpretierte.

Am 7. Januar 1903 bringt die *Wiener Morgenzeitung* in ihrer Abendausgabe einen Bericht, in dem der großherzoglich-toscanische Hof zu den Interviews, die Leopold und Luise zugeschrieben werden, Stellung nimmt: »Die Kronprinzessin von Sachsen sowie ihr Bruder, Erzherzog Leopold Ferdinand, fanden es für gut und angemessen, dem Berichterstatter eines Wiener Blattes lange Erklärungen ihrer Handlungen zu geben, dabei den sächsischen Hof sowie die eigenen Eltern herabzuwürdigen. Es kann daher nicht in Erstaunen setzen, wenn wider Willen und notgedrungen von Seiten des Großherzogs von Toscana gegenüber diesen völlig entstellten Angaben der fürstlichen Geschwister in einer authentischen Darstellung die Wahrheit offenbart werden wird. Sowohl die Kronprinzessin als ihr Bruder verschwiegen in ihrer Berichtigung und Darstellung, wie das Verhältnis zwischen der Kronprinzessin und Giron entdeckt wurde, sie verschwiegen, welche Mission der Bruder der Flüchtigen, Erzherzog Josef, im Auftrage des Kaisers Franz Joseph I. zu erfüllen hatte, als er der Kronprinzessin nach Genf nachreiste.« Offensichtlich versuchte der Kaiser zu vermitteln. Er hatte Luise immer gerne gemocht. Aber vor allem war sie ein Mitglied des Kaiserhauses. Eine reuige Rückkehr sollte ihr nicht verwehrt werden. Noch nicht.

»Die Mission des Erzherzogs lautete: ›Der Kronprinzessin das Wort des Kaisers zu überbringen, daß ihr keine Kränkung zugefügt werde, daß ihr, wenn ihr Gatte, der Kronprinz, sich weigern sollte, in Sachsen ihr einen Aufenthalt zu bieten, sie diesen in Österreich außer Wien wählen kann, wo es ihr gefalle, daß er sich mit seinem kaiserlichen Wort verbürge, daß sie weder in einem Kloster noch in einer Heilanstalt einen Aufenthalt erhalten solle, nur möge sie von ihrer krankhaften Neigung lassen, der Pflichten ihres Standes und als Gattin des Thronerben eines Landes, dessen Bevölkerung sie geliebt, als Mutter ihrer Kinder gedenken und zurückkehren.‹

Als Antwort auf das hochherzige Anerbieten des Kaisers, der hierin wieder sein edles Herz zeigte, erhielt ihr Bruder, Erzherzog Josef, die Bemerkung: ›Ich danke, aber ich will mich darüber erst mit André und Leopold besprechen!‹ Und der Abenteurer Giron wurde von der Kronprinzessin gerufen, um über das Wort des Kaisers zu verhandeln! Mit ihm (Giron) zugleich erschien Erzherzog Leopold, worauf Erzherzog Josef beim Eintritt der beiden indigniert das Zimmer seiner Schwester verließ, die ihm (später) erklärte, daß sie das Anerbieten des Kaisers dankend ablehne. Zweifellos hatte Giron seinen suggestiven Einfluß auf sie wieder geltend gemacht.« Zudem bestätigt der Bericht, daß Erzherzog Leopold die Korrespondenz seiner verheirateten Schwester mit ihrem Geliebten André Giron vermittelte. Darin heißt es: »Sollte Erzherzog Leopold diese Tatsachen leugnen oder in ein anderes Licht stellen wollen, so dürften ihn die Briefe, die Erzherzog Leopold von der Kronprinzessin für Giron empfangen hatte, und die sich in guten Händen befinden, überführen. Es ist nicht wahr, daß A. Giron bloß der girrende Seladon ist, für welchen ihn die Kronprinzessin von Sachsen der Welt gegenüber ausgibt.«

Laut Fellmann hatte Luise an dem Angebot, das ihr Bruder ihr gebracht hatte, ihre Zweifel. Nicht, daß sie dem Versprechen des Kaisers mißtraute, wohl aber seinen Nachfolgern. Denn Franz Joseph stand im 73. Lebensjahr, ein für die damalige Zeit bereits sehr hohes Alter. Daß Kaiser Franz Joseph 86 Jahre alt werden würde, konnte weder Luise noch sonst jemand ahnen.[171] Darüber hinaus wurde von »seiten des Großherzogs nicht geleugnet, daß der Kronprinzessin damit gedroht wurde, daß sie in ein Kloster oder eine Heil-

122

anstalt geschickt werden solle. Es war dies eine Drohung, vielleicht über Gebühr, allein der Situation angemessen, und von dem ritterlichen Kaiser Franz Joseph später durch die Mission des Erzherzogs Josef an seine Schwester reichlich wiedergutgemacht.«[172]

Besonderer Phantasie bedarf es nicht, sich vorzustellen, wie hochnotpeinlich den betroffenen Höfen die ganze Angelegenheit war, die jetzt lang und breit in aller Öffentlichkeit diskutiert wurde. Eine Erzherzogin von Habsburg-Toscana, Kronprinzessin von Sachsen und Mutter von fünf Kindern, reißt mit ihrem Liebhaber, einem Belgier obskurer Herkunft, bei Nacht und Nebel aus! Und was besonders delikat daran war, ihre Kaiserliche Hoheit (auf diesen Titel hatte Luise kraft ihrer Herkunft Anspruch) war im fünften Monat schwanger! »Der Hof von Sachsen ist in Trauer, der von Wien in Verzweiflung, der von Berlin in Empörung, der von Rom in Verlegenheit«, zitiert der Biograph Friedrich Augusts einen Journalisten.[173]

Was die Legitimität des Kindes betraf, das Luise erwartete, war die Rechtslage klar. Es galt der Grundsatz: »Pater est, quem rectae nuptiae demonstrant.« Vereinfacht ausgedrückt, Vater ist der Ehegatte. Und das war Kronprinz Friedrich August. Was aber keineswegs ausschloß, daß nicht nur böse Zungen an dessen Vaterschaft zweifelten. Luise selbst gab ihnen, zumindest Presseberichten zufolge, Nahrung: »Niemand in Sachsen hat ein Recht auf dieses Kind. ... Was für ein Los wäre ihm auch beschieden. Es müßte für mich büßen. Das darf nicht sein.«[174] In ihren Memoiren räumt sie jede Ungewißheit in dieser Frage energisch aus. Sie habe ihren Gatten nie betrogen. Zweifel daran sind angebracht. Eine gewisse Unsicherheit hinsichtlich des ehelichen Status des Kindes muß jedoch auch den Vater geplagt haben. Im Österreichischen Haus-, Hof- und Staatsarchiv liegt ein Schreiben des österreichisch-ungarischen Gesandten von Velics an seinen Vorgesetzten, den Minister des Kaiserlichen Hauses und des Äußeren, Grafen Goluchowski, aus dem hervorgeht, daß der Kronprinz ursprünglich von dem Direktor der Dresdner Geburtsklinik, Geheimrat Dr. Leopold, ein beeidetes Fachgutachten verlangte, das seine Vaterschaft bestätige. Der Arzt verweigerte es jedoch mit der Begründung, daß es nur eine durch die Merkmale erhärtete Wahrscheinlichkeit gäbe. Tatsächlich nahm er an dem am 5. Mai 1903 geborenen Mädchen entsprechende Messungen vor, die »erhärtet durch den Typus, die hellen Augen und Haare, soweit dies bei Neugeborenen möglich, ganz ausgesprochen auf Prinz Friedrich August als Vater schließen lassen«.[175]

Der Bruch zwischen dem sächsischen Kronprinzenpaar, den der Hof nach einiger Verzögerung und ziemlich unglücklichen falschen Informationen nun endlich zugegeben hatte, führte in der Bevölkerung zu widersprüchlichen Reaktionen. Eine Kleinigkeit war es ja auch nicht, fünf Kinder im Stich zu lassen, Kinder, die noch klein waren und die die Mutter noch nötig brauchten. Bei allem Verständnis für Luise, von dieser Schuld können wir sie nicht freisprechen. Luises Popularität brachte es aber mit sich, daß Mitleid mit ihrem Schicksal und Enttäuschung darüber, daß sie Sachsen verlassen hatte, besonders bei den einfachen Leuten überwogen. Wenn Luise kritisiert wurde, dann weniger, weil sie ihren Gatten, sondern eben weil sie ihre Kinder verlassen habe. Wie Fellmann ausführt, war Luises Popularität weit größer als von Gegnern wie Anhängern vermutet. Was immer auch der Hof über Juwelenraub und Nervenkrise veröffentlichte, es prallte ab an dem untrüglichen Gefühl der Bürger für fein gesponnene Fäden. Es gab Massendemonstrationen vor dem Dresdner Schloß, und sie erreichten ein solches Ausmaß, daß die Polizei ihrer nicht Herr zu werden vermochte und die Armee eingreifen mußte. Nach Freifrau von Fritsch warfen empörte Bürger

Steine, und auch Minister von Metzsch sah sich Tätlichkeiten ausgesetzt.«[176]

Es ist ganz amüsant, den Widerhall zu betrachten, den Luises Flucht in der Presse fand. Die Affäre wurde zum Politikum. Die sozialdemokratische *Wiener Arbeiterzeitung* stilisierte die Kronprinzessin von Sachsen gar zu einer »sächsischen Nora« hoch, »die ein Opfer des Klerikalismus und keine Heuchlerin sei, sondern sich von den drückenden Fesseln ihres Daseins eben um jeden Preis befreit habe, ein begabtes, lebenslustiges Menschenkind, dem die höfische Luft, … diese Luft der Unnatur und Unwahrheit den Atem beengte und die Neigung zum Bruche mit altererbten Traditionen erweckte. Hätte sie warten sollen, bis man sie in ein Irrenhaus sperrt?« fragte man dort empört. »Wen wird die in ihren geistigen Interessen kein Verständnis findende Kronprinzessin von Sachsen nicht an Ibsens ›Nora‹ erinnern?« äußerte sich in ähnlicher Weise auch das liberale *Neue Wiener Journal*. Und die *Neue Freie Presse* meint: »So radikal und ohne Scheu hat sich der Bruch der Leidenschaft mit der Tradition noch nie in einem Königshaus vollzogen. Man spürt förmlich diesen Kampf zwischen alter und neuer Zeit.«

Geschickt spannt der *Vorwärts* Luise vor seinen politischen Karren: »Es ist wie eine Schicksalsfügung, daß gerade in dem Land, wo eine besonders verlogene Presse, die Socialdemokratie als Feindin der Sittlichkeit verlästert, das Königshaus selbst das außerordentliche Musterbeispiel vor aller Welt bieten muß von der inneren Zersetzung und Auflösung des höfischen Ehelebens.« Und das Blatt schließt prophetisch: »So ist dieser Ehekonflikt weit mehr als ein privates Geschehnis; er hat politische und allgemeine kulturelle Bedeutung.«

»Es scheint im Blute zu liegen, daß die Toscanas in Konflikten zwischen höfischem Zwang und der Freiheit der Herzenswahl sich entschlossen für das Recht des Herzens entscheiden«, meint das *Illustrierte Wiener Extrablatt* und spielt damit auf den Austritt aus dem Kaiserhaus von Johann Orth, Luises Onkel, und die Affäre ihres Bruders Leopold Wölfling an, ihres bösen »Dämons«, wie es an anderer Stelle heißt, dessen »faszinierendem, fast hypnotischen Einfluß« sie erlegen sei.[177] Ein gewisser Einfluß Leopolds kann indessen nicht geleugnet werden.

Am 29. Dezember schreibt die Wiener *Zeit* nach einem Bericht aus Dresden: »Jeder, der in unserer sächsischen Hofluft nur einen einzigen Atemzug getan, weiß recht wohl, daß schon eine tüchtige Portion Sanguinismus und gesunder Humor dazugehören, um in dieser halb pietistischen, halb militärischen Atmosphäre seine Persönlichkeit nicht einzubüßen … Nie sah man die Kronprinzessin anders als lächelnd, und man sah sie oft zu Fuß in den Straßen, um kleine Besorgungen zu machen. Sie plauderte gern und fast immer witzig mit den Leuten. Ob sie daher bei unseren mächtigen Hofklerikern und bei deren noch mächtigeren Beschützern in Gunst stand, möchte wohl jeder bezweifeln.«

Doch nicht überall sucht man Gründe, Luise zu entschuldigen. Es gibt auch Stimmen, die sie in Grund und Boden verdammen. In einem Brief an sie heißt es: »Die Schande, die Sie dem sächsischen Königshaus sowie dem Vaterland bereitet haben, kann gar nicht in Worten ausgedrückt werden. Eine derartige Besudelung der Ehre eines gekrönten Hauptes, wobei Sie als ein Vorbild aller deutschen Frauen an der Spitze eines Reiches stehen, kann nur als ein Verbrechen angesehen werden, dessen irdischer Strafe Sie nebst Ihrem Galan nicht entgehen werden.« Es gibt sogar handfeste Drohungen: »Das Los eines Attentates ist für Sie bestimmt. Das Blut Ihres Galans wird zuerst fließen. Gez. Artamic.« Und in einem Schreiben aus Berlin: »Es gibt edle Männer, die das Gerechtigkeitsgefühl bewegt, unsaubere Elemente auszurotten.«[178] Baronin Hildegard

126

Spitzemberg berichtet in ihrem Tagebuch: »Alle waren sie erfüllt wie wir von dem entsetzlichen Skandale am sächsischen Hofe, der wirklich an Widerlichkeit seinesgleichen sucht! Fünf Kinder, einen Mann, einen Thron zurückzulassen, um mit zweiunddreißig Jahren, in der Hoffnung von einem Lehrer eben dieser Kinder, durchzugehen – es ist geradezu entsetzlich! Wenn die fürstlichen Frauen also sich vergessen, so allem Hohn sprechen, was sonst auch im Unglück für anständig, vornehm und christlich gilt, nehmen sie sich selbst das Recht ihres Bestehens.«[179] Die *Deutsche Zeitung* empört sich: »Mitleid mit der Geflohenen könnte man nur dann haben, wenn sie wirklich … geistig nicht vollständig mehr Herrin ihrer Sinnen gewesen sein sollte, sonst müßte man unerbittlich den Maßstab an ihr Verhalten legen, den wir Deutschen von unserem, dem christlich-germanischen Standpunkt aus in solchen Fällen anzulegen pflegen.«[180]

Mit sehr gemischten Gefühlen nahm der Kaiserhof in Berlin die Affäre um die sächsische Kronprinzessin auf. Man sah das Prestige der gesamten regierenden Familien in Gefahr. Wie der sächsische Gesandte in Berlin über einen Besuch Kaiser Wilhelms II. berichtet, hatte dieser nicht nur die Rolle, die Erzherzog Leopold bei der Flucht seiner Schwester spielte, scharf kritisiert; »auch die im österreichischen Kaiserhaus herrschenden Zustände, die Sucht der jungen Mitglieder, unter ihrem Stand zu heiraten, erfüllten ihn mit großer Sorge für die Zukunft der verbündeten österreichischen Monarchie«.[181]

Auch die Kirche blieb nicht untätig. Am 30. Dezember meldeten die *Münchner Neuesten Nachrichten*, daß das evangelisch-lutherische Landes-Consitorium bereits am Tag vorher eine Anordnung erlassen habe, nach welcher die Kronprinzessin Luise vom Kirchengebet auszuschließen sei. Das Blatt sieht darin möglicherweise eine Bestätigung, daß das zu erwartende Kind »nicht das Kind des Kronprinzen ist; sonst wäre zumindestens in dessen Interesse die Fürbitte vielleicht nicht so eilig unterblieben«.

Noch viele Jahre später, als die Affäre der Kronprinzessin von Sachsen mit dem Französischlehrer ihrer Söhne schon längst Geschichte war und weder Volk noch Presse mehr davon Notiz nahmen, wird Karl Valentin sie wieder aufgreifen und in München mit seinem Couplet »Luise und Giron« einen großen Lacherfolg verbuchen können.[182]

Weder Prinzessin
noch Erzherzogin

Kronprinzessin Luise hatte mit ihrer Flucht für einen perfekten Skandal gesorgt, sämtliche Höfe Europas provoziert, die High-Society schockiert und weltweites Aufsehen erregt. Wenn das tatsächlich in ihrem Sinne gelegen hatte, so war es ihr bestens gelungen. Einen Weg zurück gab es nun nicht mehr. Sie hatte alles dazu getan, um ihn sich zu verbauen. Ob sie das wirklich wollte? So wollte? Mit allen Konsequenzen, die nun folgen sollten? Es mag bezweifelt werden.

König Georgs Reaktion jedenfalls erfolgte prompt. Das sächsische Hausgesetz bot ihm alle Vollmacht. »In Ansehung der Landesherren und der Mitglieder der landesherrlichen Familien … finden die Vorschriften des Bürgerlichen Gesetzbuches nur insoweit Anwendung, als nicht besondere Vorschriften der Hausverfassungen abweichende Bestimmungen enthalten«, lautet Artikel 57 des Einführungsgesetzes. In Artikel 12 heißt es dann: »Zur Entscheidung von Eheirrungen wird der König in vorkommenden Fällen jedes Mal ein besonderes Gericht niedersetzen und das Verfahren vor demselben bestimmen.« Artikel 2 des Nachtrages vom 6. Juli 1900 gewährt dem König sogar das Recht, ein Mitglied des königlichen Hauses zu entmündigen.[183]

War anfangs die Rede davon gewesen, daß eine Ehescheidung, auch eine solche mit päpstlichem Dispens, nicht in Betracht komme, so gab es zugleich bereits Hinweise auf die Einberufung eines besonderen Gerichtshofes unter Vorsitz des Königs.[184] Die Sachlage war nicht ganz einfach. Die Ehe des kronprinzlichen Paares war nur kirchlich geschlossen worden. Da an ihrer Gültigkeit kein Zweifel bestand, konnte sie nach kanonischem Recht nicht geschieden werden. Was Gott zusammengefügt hat, kann der Mensch nicht trennen. Über dieses Gebot konnte sich auch der Vatikan nicht hinwegsetzen.

Nun hatte Friedrich August für die Heirat mit Luise einen päpstlichen Dispens benötigt, weil seine Tante die erste Gattin seines Schwiegervaters war. Da Luise aus der zweiten Ehe Ferdinands von Toscana stammte, ergab das zwar keine Blutsverwandtschaft, dennoch eine nach Kirchenrecht zu enge verwandtschaftliche Bindung. Die Bewilligung war in diesem Fall wirklich nur eine Formalität und daher umgehend gewährt worden. Der Vatikan hatte schon in weit kniffligeren Fällen den Dispens gegeben, um den Fürstenhäusern gefällig zu sein. Man denke an die vielen Ehen zwischen den österreichischen und den spanischen Habsburgern, wo aus dynastischen Gründen Onkel mit Nichten sowie Tanten mit Neffen ganz selbstverständlich verheiratet wurden. Und das in fast jeder Generation. Über Folgen, die nicht auf sich warten ließen, ging man hinweg. Sie waren eben Schicksal.

Auf Nichtigkeit seiner Ehe aber konnte Friedrich August aus dynastischen Gründen nicht klagen; weil in diesem Fall seine Kinder als illegitim gegolten hätten und von der Erbfolge ausgeschlossen worden wären. Welcher Vater wollte das seinen Kindern schon antun! Erschwerend kam noch hinzu, daß die Ehe von Friedrich Augusts Bruder Johann Georg, des nächsten Thronfolgers, kinderlos geblieben und sein zweiter Bruder Max als katholischer Priester zum Zölibat verpflichtet war. Obwohl Luise ihrem Gatten drei Söhne geboren hatte, drohte das Haus Wettin im Falle einer Nichtigkeitserklärung der Ehe auszusterben.[185] Es hätte des päpstlichen Dementis, die Ehe des Kronprinzen von Sachsen für ungültig erklären zu wollen, gar nicht bedurft.[186] Es gab also nur eine Lösung: die Aufhebung der ehelichen Gemeinschaft, der Scheidung von Tisch und Bett, die aber auf den Weiterbestand der Ehe keinen Einfluß hatte. Gläubigen Katholiken war es demzufolge unmöglich, wieder zu heiraten.

Es gibt keinen Bericht darüber, was Friedrich August in jenen Tagen empfand. In seinen Kreisen wurde man zur Contenance erzogen. Man sprach nicht über intime Angelegenheiten. Höchstens, daß man sich nahen Freunden oder Verwandten anvertraute, von denen man sicher war, daß sie schweigen würden. Und Untergebene, die zwangsläufig in so manches Geheimnis eingeweiht waren, wurden dazu verpflichtet, ihr Wissen mit ins Grab zu nehmen. Wir wissen nicht einmal, wie und wann der Kronprinz von der Beziehung seiner Gattin zu Giron erfuhr. Wir können nur versuchen, zu ermessen, wie gekränkt und gedemütigt er sich fühlen mußte. Nicht nur, daß seine Frau ihn mit einem dahergelaufenen Niemand betrogen hatte, sie hatte ihn darüber hinaus vor aller Welt blamiert. Sie scheute sich nicht einmal, mit Giron im selben Hotel zu leben, sich mit ihm sehen zu lassen, vor Photographen zu posieren, Journalisten zu empfangen, in aller Öffentlichkeit ihre Gemeinsamkeit zu betonen. Aber was das Maß voll machte – Friedrich August konnte nicht einmal sicher sein, daß das Kind, das sie erwartete, tatsächlich sein eigenes war.

Prahlte nicht Giron bereits damit, dessen Vater zu sein? Und war nicht schon die Tatsache von Luises Flucht ein Zeichen dafür, wen sie selbst für den Vater ihres Kindes hielt? Der Kronprinz von Sachsen war wahrlich nicht zu beneiden. Denn er liebte seine Frau. Vielleicht war er kein sehr musischer Mensch, kein sehr zartfühlender Liebhaber. Vielleicht hatte Luise in dieser Hinsicht ihre Gründe, sich zu beschweren. Aber er liebte sie und war traurig, daß es so gekommen war. Und da waren die Kinder, die nach der Mutter fragten. »Mutigen ist sehr krank, Mutigen kommt wohl nicht wieder«, soll er den Größeren geantwortet haben. Nur bei den beiden kleinen Mädchen nahm er Zuflucht zu der frommen Lüge: »Mutigen kommt bald.«[187]

Wäre Friedrich August trotz allem bereit gewesen, seiner Frau zu verzeihen, hätte er allein darüber zu entscheiden gehabt? Man liest in der Berichterstattung gelegentlich von Unstimmigkeiten zwischen König und Kronprinz, wenn der erste für unbedingte Härte war, der andere eher zur Milde neigte und die Flucht seiner Gattin vor allem dem suggestiven Einfluß ihres Bruders zuschrieb.

Am 30. Dezember 1902 gab das *Dresdner Journal* folgende amtliche Meldung heraus: »Nachdem Seine königliche Hoheit der Kronprinz die Absicht kundgegeben haben, die mit Höchstseiner Frau Gemahlin entstandene Eheirrung auf gerichtlichem Wege zum Austrag bringen zu lassen, ist von Seiner Majestät dem König darauf gemäß Artikel 12, Absatz 1, des Nachtrages zum königlichen Hausgesetze vom 20. August 1879 zur Entscheidung dieser Eheirrung ein besonderes Gericht von sieben Richtern niedergesetzt worden, das aus dem Präsidenten des Ober-Landesgerichtes und sechs vorwiegend mit Ehesachen beschäftigten Ober-Landesgerichtsräten besteht. Auch über das Verfahren haben Seine Majestät der König besondere Vorschriften erlassen. Der Klageantrag wird auf Aufhebung der ehelichen Gemeinschaft gerichtet werden. (Bürgerliches Gesetzbuch § 1575)«

Kronprinz Friedrich August war immer schon ein gehorsamer Sohn gewesen. Und König Georg verlor keine Zeit. Traute er dem Kronprinzen doch nicht so ganz? Fürchtete er, daß dessen Liebe zu seiner Gattin etwa gar den Sieg davontragen könnte? Ahnte er, daß seine Tage gezählt waren? Er wollte wohl sein Haus bestellen, solange es noch Zeit war.

Am 31. Dezember 1902 veröffentlichte das *Dresdner Journal* den Wortlaut folgender königlicher Verordnung: »Georg von Gottes Gnaden König von Sachsen etc., verfügen hiemit auf Grund des Artikels 12, Absatz 1, des Nachtrags zu unserem Hausgesetz vom 20. August 1879, was folgt: Nachdem Se. Königliche Hoheit der Kronprinz Friedrich August die Absicht kundgegeben haben, die mit Höchstseiner Gemahlin, Ihrer Kaiserlichen und Königlichen Hoheit der Frau Kronprinzessin Luise entstandene Eheirrung auf gerichtlichem Wege zum Austrag bringen zu lassen, setzen Wir zur Entscheidung dieser Eheirrung ein aus sieben Richtern gebildetes besonderes Gericht nieder. Zu Richtern ernennen Wir den Präsidenten des Ober-Landesgerichtes Loßnitzer als Vorsitzenden, die Ober-Landesgerichtsräte Hallbauer, Schmerl, Flemming, Dr. Meier, Dr. Bellmann und Dr. Schmidt als beisitzende Richter, zum Stellvertreter des Vorsitzenden den Senats-Präsidenten beim Ober-Landesgericht Seyfert, zu Stellvertretern der übrigen Richter die Ober-Landesgerichtsräte Brühl und Rudert. Wir bestimmen zugleich, daß für das Verfahren … die für das Verfahren in Ehesachen geltenden Vorschriften der Zivil-Prozeßordnung … maßgebend sein sollen, jedoch mit folgenden Abweichungen oder Ergänzungen:

1. Die Öffentlichkeit ist für alle Verhandlungen von Amts wegen auszuschließen.

2. Eine Mitwirkung der Staatsanwaltschaft findet nicht statt.

3. Ordentliche Gerichtsstelle sind die Räume unseres Oberlandesgerichts. Jede Partei hat sich durch einen vor diesem Gericht zugelassenen Rechtsanwalt vertreten zu lassen, zum persönlichen Erscheinen vor dem Gericht sind die Parteien nicht verpflichtet.

4. Anwendbar sind die Vorschriften des Artikel 6, Absatz 1 und 2, und des Artikel 7, Absatz 1, des Nachtrags zu Unserem Hausgesetz.

5. Die Vorschriften der §§ 608 bis 611, 627 und 630 der Zivil-Prozeßordnung … über die Anberaumung eines Sühneversuchs und über die Mitteilung des Urteils an das Vormundschaftsgericht finden keine Anwendung. (…)

8. Rechtsmittel jeder Art (Berufung, Revision, Beschwerde) sind ausgeschlossen. Das Urteil erlangt mit der Verkündigung Rechtskraft.

9. Das von dem Gerichte beschlossene Endurteil ist Uns vor der Verkündigung durch Unseren Staatsminister der Justiz zur Bestätigung vorzulegen.

Wir halten uns auch im übrigen vor, im Falle des Bedarfes andere Bestimmungen über das Verfahren zu treffen.

Gegeben zu Dresden, am 30. Dezember 1902, Georg Victor Alexander Otto.«

Der Geist des Absolutismus und einer von Gottes Gnaden erteilten Macht, beide schon etwas antiquiert um die Jahrhundertwende, sprechen eine nur zu deutliche Sprache und setzen Bestimmungen des im ganzen Deutschen Reich gültigen Bürgerlichen Gesetzbuches außer Kraft. Auf Nachsicht durfte Luise vor diesem Gericht also nicht hoffen. Im Gegenteil, sie mußte darauf gefaßt sein, daß es nach dem Willen des Königs verfahren und somit die ganze Strenge des Gesetzes auf sie anwenden würde. Darüber hinaus wird berichtet, daß der Kronprinz nach den geltenden Vorschriften der katholischen Kirche verfährt. Er verlangt keine Ehescheidung, sondern nur eine gerichtliche Trennung der ehelichen Gemeinschaft. Sollte die Kronprinzessin aber ihrerseits auf Scheidung klagen, hätte sie aufgrund des Bürgerlichen Gesetzbuches das Recht auf Wiederverheiratung, allerdings unter Verzicht auf den kirchlichen Segen.[188] In juristischen Kreisen wird zu dem Sachverhalt bemerkt, daß durch die Aufhebung der ehelichen Gemeinschaft die Kronprinzessin auch aufhöre, Mitglied des sächsischen Königshauses zu sein und daher Rang, Namen und Stellung ihres bisherigen Mannes aufgeben müsse. Sie verliere nicht nur jeden vermögensrechtlichen Anspruch an den Kronprinzen und das sächsische Königshaus, sondern auch das Recht des zeitweiligen Verkehrs mit ihren Kindern.[189]

Am 5. Januar 1903 meldete das *Dresdner Journal*, daß der deutsche Konsul in Genf, Bothe, durch Vermittlung des Auswärtigen Amtes ermächtigt worden war, der Kronprinzessin die Klageschrift im Prozeß mit ihrem Gatten zuzustellen. Sie enthielt die Ladung vor das besondere Gericht am 28. Januar in Dresden. Auch Luises dortiger Prozeßbevollmächtigter, Justizrat Dr. Emil Körner, war nach Genf gereist, um mit Luises Anwalt, dem Advokaten Lachenal, zu verhandeln.

Wie gerüchteweise verlautet, soll Luise große Zugeständnisse gemacht haben, damit ihre Rechte als Mutter beachtet würden.[190] So hatte sie am 9. Januar in ihrem Hotel eine Erklärung unterzeichnet, in der sie die Klage Friedrich Augusts als berechtigt anerkannte und Verzicht auf ihre Stellung als Kronprinzessin leistete. »Bei meinem fürstlichen Wort in Gegenwart des königlichen Notars und Justizrates Dr. Emil Körner aus Dresden, verzichte ich hiemit feierlich und auf ewige Zeiten auf alle und jede Rechte, die mir auf Grund meiner Stellung als Kronprinzessin von Sachsen bis zum gegenwärtigen Augenblick zugestanden haben und entsage dem Stande, dem Titel und Wappen einer Kronprinzessin von Sachsen und Herzogin zu Sachsen, verzichte auch weiter auf alle etwaigen Ansprüche an das Hausfideikommiß und die Sekundogenitur, auf Apanage und Wittum. Ich erkenne die mir zugestellte Klage als berechtigt an. Genf, 9. 1. 1903, 2 Uhr 35.« Der deutsche Konsul beglaubigte das Dokument.[191]

Möglicherweise ebenfalls als Zugeständnis Luises ist die Abreise Girons nach Lausanne zu werten. Lachenal hatte dazu geraten. Er hielt es für passend, daß dieser sich während der Einleitung des Prozesses möglichst entfernt hielt. Das lag ganz im Sinne der betroffenen Höfe, die nichts mehr wünschten, als daß der unselige Giron möglichst rasch und auf Nimmerwiedersehen verschwände. Nicht, daß damit alles vergessen und vergeben sein könnte, aber daß Luise dann »zum Bewußtsein ihrer Schuld komme und fortan ein Dasein reuevoller Zurückgezogenheit« führe.[192] Ob das auch im Sinne der Betroffenen lag, ist zu bezweifeln.

135

Trotz aller Vorhaltungen ihres Rechtsberaters Lachenal war Luise nämlich inzwischen mit Giron an die französische Riviera nach Menton gereist! Wie die *Schlesische Zeitung* zu wissen glaubt, war das Paar im calvinistischen Genf nicht mehr ganz willkommen. Man äußerte sich in jenen Kreisen nicht nur recht abfällig über Luise, etliche Vorsteherinnen von Mädchenpensionaten sollten sich sogar darüber beklagt haben, daß sie mit ihren Schülerinnen nicht mehr den gewohnten Nachmittagsspaziergang machen könnten. Allfällige Begegnungen der Kronprinzessin in Begleitung Girons bedeuteten für die jungen Mädchen ein zu großes Ärgernis! In ähnlicher Weise hätten sich Direktoren von Mädchenschulen an die Kantonalregierung gewandt. Auch dem Besitzer des Hotel d'Angleterre beginne die längere Anwesenheit der beiden unangenehm zu werden. Zwar kämen eine Menge Reporter, aber andere Gäste, deutsche, englische und amerikanische Familien würden dem Hotel fernbleiben, um ein Zusammentreffen zu vermeiden.[193] Ob wahr oder nicht, taktisch klug war die Reise Luises und Girons nach Menton zu diesem Zeitpunkt wirklich nicht. Aber Luise hat nicht zum ersten Mal impulsiv und unüberlegt gehandelt.

Am 29. Januar fand unter strengstem Ausschluß der Öffentlichkeit die erste Sitzung des Sondergerichtes statt, dem Justizrat Dr. Körner als Vertreter des Kronprinzen und die Rechtsanwälte Dr. Felix Zehme aus Leipzig und Dr. Felix Bondi aus Dresden, beiwohnten. Als Zeugen waren Oberhofmarschall von Tümpling, Oberhofmeisterin Freifrau von Fritsch und Polizeikommissar Schwarz erschienen. Letzterer war inzwischen von seinem Beobachtungsposten im Hotel d'Angleterre nach Dresden zurückgekehrt, wie verlautet auf Wunsch der Genfer Behörden, denen seine Spitzeltätigkeit nicht paßte. Nach mehrstündiger Verhandlung wurde die Sitzung auf den 11. Februar vertagt.

Und nun kam es knüppeldick. Diesmal aus Wien. Kaiser Franz Joseph bewies, daß er nicht daran dachte, Eskapaden à la Luise in seiner Familie zu dulden. Er hatte der Entflohenen ein Angebot gemacht. Sie hatte es abgelehnt. Nun hatte sie die Folgen zu tragen. Am selben Tag, als das vom König eingesetzte Gericht zu seiner ersten Sitzung zusammentrat, meldete die *Wiener Zeitung* in ihrem halbamtlichen Teil: »Wie wir hören, haben Se. k. und k. Apostolische Majestät kraft der Allerhöchstdemselben zustehenden Machtvollkommenheit Allerhöchst sich bestimmt gefunden, zu verfügen, daß alle jene Rechte, Ehren und Vorzüge, welche der Gemahlin Sr. königlichen Hoheit des Kronprinzen von Sachsen als einer geborenen Erzherzogin von Österreich bisher gebührten, suspendiert werden und daß diese Suspension auch für den Fall fortzubestehen habe, daß der bevorstehende Scheidungsprozeß zu der im § 1577 des Bürgerlichen Gesetzbuches für das Deutsche Reich normierten Konsequenz führen sollte, daß die Prinzessin ihren ursprünglichen Familiennamen wieder erhält. Es ist ihr demnach auf Grund dieser Allerhöchsten Verfügung untersagt, sich von nun an des Titels einer kaiserlichen Prinzessin und Erzherzogin, königlichen Prinzessin von Ungarn etc. zu bedienen und das ihr angestammte erzherzogliche Wappen mit den erzherzoglichen Emblemen weiter zu führen. Auch gebührt ihr nicht mehr der Titel kaiserliche und königliche Hoheit, und fallen alle mit der Eigenschaft einer solchen verbundenen Ehrenrechte künftig für sie weg.«

Bereits am 22. Januar hatte Kaiser Franz Joseph an seinen Minister des k. u. k. Hauses und des Äußeren, Graf Goluchowski, in diesem Sinne geschrieben und ihn ersucht, alle Höfe und Regierungen von dieser Verfügung zu verständigen. Aus dem genealogischen Verzeichnis der Mitglieder des Kaiserhauses wurde Luise ebenfalls gestrichen. Der Ausschluß aus dem Herrscherhaus, dem Luise entstammte, wurde ihr mittels Rückschein der Schweizer Postverwaltung übergeben, die von ihr geleistete Unterschrift vom k. u. k. Konsul Mansbach beglaubigt.[194]

Es geschah zum ersten Mal, daß ein Mitglied des österreichischen Kaiserhauses einseitig davon ausgeschlossen wurde. Der Kaiser hatte nämlich nur das Recht, die Mitgliedschaft zu suspendieren. Sie konnte also jederzeit wieder aufleben. In diesem Fall hätte aber die Apanage weiter bezahlt werden müssen. Um einen Unbotmäßigen nicht weiter alimentieren zu müssen, war es üblich, daß der Betroffene vom Kaiser aufgefordert wurde, ihn zu bitten, auf Rang und Stellung verzichten zu dürfen. Der Kaiser genehmigte die Bitte, und das neu zum Bürgerlichen gewordene ehemalige Mitglied des Kaiserhauses, wie etwa Leopold Wölfling, hatte eine Verzichterklärung zu unterschreiben und sich zu verpflichten, allen Bestimmungen »pünktlichst und gewissenhaft« nachzukommen.[195]

Nun war Luise durch ihre Heirat eigentlich kein Mitglied des Kaiserhauses mehr. Sie bezog auch von dort keine Apanage. Man wollte aber unbedingt verhindern, daß sie womöglich ihren Mädchennamen wieder annahm und weiterhin die Würden einer Erzherzogin für sich beanspruchte. So wurden ihre Rechte »suspendiert«. Der Ausschluß war also dem Charakter des Begriffes Suspension entsprechend nur vorläufiger Natur. Theoretisch jedenfalls. Aus einem Telegramm des Außenministers an den österreichischen Gesandten in Dresden, vom 23. Januar geht hervor, daß die »Höchste Schutzfrau des hochadeligen Sternkreuzordens, Ihre k. u. k. Hoheit und durchlauchtigste Frau Erzherzogin Maria Josepha«, gleichermaßen ihre Konsequenzen gezogen hatte. Der nunmehr unwürdigen Luise wurde der ihr seinerzeit verliehene Orden aberkannt.

Der König von Sachsen verfuhr in gleicher Weise. Am 29. Januar brachte das amtliche *Dresdner Journal* folgende Verordnung: »Nachdem Ihre k. und k. Hoheit, die Kronprinzessin Louise Antoinette Maria ..., auf alle ihre Rechte, die ihr auf Grund ihrer Stellung als Kronprinzessin von Sachsen bisher zugestanden haben, verzichtet hat, so erteilen wir hierzu unsere Genehmigung und erklären demgemäß kraft des uns nach Artikel 4 unseres Hausgesetzes vom 30. 12. 1837 zustehenden Hoheitsrechtes, daß Hochdieselbe aus allen in der Zugehörigkeit zu unserem Haus begründeten Rechten, Titeln und Würden von jetzt an ausgeschieden wird. Gegeben zu Dresden, den 29. Januar 1903, Georg.«

Alles weist also darauf hin, daß diese Verlautbarungen zwischen den Höfen von Wien und Dresden abgesprochen waren. Für Luise ergaben sich verhängnisvolle Folgen: sie hatte ihre Titel und Würden eingebüßt, und sie besaß nicht einmal mehr einen Familiennamen! Ihren Mädchennamen hatte ihr der Kaiser von Österreich aberkannt, ihren ehelichen der König von Sachsen. Und sie hatte ihre alte Heimat ebenso verloren wie ihre neue. In beiden Ländern war sie zur unerwünschten Person geworden. Allmählich muß es Luise klar geworden sein, welch hohen Preis sie für ihre Freiheit bezahlt hatte.

Der Bruch mit Giron

Der Aufenthalt Luises und Girons in Menton war nicht von langer Dauer. Verschiedenen Meldungen zufolge erwies sich die Bevölkerung den beiden gegenüber als nicht besonders freundlich. Im Casino von Monte Carlo soll es sogar zu einem sehr peinlichen Auftritt gekommen sein, so daß das Paar den Spielsaal durch eine Nebentür verlassen mußte. Zudem hätten die französischen Behörden von Luise Ausweispapiere verlangt, die sie nicht besaß.[196] Auch das muß für Luise ein kleiner Schock gewesen sein. Zeigte ihr der Vorfall doch, wie sehr sich die Zeiten für sie geändert hatten. Wo hätte eine kaiserliche und königliche Hoheit je einen Ausweis gebraucht?

Doch der Hauptgrund, daß Luise nach Genf zurückkehrte, ist wohl auf ein anderes Ereignis zurückzuführen: Sie hatte von ihrer Mutter ein Telegramm erhalten, daß ihr Sohn Prinz Friedrich Christian, ihr Liebling »Tia«, gefährlich an Typhus erkrankt war. Die Meldung über seinen Zustand ging durch die ganze Presse.[197] Von nun an beherrschte Luise ein einziger Gedanke: sie wollte zu ihrem kranken Kind. Es brauchte sie. Giron war plötzlich unwichtig geworden.

Am 6. Februar wartete die Presse mit einer Sensation auf: Luises Anwälte hatten folgendes erklärt: »Giron hat heute abends mit dem Pariser Schnellzug Genf verlassen, um sich zu seiner Familie nach Brüssel zu begeben, wo er sich niederlassen wird. Er hat alle Beziehungen zu Prinzessin Luise aufgegeben, um ihr die Wiederaufnahme des Verkehrs mit ihren Kindern zu ermöglichen.«[198] Diese Entscheidung war das Resultat der mehrstündigen Konferenzen, die Luise mit ihren Anwälten Lachenal und Dr. Zehme aus Leipzig führte. Diese hatten es an Deutlichkeit nicht fehlen lassen. Es gäbe nur einen Weg, je ihre Kinder wiederzusehen: die endgültige Trennung von Giron.

Luise kapitulierte vor den schlüssigen Argumenten ihrer Rechtsberater. Mutterliebe, Reue über ihre Tat und die späte Erkenntnis, sich in eine Sackgasse verrannt zu haben, hatten sie dazu bewogen. Vielleicht hatte auch Giron sie persönlich enttäuscht, sich zu sehr aufgespielt und in den Vordergrund gedrängt. In Aussicht gestellte Vergünstigungen mögen ebenfalls eine Rolle gespielt haben. Die Trennung von Giron war jedenfalls perfekt.

Wenn man dem Hotelpersonal glauben darf, waren der Abreise Girons erregte Szenen zwischen ihm und Luise vorausgegangen. Auch soll es zwischen Giron und Dr. Zehme zu Auseinandersetzungen gekommen sein. Es soll dabei um Geld gegangen sein. Manche Berichte wollen wissen, daß der Leipziger Anwalt mit ganz bestimmten Vorschlägen gekommen sei, die er Giron zu machen hatte, um ihm den Abschied von seiner Prinzessin etwas zu erleichtern. Beweise bleiben diese Berichte allerdings schuldig.[199] Der sächsische Hof wenigstens dementierte postwendend jegliche Verhandlungen mit Giron.

Wenn Luise jedoch gehofft hatte, mit der Trennung von Giron sei ihr Weg nach Dresden geebnet, sollte sie sich täuschen. Der Versuch Dr. Lachenals, für seine Klientin eine Erlaubnis zum Besuch ihres kranken Kindes zu erwirken, scheiterte trotz der Versicherung, daß Luise nach einigen Stunden Dresden wieder verlassen würde.

Das Gesuch wurde dem Kronprinzen vorgelegt, der darüber mit König Georg und den Ministern des Äußeren und des Königlichen Hauses Rat hielt. Die Antwort kam umgehend und lautete lapidar: »Seine königliche Hoheit lehnt die Erfüllung der gestellten Bitte definitiv und unter allen Umständen ab.«[200] Die Rücksicht auf die Autorität des königlichen Hauses gebiete ein solch ablehnendes Verhalten. Überdies dürfe man aber auch einer augenblicklichen, durch die eingetretenen Umstände herbeigeführten Gefühlsaufwallung auf Kosten anderer, höherer Gesichtspunkte nicht nachgeben.

Ärztliche Gründe wurden vorgeschoben. Man sorgte sich, daß das kranke Kind durch den Besuch der Mutter zu sehr erregt werden könnte. Noch mehr aber fürchtete man in Dresden, wie die Volksseele auf einen Besuch der in weiten Kreisen immer noch beliebten Luise reagieren würde. Hatte das Publikum doch kürzlich die Equipage des Kronprinzen mit den Worten umringt: »Die Kronprinzessin soll wiederkommen! Wir wollen unsere Prinzessin Luise wiederhaben.«[201] Luises Besuch würde sich nicht verheimlichen lassen, im Gegenteil sich in Windeseile herumsprechen. Nicht auszudenken, was die Leute alles anstellen würden, wenn sie persönlich in ihrer Mitte erschien! Womöglich würde es zu Volksaufläufen kommen, deren Umfang nicht abzusehen war. Das war vom Standpunkt des Königs aus nicht zu verantworten.

Das *Wiener Fremdenblatt* vom 7. Februar 1903 zitierte dazu den Minister des königlichen Hauses von Seydewitz: »... daß nach Ansicht des sächsischen Hofes die Trennung der Kronprinzessin von Giron keineswegs das Geschehene auslösche, was der Stimmung eines Teils der Bevölkerung zu entsprechen scheine. Es sei jedoch selbstverständlich, daß, bei aller Anerkennung des Reuegefühles, die Konsequenzen nicht ausbleiben können, die ihre Flucht mit Giron ... nach sich ziehen mußte. Der Eheprozeß wird durchgeführt werden. Man muß die unglückliche Mutter bemitleiden ... aber eine andere Entscheidung war schwer möglich ... Staaten und Dynastien haben auch andere Gebote zu beachten als nur die Regungen der Empfindung.« Vom politischen Standpunkt aus eine durchaus vertretbare Entscheidung. Wir dürfen aber getrost annehmen, daß die persönliche negative Einstellung des Königs zu seiner Noch-Schwiegertochter sie nicht unwesentlich beeinflußt hat.

Die Reaktionen auf die Ablehnung von Luises Gesuch waren unterschiedlich. Viele verurteilten, daß der Bitte der reuigen Mutter, ihr krankes Kind zu sehen, nicht stattgegeben worden war. Hatte man doch vielfach die Trennung von Giron als den ersten Schritt zu einer Versöhnung Luises mit ihrem Gatten angesehen und begrüßt. Für die oppositionellen *Leipziger Neuesten Nachrichten* war Giron überhaupt der Alleinschuldige, der »ruchlose Bube«, der »schlimme Geselle«, ja sogar der »Vampyr«, der die arme Verführte »umklammerte und dessen suggestiver Macht sie sich ergeben hatte«.[202] Man hatte auch nicht zu Unrecht erwartet, daß die Sehnsucht des schwerkranken Prinzen nach seiner Mutter berücksichtigt werden würde.

Es gab auch andere Stimmen. »Manche haben vielleicht Mitleid mit der Mutter, die zu ihrem kranken Kind möchte, aber die sollten auch nicht ungerecht werden gegen jene, von denen sich diese Mutter mit der größten Rücksichtslosigkeit unter Zerreißung aller menschlichen Bande losgesagt hat und die ihr nun Platz machen sollen. Man vergesse auch nicht, daß die Angehörigen des sächsischen Königshauses in den strengen Ehrbegriffen eines deutschen Offizierskorps groß geworden sind«.[203] Das *Dresdner Journal* vom 7. Februar 1903 äußert demgemäß offiziell, »daß die mitgeteilten Tatsachen an der Stellung und an den Beziehungen des königlich-sächsischen Hofes zu der vormaligen Frau Kronprinzessin nichts ändern und daß insonderheit der angestrengte Eheprozeß seinen ungestörten Fortgang nehmen wird.«

Luise selbst stellt die Sache ein wenig anders dar. »In tödlicher Verzweiflung telegraphierte ich meinem Gemahl und bat ihn, ob ich mein Kind sehen dürfte. Friedrich August antwortete nicht selbst. Die verneinende Antwort kam von

Metzsch, und zwar setzte er hinzu, daß, wenn ich versuchen würde, nach Sachsen zu reisen, um Tia zu sehen, ich augenblicklich an der Grenze festgenommen werden würde. Das brach mir das Herz. Ich hatte niemals gedacht, daß die Welt so hart sein könnte, und die Erkenntnis meiner verlassenen und freudlosen Lage erfüllte mich mit furchtbarer Angst. Meine Gedanken wandten sich meinem Gemahl zu, und ich sann unausgesetzt darüber nach, was er denken möge und was die Tage ihm an Leid brächten. Meine Sehnsucht, ihn zu sehen, war groß, ich wünschte nichts sehnlicher als seine Verzeihung zu erlangen und von ihm gegen alle Unwürdigkeiten beschützt zu werden. Ich hoffte, daß Friedrich August sich freimachen und mich retten würde, sogar in dem Augenblick, wo alles verloren schien ... Ich weiß nun, da es zu spät ist, daß er (Friedrich August) Herrn von Tümpling eigens nach Genf gesandt hat, um mir einen Brief zu übergeben, in dem Friedrich August mich dringend bat, zu ihm zurückzukehren und mich versicherte, daß alles gut würde. Der von Metzsch beeinflußte Abgesandte des Kronprinzen blieb drei Tage in Genf. Alle meine Bemühungen, ihn zu sehen, waren vergebens. Zuletzt schrieb ich ihm und bat ihn um eine Aussprache, doch sagte man mir, daß von Tümpling bereits abgereist sei«, schreibt Luise darüber an ihrem Buch.[204] Wo und wann Luise Kenntnis von jenem Schreiben Friedrich Augusts erlangt haben will, teilt sie uns leider nicht mit. Man kann dies wohl eher ins Reich ihrer stark ausgeprägten Phantasie verweisen.

Es ist verständlich, daß die Ereignisse der letzten Zeit, nicht zuletzt die Erkrankung von Prinz Friedrich Christian, der sich zwar auf dem Wege der Besserung, aber durchaus noch nicht ganz außer Gefahr befand, Luise tief deprimiert und erschüttert hatten. Vielleicht wurde es ihr erst durch die Ablehnung ihrer Bitte, an das Krankenbett ihres Kindes kommen zu dürfen, so richtig bewußt, welche Lawine sie mit ihrer Flucht ins Rollen gebracht und welch schweren

Fehler sie begangen hatte. Dazu kam, daß sie vollkommen allein war. Weit mehr als je in ihrem Leben allein in einem trostlosen Hotelzimmer. Von Giron hatte sie sich getrennt, ihr Bruder Leopold, der mit seiner Geliebten in Montreux lebte, hatte seine eigenen Sorgen. Er war ziemlich knapp bei Kasse und mußte zusehen, wie er nach dem Verlust seiner Apanage wenigstens noch von seiner Familie, mit der er diesbezüglich in Verhandlungen stand, zu einem regelmäßigen Einkommen kam. Alles im Leben, die Freiheit mit eingeschlossen, hatte seinen Preis. Auch die Versöhnung mit dem Elternhaus ließ auf sich warten. Abgesehen davon, daß man in der Familie Toscana die Trennung von Giron noch nicht als endgültig ansah, hatte man auch Rücksichten auf den Chef des Hauses zu nehmen. Und Kaiser Franz Joseph, dem angeblich seit dem Tode seiner Gattin nichts so nahe gegangen war wie die Skandalaffären der beiden Toscanageschwister, war nicht mehr milde gestimmt. Wer dem Erzhaus solche Schande machte, hatte keine Nachsicht zu erwarten.

Unglücklich und verzweifelt über ihre Lage, in die sie sich selbst gebracht hatte, muß Luise wirklich am Ende ihrer Kräfte gewesen sein. Sie nahm daher den Rat ihres Anwalts an, sich in ein Privatsanatorium zu begeben, um in völliger Zurückgezogenheit und entsprechender ärztlicher Behandlung seelisch und körperlich zur Ruhe zu kommen. Die Nachricht überraschte allgemein, und man beeilte sich, zu betonen, daß Luise diesen Schritt auf eigenen Wunsch unternommen habe und von keiner Seite dazu gedrängt worden sei.

Das Sanatorium La Métairie bei Nyon am Genfer See wurde von den Angehörigen betuchter Familien bei Fällen nervöser Überreizung oft aufgesucht und genoß ebenso wie sein Leiter Dr. Martin einen ausgezeichneten Ruf. Genauer gesagt, La Métairie war eine Nervenheilanstalt. Der *Berliner Lokalanzeiger* vom 10. Februar 1903 bringt es auf den Punkt.

Er bezeichnet die Zuflucht Luises schlicht und einfach als Irrenanstalt!

Luise traf am 6. Februar 1903 in Begleitung ihres Bruders Leopold, ihrer Anwälte Lachenal und Zehme und des Leiters der Frauenklinik in Genf, Dr. Jentzer, in La Métairie ein, wo sie der Direktor der Anstalt, Professor Martin, und der Schweizer Psychiater Professor Forel erwarteten. Wie sie selbst in ihren Memoiren ausführt, hielt sie das Haus für ein Erholungsheim. Dennoch ließ sie Vorsicht walten. Die verlangte Erklärung, daß sie sich freiwillig in die Obhut und Pflege der Anstaltsärzte begebe, unterschrieb sie erst, nachdem diese auf ihren Wunsch von ihren Anwälten geändert worden war: Nur sie allein werde über die Dauer ihres Aufenthaltes entscheiden und behalte sich das Recht vor, das Haus jederzeit verlassen zu können. Sie selbst gibt uns in ihren Memoiren ihre Eindrücke wieder, die sie damals bewegten: »Eine hübsche Pflegerin in Tracht begleitete mich nach der kleinen Villa, die ich bewohnen sollte. Ich war sehr müde, aber meine natürliche Neugierde zwang mich, mit Interesse meine sonderbare Umgebung zu betrachten. Als ich einen Gang durchschritt, erschreckten mich laute, durchdringende Schreie, die aus einem Zimmer gegenüber zu kommen schienen. Ich blieb stehen und wandte mich zu der Pflegerin, um den Grund zu erfahren. Sie sah mich lächelnd an und sagte hierauf mit vollkommener Gleichgültigkeit: ›Dieser Lärm? Oh, das ist nur ein polnischer Graf, der seit fünfunddreißig Jahren hier ist.‹ Bis dahin hatte ich angenommen, daß La Métairie ein Erholungsheim sei. Zu meinem unbeschreiblichen Entsetzen wußte ich nun, daß es ein Irrenhaus war. Ich dachte, diese Entdeckung würde mich töten. Hier war ich nun an dem Ort, den ich am meisten auf der Welt fürchtete! Aus Angst vor diesem hatte ich meinen guten Ruf geopfert. Diese letzte Ironie des Schicksals war zu viel für meine abgespannten Nerven, völlig erschöpft und mutlos ging ich in meine Villa und sank halb ohnmächtig vor Ermattung auf einen Stuhl. Ich betrachtete die Fenster. Sie waren vergittert, und ein Blick in mein Schlafzimmer zeigte mir, daß ich eine Gefangene war. Nur jene, die es selbst erlebt haben, können das Entsetzliche einer solchen Umgebung erfassen! ... Ich litt Qualen, deren Erinnerung selbst heute mich schaudern macht ... Ich rief die Pflegerin und bat um etwas zu essen. Nach endloser Zeit wurden mir einige emaillierte Schüsseln gebracht, die kalte, schlecht gekochte, unappetitliche Speisen enthielten, deren Anblick mich ekelte. Ich konnte nichts berühren. Man hatte mir nur einen gewöhnlichen Löffel gegeben, keine Gabel und kein Messer. Ich wandte mich mit Abscheu fort. Ein Gefühl der Empörung erfaßte mich, und ich wünschte zu sterben, so trostlos, verlassen und einsam fühlte ich mich.«[205]

Doch so schlimm, wie Luise befürchtet hatte, wurde es dann doch nicht. Sie bewohnte eine separat im Park gelegene Villa mit vier Räumen und verfügte schließlich über eine eigene Bedienung. »Zuerst durfte ich nur im Garten mit einer Pflegerin spazierengehen«, berichtet sie. »Es war mir aber unmöglich, diesen Zwang, der mich aufrieb, länger zu ertragen. Ich sagte Dr. Martin, daß ich meine Kammerfrau als Begleiterin vorzöge, und der freundliche Mann gestattete, daß ich mich von der unangenehmen Gesellschaft meiner Pflegerin befreien konnte ... Meine Kammerfrau hingegen war die Güte selbst, und jeden Morgen um sieben Uhr bereitete sie mir eine köstliche Tasse Schokolade, das einzige warme Getränk, das ich den ganzen Tag über zu mir nahm, und auf diese Tasse heiße Schokolade freute ich mich jeden Morgen.«[206]

Die Ärzte stellten bei ihrer Patientin »Psychopathia hysterica« fest, ein Zustand, der sich bei sensiblen Personen während der Schwangerschaft gelegentlich einstellt und durch seelische Erregungen verursacht werden kann. Gemangelt hatte es bei Luise daran nicht. Da war der Ausschluß nicht

147

nur aus dem sächsischen, sondern auch aus dem österreichischen Herrscherhaus, das Zerwürfnis mit ihrer Familie, der Prozeß über ihre Ehe, zuletzt die Krankheit ihres Kindes mit all ihren Konsequenzen.[207] So vieles war anders gekommen in diesen vergangenen Wochen, war weit schlimmer gekommen, als Luise es je gedacht hatte. Gewiß, sie hatte alles selbst verschuldet, und doch wäre es ein Wunder gewesen, hätte sie keinen Zusammenbruch erlitten. In dieser Situation hatte Dr. Lachenal das einzig Richtige getan. Er hatte nicht nur dafür gesorgt, daß seine Mandantin zur Ruhe kam, sondern sie zugleich von der Außenwelt abgeschirmt: von den Journalisten, die ihr immer auf den Fersen waren, sie mit Fragen quälten, wie auch von Giron, der sich vielleicht doch nicht so ganz an die Abmachungen halten mochte.

Verfolgte der erfahrene Anwalt auch noch einen anderen Zweck? Setzte er möglicherweise darauf, daß die Diagnose der Ärzte das Gerichtsverfahren in Dresden günstig beeinflussen oder es sogar in letzter Minute verhindern würde? Wer immer auf derlei hoffte, er sollte sich täuschen ...

Die Ehescheidung

»IM NAMEN DES KÖNIGS. In der Prozeßsache Seiner Königlichen Hoheit des Kronprinzen Friedrich August ... Herzog zu Sachsen, in Dresden, Herrn Klägers (Prozeßbevollmächtiger Justizrat Dr. Emil Körner in Dresden), gegen Höchstseine Gemahlin Luise – Taufname Ludovica ... geborene Erzherzogin von Österreich, Prinzessin von Toscana, zur Zeit in La Métairie bei Nyon, Frau Beklagte (Prozeßbevollmächtiger Dr. Felix Bondi in Dresden), wegen Scheidung der Ehe erkennt das durch Allerhöchste Verordnung vom 30. Dezember 1902 niedergesetzte besondere Gericht unter Mitwirkung des Präsidenten des Oberlandesgerichtes Laßnitzer ... für Recht: Die am 21. November 1881 geschlossene Ehe der Parteien wird wegen Ehebruchs der Frau Beklagten mit dem Sprachlehrer André Giron vom Bande geschieden. Die Frau Beklagte trägt die Schuld an der Scheidung. Die Kosten des Rechtsstreites werden der Frau Beklagten auferlegt.«

So beginnt die Akte, die Referendar Mothes in seiner Eigenschaft als Gerichtsschreiber in fein säuberlicher Sütterlinschrift angelegt hatte.[208] Am 11. Februar 1903 um zehn Uhr vormittags waren im Sitzungssaal des zweiten und fünften Zivilsenats der Präsident Laßnitzer mit den Oberlandesgerichtsräten Hallbauer, Schmerl, Flemming, Dr. Meier, Dr. Bellmann und Dr. Schmitz, dem Anwalt des Kronprinzen Justizrat Dr. Körner und den Rechtsvertretern Luises, Dr. Zehme und Dr. Bondi, zusammengetreten. Die zahlreichen Zuhörer, unter ihnen viele Journalisten, wurden noch vor Beginn der Verhandlung gebeten, den Ort der Handlung zu verlassen. Die Verhandlung war geheim.

Friedrich August selbst war nicht anwesend, denn als Mitglied der königlichen Familie durfte er nach Artikel 12 des Nachtragsgesetzes von 1879 vor Gericht kein Zeugnis ablegen. Was Luise betraf, die ja dem Hause Wettin nicht mehr angehörte, verzichtete das Gericht von vornherein auf ihre Anwesenheit. Sie selbst versuchte gar nicht, eine Aufenthaltserlaubnis zu erwirken, die ihr schon einmal anläßlich der Erkrankung von Prinz Friedrich Christian verweigert worden war. Sie wußte wohl, daß auch ihr persönliches Erscheinen an der Urteilsfindung nichts ändern würde. Baronin von Fritsch, Kammerherr von Tümpling, Kriminalkommissar Schwarz und Kammerlakai Ranisch waren als Zeugen geladen.

Zur Begründung führte der Kläger dreizehn Punkte an. Demnach hatte er am 12. oder 13. Dezember 1902 erfahren, daß die Frau Beklagte im Laufe des Sommers 1902 in Wachwitz bei Dresden mit Giron ein Liebesverhältnis unterhalten habe, das bis zur Verletzung der ehelichen Treue geführt habe. Als Beweis galt Luises eigenes Schuldbekenntnis und die Zeugenaussage der Frau von Fritsch.

Kammerherr von Tümpling bezeugte Luises heimliche Abreise aus Salzburg, Kommissar Schwarz ihr Zusammentreffen mit Giron in Zürich und ihre Weiterreise mit ihm nach Genf »ohne Begleitung und Dienerschaft«. Im Hotel d'Angleterre »habe die Frau Beklagte mit Giron sowie mit ihrem tags zuvor eingetroffenen Bruder Leopold Ferdinand, der bis vor kurzem Erzherzog von Österreich und Prinz von Toscana gewesen sei, diesen Titel und Rang aber abgelegt und sich in Gesellschaft der übel beleumundeten Adamowicz befunden habe, vom 14. bis zum 30. Dezember 1902 die im ersten Stockwerk des Hotels vornheraus gelegenen vier durch Türen miteinander verbundenen Zimmer Nr. 7, 8, 9 und 10 gemeinschaftlich in folgender Weise bewohnt: das Zimmer Nr. 10 sei als gemeinsamer Salon von allen vier Personen benutzt worden, in den im Zimmer 9 nebeneinander stehenden Betten hätten die Frau Beklagte und Giron geschlafen, während das im Zimmer 8 aufgestellte Bett unbenützt geblieben sei und von Herrn Wölfling und der Adamowicz die beiden im Zimmer Nr. 7 nebeneinander stehenden Betten benutzt worden seien.« Als Beweis dafür wurde die Aussage von Kriminalkommissar Schwarz und das Zeugnis des Hotelbesitzers Reichert in Genf angeführt. Für erwähnenswert wurde sogar gehalten, daß Wölfling und seine Geliebte auch jeweils, statt den Korridor zu benutzen, bei Luise und Giron durchgegangen seien, wenn sie in den Salon wollten, »wo stets zu vieren gespeist wurde«. Auch nachdem Wölfling und seine Freundin bereits abgereist waren, habe Luise nach wie vor gemeinsam mit Giron im Zimmer 7 geschlafen, bis dieser am 7. Januar 1903 aus dem Hotel ausgezogen und nach Lausanne abgereist sei.

Als sehr belastend wertete das Gericht Punkt Nummer 8 der Beweisführung. Danach habe sich »die Frau Beklagte von einem Spezialabgesandten der in Paris erscheinenden illustrierten Zeitschrift *L'Illustration* vom 3. Januar 1903 in einem Zimmer des genannten Hotels zusammen mit Giron in einer Stellung photographieren lassen, wie sie nur das verliebteste Pärchen aus wenig feinem Stande zu tun nicht unter seiner Würde halte, indem nämlich die Frau Beklagte auf dem Bilde ihre Wange an die des Giron anlehnte«. Das Photo war unter dem Titel: »La Princesse Louise de Saxe et M. André Giron photographiés à Genève le 29 décembre 1902« veröffentlicht worden. Erschwerend kam nach Ansicht der Anklagevertretung hinzu, daß jene Zeitschrift nicht nur in Frankreich, sondern auch in Sachsen weit verbreitet sei und »namentlich auch im kronprinzlichen Hause gehalten und gelesen wurde«, wie Hofmarschall von Tümpling bezeugte. Auch die Interviews, die Luise und der »von ihr hiezu beauftragte Giron« diversen Journalisten erteilt habe, wurden ihr vorgeworfen, vor allem, daß sie sich ihnen gegenüber »ihrer Liebe zu Giron gerühmt und behauptet, daß sie ein von diesem im Ehebruch gezeugtes Kind unter dem Herzen trage«. Dazu habe der Kläger allerdings bemerkt, daß kein Beweis dafür vorhanden sei. Luise bestritt überhaupt, diese Bemerkung je gemacht zu haben. Aus all dem gehe hervor, daß Luise in der Zeit vom 14. Dezember 1902 bis Anfang Februar 1903 zu wiederholten Malen mit Giron die Ehe gebrochen habe. Das wurde, abgesehen von Girons eigenen Äußerungen, auch von Kriminalkommissar Schwarz bezeugt.

Zum Verhängnis wurden Luise zudem jene beiden Briefe, die sie an ihren Schwiegervater geschrieben, sowie ein von Giron an sie gerichtetes Schreiben, das dieser von Brüssel aus unter der Deckadresse ihres Bruders Leopold an sie gerichtet hatte. Da dieser aber bereits aus Salzburg abgereist war, geriet es in die Hände des Großherzogs von Toscana, der es schließlich an seinen Schwiegersohn weiterleitete. Dieser in Abständen vom 2. bis 10. Dezember 1902 von Giron in französischer Sprache verfaßte Brief ist acht eng beschriebene Seiten lang und enthält neben glühenden Liebesbeteuerungen auch die Erwähnung ihres gemeinsamen Kindes. Sein Text geht aus den Akten nicht hervor.

Gegen 14 Uhr wurden die beiden Dresdner Ärzte, der Leibarzt des Königs, Geheimrat Fiedler, und der Direktor der Frauenklinik, Professor Leopold, als Zeugen gehört. Sie sollten ihr fachliches Gutachten darüber abgeben, ob Luises Schwangerschaft möglicherweise einen Einfluß auf ihren Geisteszustand habe. Dr. Zehme hatte nämlich Luises Verzicht auf alle Titel und Ansprüche für ungültig erklärt. Er bezog sich dabei auf die im *Dresdner Journal* vom 22. Dezember 1902 enthaltene Meldung, Luise habe in »einem anscheinend krankhaften Zustand seelischer Erregung« Dresden verlassen, und berief sich weiters auf einen Artikel in einer Fachzeitschrift, wonach derlei in der Schwangerschaft nicht ungewöhnlich sei. Doch die Ärzte, die Luise schon während ihrer früheren Schwangerschaften betreut hatten, bescheinigten, »daß nichts darauf schließen lasse, daß sich die Frau Beklagte in einem die freie Willensbestimmung ausschließenden Zustand krankhafter Störung der Geistestätigkeit befunden habe«. Die seinerzeitige irreführende Mitteilung wurde damit entschuldigt, der Hof habe sein Prestige wahren müssen.[209] Die Hoffnung der Anwälte, daß der körperliche und seelische Zusammenbruch ihrer Mandantin und dessen Behandlung in einer Nervenheilanstalt den Prozeß beeinflussen würde, hatte sich nicht erfüllt. Nicht einmal eine Vertagung war erreicht worden. Luise selbst hatte nie bezweifelt, daß ihr Geisteszustand völlig in Ordnung sei.

Luises Anwalt sah sich den geschilderten Umständen zufolge nicht in der Lage, die zur Begründung der Klage angeführten Tatsachen zu widerlegen. Luise selbst enthielt sich jeder Meinungsäußerung über ihre Beziehung zu Giron. Deshalb hatte der Anwalt bereits im ersten Termin vorsorglich gebeten, »der unglücklichen hohen Frau menschliches Mitgefühl und in diesem Sinn Wohlwollen nicht zu versagen. Eine unheilvolle Naturanlage habe sie aus der Bahn weiblicher Sitte gedrängt, und sie gehe jetzt wohl einer düsteren Zukunft entgegen.«

Was hätte er auch vorbringen sollen? Die Einsetzung des Sondergerichts war laut Wettiner Hausgesetz legitim, er selbst sächsischer Staatsbürger und Untertan des Königs. Er hätte auf jeden Fall auf verlorenem Posten gestanden. Seine hohe Mandantin hatte ihn durch ihr eigenes Geständnis aller Argumente beraubt und damit jede wirksame Verteidigung von vornherein verhindert. Auch ein weniger voreingenommenes Gericht hätte daraus seine Schlüsse gezogen. Es brauchte der Beklagten ihre Schuld nicht zu beweisen. Sie hatte sie selbst eingestanden! War doch kein Grund vorhanden, weshalb sie das »ihr zur Unehre gereichende und zu den schwersten Nachteilen für sie führende Geständnis wider die Wahrheit abgelegt haben sollte«. Es wurde erhärtet durch ihr nachweisliches Zusammenleben mit Giron sowie durch die »beschworene und glaubhafte Aussage der Freifrau von Fritsch, nach der bereits im Sommer 1902 ein der Zeugin und dem Dienstpersonal auffälliger Verkehr zwischen der Frau Beklagten und Giron stattgefunden habe«. Das Gericht mußte zwar einräumen, daß die Zeugin »unmittelbar auf einen geschlechtlichen Verkehr hinweisende Tatsachen nicht wahrgenommen« habe, was aber die Beweisführung nicht weiter störte.

Das Urteil wurde noch am gleichen Tag, dem 11. Februar 1903 um 16 Uhr 20 verkündet und durch Extrablätter bekanntgegeben. Die Zeitungsjungen, die sie austrugen, brauchten sich um den Absatz keine Sorgen zu machen, denn die Spannung, mit der das Urteil erwartet wurde, war enorm. Um die Extrablätter wurde, wie es in der Berichterstattung heißt, »förmlich gekämpft«.[210] Eine offizielle Urteilsbegründung wurde zwar angekündigt, ist aber nie erfolgt.

Die Ehe des sächsischen Kronprinzenpaares war also getrennt, das Eheband vollkommen gelöst worden. Jeder Teil war frei und konnte von Staats wegen ohne weiteres wieder heiraten. Das deutsche Gesetz kannte auch damals keine konfessionelle Einschränkung. Die Bindung an das kanonische Gebot der Unauflösbarkeit einer katholisch geschlossenen Ehe war allein eine Entscheidung des persönlichen Gewissens der nun geschiedenen Partner. Eine neue Eheschließung schied allein aus diesem Grund für den strenggläubigen Kronprinzen aus; es sei denn, der Vatikan fände noch einen Ausweg. Das aber war nicht anzunehmen. Die Ehe war gültig geschlossen, und die Kinder waren ein Beweis dafür, daß sie auch vollzogen worden war. Indem das Urteil als Scheidungsgrund ausdrücklich den Ehebruch mit Giron angibt, war es Luise unmöglich gemacht worden, je eine Ehe mit ihm einzugehen. Das verbot das Gesetz.

Eine Folge des Urteils war auch, daß die Sorge für die Kinder dem nicht schuldig befundenen Ehegatten zustand. Friedrich August allein war demnach nicht nur zuständig für die Erziehung der Kinder und der Bestimmung ihres Aufenthaltsortes, vielmehr hatte er auch das Recht, von seiner ehemaligen Ehefrau die Herausgabe des von ihr noch erwarteten Kindes zu verlangen, weil dieses, nachweislich während der Ehe gezeugt, als ehelich galt; ob nun tatsächlich vom Kronprinzen gezeugt oder von André Giron. Fiat justitia!

§ 1636 des Bürgerlichen Gesetzbuches, der auch damals dem schuldigen Ehegatten das Recht zubilligte, mit den Kindern persönlich zu verkehren, würde in diesem Fall praktisch nicht anwendbar sein. Das sächsische Hausgesetz gab dem König alle Vollmachten, das zu verbieten. Nach Lage der Dinge verstand es sich von selbst, daß König Georg es wahrnahm. Sollte doch »jeder schädliche Einfluß auf die Kinder, unter denen sich der künftige sächsische König befindet, vermieden werden ...«[211] Luise erhielt später über ihren Leipziger Rechtsanwalt Dr. Zehme vom Minister des königlichen Hauses die nüchterne Nachricht, gemäß Artikel 4 des Königlichen Hausgesetzes habe König Georg am 30. Dezember 1903 »jeden direkten, sei es auch nur brieflichen Verkehr mit der ehemaligen Kronprinzessin bis auf weiteres untersagt, jedoch Allergnädigst genehmigt, daß derselben von Neujahr 1904 ab vierteljährlich amtliche Berichte über das Befinden der Prinzen und Prinzessinnen zugestellt werden«.[212] Entsprechend »amtlich« sollten sie auch aussehen ...

Was die vermögensrechtlichen Konsequenzen der Scheidung für die ehemalige Kronprinzessin betraf, so war deren Regelung eine private Angelegenheit Friedrich Augusts. Die Öffentlichkeit wurde darüber nicht unterrichtet. Das *Dresdner Journal* hatte zwar die am 9. Januar 1903 erfolgte Verzichterklärung Luises veröffffentlicht, nicht aber die anderen Vereinbarungen, die mit ihr getroffen worden waren. Nur die königliche Familie, Staatsminister von Metzsch und Finanzminister Rüger wußten darüber Bescheid. Erst nach einer Anfrage aus Wien erfuhr der österreichische Gesandte, daß Luise damals eine jährliche Apanage von 30000 Mark aus der Privatkasse Friedrich Augusts zugesagt worden war. Außerdem würden ihr die Zinsen ihres Heiratsgutes verbleiben. Sie dürfe aber nirgendwo in Deutschland ihren Wohnsitz nehmen, sich in keiner Weise diskriminierend über den Hof äußern und habe sich aller öffentlichen Auftritte zu enthalten.[213]

Mit dieser unvollständigen Veröffentlichung wollte man also einerseits die Vorstellung erwecken, Luise wünsche gar keine Verbindung mehr mit Friedrich August, anderseits den Eindruck jeden »Handels« mit ihr vermeiden. Nicht entschieden wurde Luises zukünftiger Name. Sowohl ihr Geburts- als auch ihr Ehename waren ihr ja aberkannt worden. Da es eine Berufung gegen das Urteil nicht gab, trat es sofort in Kraft.

Während ein Großteil des Volkes gegenüber seiner ehemaligen Kronprinzessin von Mitleid erfüllt war und ein milderes Urteil vorgezogen hätte, wollte der »Allgemeine Verband tugendhafter Frauen« allen Ernstes »den Ausschluß Luises aus dem weiblichem Geschlecht nachdrücklich betreiben«.[214]

In ihrem Memoirenbuch faßt sich Luise über dieses entscheidende Kapitel ihres Lebens sehr kurz. »Diesen Gerichtshof habe ich nie ernst nehmen können. Eine Unzahl gefälschter Briefe wurde vorgelegt, die von mir geschrieben worden sein sollten, aber selbst der beschränkten Intelligenz der berufenen Richter war nicht klar, wie ich all die mir zugeschriebenen Briefe verfaßt haben könnte, da ich sonst jahrelang von Morgen bis Abend hätte schreiben müssen, ohne an Essen, Trinken oder Ankleiden zu denken.«

An anderer Stelle erwähnt Luise, »Hunderte bis Tausende« ihrer Briefe hätten dem Gericht vorgelegen und sie belastet. Aus den Handakten von Luises Anwälten geht jedoch hervor, daß ihr nur drei Briefe zur Last gelegt wurden: ihre beiden an König Georg vom 23. November 1902 sowie der Brief, den Giron ihr Anfang Dezember 1902 geschickt hatte.[215] Die Gründe, warum sie, wenn sie denn wirklich unschuldig war, offiziell ihre Schuld zugeben hat, auch die ihr am 9. Januar 1903 zugestellte Klage als berechtigt anerkannte, erwähnt sie nicht. Auch nicht ihre unmittelbare Reaktion auf das Urteil. Aber hatte sie es nicht selbst so gewünscht? Und alles dazu getan, um die Trennung ihrer Ehe herbeizuführen? Und nie mehr nach Sachsen zurückkehren zu müssen?

Der Aufenthalt in La Métairie schien Luise aber trotz aller Belastungen gutgetan zu haben. Die Ärzte waren mit ihrem Befinden zufrieden. Ihr Geisteszustand galt als völlig normal. Es wird von Spaziergängen und Wagenfahrten berichtet, die sie bei schönem Wetter in Begleitung Dr. Martins und ihrer Kammerfrau unternahm. Dr. Zehme hatte zudem veranlaßt, daß sie täglich ein telegrafisches Bulletin über den Gesundheitszustand des erkrankten Prinzen erhielt, der sich allmählich auf dem Wege der Besserung befand, was zu ihrem eigenen Befinden in einem günstigen Sinn beigetragen haben dürfte.[216] Sowohl das Meldebuch der Anstalt als auch die Schweizer Behörden bezeichnen Luise weiterhin als »Kronprinzessin von Sachsen«, und sie wurde mit dem Titel »Königliche Hoheit« angesprochen.[217]

Wie sämtliche Blätter berichten, traf Giron am 22. Februar in Begleitung Leopold Wölflings in Genf ein, reiste jedoch am selben Abend unverrichteter Dinge wieder ab. Offensichtlich wollte er wieder Verbindung zu Luise aufnehmen. Doch Rechtsanwalt Lachenal, zu dem er sich begab, empfing ihn erst gar nicht, sondern ließ ihm nur raten, die Stadt schleunigst wieder zu verlassen.[218]

Während ihres Aufenthaltes im Sanatorium dürfte es Luise gelungen sein, eine gewisse Versöhnung mit ihrer Familie, vor allem mit ihrer Mutter, herbeizuführen, der sie angeblich »bei ihrer Seligkeit schwor, daß sie mit Giron keine Verbindung mehr habe und haben werde«.[219] Während die Journalisten wissen wollten, daß der Großherzog von Toscana seiner Tochter gegenüber unversöhnlich blieb, schrieb Luise nach ihren eigenen Angaben ihrem Vater, »wie unsagbar sie, seitdem sie Salzburg verlassen, gelitten und was sie ertragen hatte, und bat ihn, gütig und nachgiebig zu sein. Dieser Brief habe ihn gerührt und seine Liebe die Strenge überwunden«. Daraufhin wurde ihr mitgeteilt, »daß sie nach Lindau kommen und dort, solange sie wolle, verbleiben dürfe«.[220]

Wendete sich nun doch einiges zum Guten? War der Heimkehr Luises in ihr Elternhaus jetzt der Weg geebnet? Andererseits sammelte man, wie berichtet wurde, in Sachsen Unterschriften für eine Petition, die für ihre Rückkehr nach Dresden eintrat.[221] Daß wirklich vielfach in der Bevölkerung Unzufriedenheit herrschte, eine Stimmung um sich griff, die sich vor allem gegen die Person des Königs richtete, darauf weist das Manifest hin, das am 17. März 1903 veröffentlicht wurde. »An mein Volk! Im Begriffe, zur Erholung nach langer ernster Krankheit nach dem Süden zu reisen, drängt es mich, noch einmal allen, die gelegentlich des schweren Unglücks, das über mich und meine Familie hereingebrochen ist, mir herzliche Beweise der Teilnahme gegeben haben, von ganzem Herzen zu danken. Mit diesem Ausdruck des Dankes verbinde ich den Ausdruck meiner zuversichtlichen Hoffnung, daß die Unruhe und Aufregung, welche infolge der betrübenden Vorgänge des vergangenen Winters sich weiter Kreise der Bevölkerung bemächtigt hat, endlich der Ruhe und dem früheren Vertrauen Platz machen wird. Glaubet nicht denen, die euch vorstellen, daß hinter all dem Unglück, das uns betroffen hat, nur geheimnisvoller Lug und Trug verborgen ist, sondern glaubt dem Wort eures Königs, das ihr nie als unwahr erkannt habt, daß dem unendlich schmerzlichen Ereignis, das über uns hereingebrochen ist, lediglich die ungebändigte Leidenschaft der schon lange im Stillen tief gefallenen Frau zugrunde liegt. In der Überzeugung, daß mein Volk mir vertraut und sich in meiner tiefen Bekümmernis immer mehr um mich schart, trete ich, von zuversichtlicher Hoffnung erfüllt, meine Reise an. Georg.«

Der König hatte sich an sein Volk gewandt, um dessen Vertrauen wiederzugewinnen! Aber auch um über das Urteil hinaus die schuldig Gesprochene nochmals mit aller Härte anzuklagen. Das *Neue Wiener Journal* vom 18. März 1903 gibt dazu folgenden Kommentar: »... Deutlich wendet sich hier König Georg gegen die öffentliche Meinung in Sachsen, die den König von unverantwortlichen Ratgebern aus klerikalen Kreisen beeinflußt glaube, ja direkt von Jesuiten-Intrigen gesprochen habe. Und der König empfindet darüber ein unversöhnliches Gefühl des Hasses. Wenig ritterlich schleudert er den Blitz seines königlichen Zornes gegen die Frau, die ihm und seinem Hause das alles angetan hat. Ein König hat sich in die Öffentlichkeit geflüchtet, um die Schale seines Zornes auszugießen über ein heute wehrloses Weib. Das Manifest König Georgs wird nicht verfehlen, an Stelle der Beruhigung und des neu erwachenden Vertrauens neue Erörterungen der leidigen Affäre seiner Schwiegertocher hervorzurufen. Ob es politisch klug war, diesen Weg zu betreten, ist höchst fraglich, denn von dem Richter – und dieser war der König von Sachsen dank der mittelalterlichen fürstlichen Reservatrechte in dem Eheirrungsprozeß der Ex-Kronprinzessin – verlangt das Volksgefühl etwas anderes als eine Härte, die gar sehr der Rachsucht ähnelt. Dieser Stein, der der Sünderin nachgeworfen wird, mahnt unliebsam an ein Heilandswort, das ganz anders klang. Und nicht um ein solches zu sprechen hat sich

König Georg von Sachsen in die Öffentlichkeit geflüchtet, sondern um noch einmal anzuklagen, wo schon gerichtet ist.«

»Es müssen große Ängste geherrscht haben über die Bewegung im Volk und eine weitere Machtzunahme des Sozialismus im Land«, schreibt Baron von Velics an seinen Chef im k. u. k. Außenministerium in Wien. Ungeteilte Aufmerksamkeit fände vor allem jener Passus des Manifestes, welcher die ehemalige Kronprinzessin als die allein Schuldtragende nicht nur in der Gegenwart, sondern auch in der Vergangenheit darstellte, und man bedauere allgemein die Wahl eines so strengen Ausdrucks. Eine starke und weit verbreitete Strömung innerhalb der Bevölkerung verlange die Rückberufung der volkstümlichen ehemaligen Thronerbin und betreibe dafür rege Propaganda. Es gäbe dafür Tausende Unterschriften von Frauen an König Georg.

In einem weiteren Schreiben heißt es, daß man der Rückkehr des Königs von seinem Erholungsurlaub aus dem Süden »des sozialistischen Pöbels wegen« mit großer Sorge entgegensähe. Baron Metzsch habe sogar, um den Unannehmlichkeiten zu entgehen, einen längeren Urlaub angetreten, was manche ihm sehr verübelten.[222] Und die *Volkswacht* in Mährisch-Schönberg schreibt hämisch, warum man Luise eigentlich erst jetzt anklage, wenn sie doch eine »schon längst Gefallene« sei.[223] Man hatte also offenbar am sächsischen Hof immer noch gute Gründe, Luises Einfluß auf das Volk zu fürchten.

Anna Monica Pia

Luise verließ La Métairie nach ihren eigenen Angaben schon nach drei Wochen am 1. März 1903. In Begleitung von Rechtsanwalt Lachenal und einer Kammerjungfer reiste sie vom Genfer See nach Romanshorn, wo der Hausarzt der Familie Toscana, Hofrat Dr. Bever, sie erwartete, um mit ihr nach Lindau zu fahren. Dort befand sich bereits die Großherzogin von Toscana.[224] »Ein peinliches Begegnen für uns beide«, wie Luise schreibt.[225]

Das Wiedersehen zwischen Mutter und Tochter – das erste seit Luises Flucht aus Salzburg – scheint demnach nicht sehr herzlich verlaufen zu sein. Die Großherzogin blieb auch nur wenige Tage. Ganz verzeihen konnte sie ihrer Tochter wohl nie. Für sie war Luise schuld daran, daß die Heiratskandidaten für ihre jüngeren Töchter, Anna Maria Theresia, Margaretha Maria, Germana Maria und Agnes, ausblieben.[226] Denn wer wollte schon mit einer so skandalumwitterten Person wie Luise verwandt sein und womöglich Gefahr laufen, ein ähnliches Schicksal zu erleiden wie Friedrich August!

Die Villa Toscana lag in einer weiten Bucht ein wenig außerhalb Lindaus am Ufer des Bodensees und war von einem großen Garten umgeben. Großherzog Ferdinand, ein begeisterter Segler, liebte dieses Refugium, wo seine Familie seit Jahren den Sommer verbrachte. Auch bei der Bevölkerung waren die Toscanas beliebt. Luise hatte sich sogar hier verlobt. Das Fest war im Hotel »Bayrischer Hof« gefeiert worden, wo der Kronprinz von Sachsen damals abgestiegen war. Jetzt bewachten zwei Gendarmen den Eingang zur Villa, in der Luise völlig abgeschnitten von der Außenwelt

161

lebte. Hie und da machte sie eine kleine Ausfahrt, nie überschritt sie die nahe österreichische Grenze. Eigentlich war ihr ja nicht nur der Aufenthalt auf dem Gebiet der österreichisch-ungarischen Monarchie, sondern auch der auf dem des deutschen Reiches verboten. Aber darüber sah man großzügig hinweg.

Aber auch in Lindau war man anscheinend mit der Anwesenheit der früher so beliebten Prinzessin nicht recht zufrieden. Wie der sächsische Gesandte in München, Baron Friesen, berichtet, wurde Luise von der Bevölkerung dort nicht gerade freundlich empfangen, vielmehr »überhäufte man sie bei jeder Gelegenheit mit Schmähungen.«[227] Das und die aufdringlichen Journalisten und Photographen waren anscheinend der Grund dafür, daß Luise sich kaum draußen aufhielt, sondern es vorzog, im Schutze des Hauses zu bleiben. Dort allerdings bestand ihre einzige Gesellschaft aus ihrer Kammerjungfer und einem Beichtvater. Offensichtlich sollte der geistliche Einfluß des Franziskanerpaters die sündige Tochter wieder zurückführen auf den Pfad der Tugend[228], wie man überhaupt vielfach der Meinung war, daß sie sich in Zukunft am besten in ein Kloster zurückziehen solle, um dort ein Leben der Reue zu führen.

An Reue fehlte es Luise in diesen Lindauer Tagen bestimmt nicht. »Ich durchkostete alle bitteren Qualen, die nur ein Herz kennt, und sann darüber nach, ob mein Kind in kommenden Jahren, wenn es wissen wird, wie hart die Welt seine Mutter verurteilte, sie dann noch lieben wird. Arme, kleine Prinzessin! Ihr Vater war nicht da, um sie wie die anderen kleinen Geschwister zu küssen und zu liebkosen. Kein schönes Spitzentaufkleidchen lag für sie bereit, es gab kein Hofzeremoniell für Monicas Taufe. Nur ihre Mutter war da, die sie mit anbetender Liebe umgab, die aber die Zukunft für sie fürchtete, da sie wußte, daß die Freude unbestrittenen Besitzes durch die dunklen Wolken der Angst einer möglichen Trennung verdüstert wurde«, wird Luise in ihren Memoiren ihre Stimmung nach der Geburt ihres Kindes beschreiben.[229]

Am 4. Mai 1903, um 20 Uhr 45 wurde Luise von einem Mädchen entbunden. Der Geburt, die ohne Komplikationen erfolgte, wohnte außer Hofrat Dr. Bever und dem Gynäkologen Dr. Sauter auch Geheimrat Dr. Leopold als Abgesandter des sächsischen Hofes bei. Zeugen des Geburtsprotokolles waren neben den Ärzten und der Großherzogin von Toscana auch die Hebamme Helbig. Sie hatte Luise schon bei ihren früheren Entbindungen beigestanden und war auf deren Wunsch aus Dresden gekommen. Auch eine Kinderwäsche-Ausstattung und eine Wiege waren vom Dresdner Hof geschickt worden. Dekan Aubele taufte das Baby am nächsten Abend in der Schloßkapelle der Villa Toscana auf den Namen Anna Monica Pia. Taufpatin war die Großherzogin von Toscana. Der Taufakt dauerte nur wenige Minuten. Da das Kind der sächsischen Königsfamilie angehörte, stand die standesamtliche Beurkundung nicht dem hiesigen Standesamt zu, sondern erfolgte auf Anordnung König Georgs durch den Abgesandten des sächsischen Hofes, Geheimrat Leopold.[230] Kronprinz Friedrich August ließ telegraphisch herzliche Glückwünsche übermitteln, was Luise angeblich zu dem Ausspruch veranlaßte: »Er ist doch nicht aus Stein.«[231] Das *Dresdner Journal* nahm amtlich keine Kenntnis von der Geburt der kleinen Prinzessin. Es brachte die Meldung nur unter der Rubrik »Vermischtes«. Mit Erleichterung hatte man am sächsischen Hof die Geburt eines Mädchens zur Kenntnis genommen. Da in Sachsen die männliche Thronfolge Gesetz war, wurde die staatsrechtliche Situation dadurch erheblich vereinfacht. Das Geburtsdatum der kleinen Prinzessin lag außerdem so, daß ihre Legitimität nicht in Frage gestellt war.

Luise blieb nur sechs Wochen in Lindau, um sich anschließend mit ihrem Töchterchen nach Schloß Ronno bei Lyon
zu begeben, »einem ruinenhaften Schloß, das Ratten und
Mäuse bewohnten«.[232] Es gehörte zum Besitz der Gräfin
Saint Victor, einer Freundin ihrer Mutter. Großherzogin
Alice hatte dafür gesorgt, daß Luise nicht über Gebühr in
der Villa Toscana am Bodensee blieb. Man hatte der gefallenen Tochter gegenüber christliche Güte bewiesen, dennoch hielt man sie auf Distanz, unter anderem auch aus
Rücksicht auf den Kaiser in Wien.

Der Kronrat in Dresden hatte entschieden, das Kind vorläufig bei der Mutter zu lassen, »vorausgesetzt, daß diese
sich fortan keine Ärgernis erregenden Handlungen zu
schulden kommen läßt«. Wie Minister von Metzsch versichert, »sei der sächsische Hof entschlossen, Luise eine gesi-
cherte und würdige materielle Existenz zu bieten, um der
Gefahr zu steuern, daß sie sich von neuem zu unwürdigen
Abenteuern hinreißen läßt«.[233] Am 15. Juni 1903 schlossen
die einstigen Eheleute über ihre Anwälte ein besonderes
Abkommen. Friedrich August erkannte das Kind als sein eigenes an, überließ es bis zum 15. Mai 1904 der Mutter und
zahlte für dieses eine Jahr 3000 Mark Unterhalt. Dafür
mußte Luise ihn immer über den Aufenthaltsort des Kindes
informieren und zugestehen, daß es von einer vom sächsischen Hof ausgewählten Kinderfrau betreut wurde. Sie
würde also eine Spionin ins Haus bekommen.

Wie der österreichische Gesandte nach Wien mitteilte,
hatte Luise bei ihrer Flucht einen Teil ihres Privatschmuk-
kes in Bonbonschachteln mitgenommen. Nun habe ihr der
Kronprinz außerdem ihren ganzen übrigen Schmuck, den
sie von ihm und anderen Mitgliedern des königlichen Hauses erhalten habe, sowie Kleider, Spitzen, Nippes und andere Kostbarkeiten, welche irgendwie als ihr persönliches
Eigentum betrachtet werden konnten, zugeschickt, zu dem
»Höchstderselbe im Sinne des hierländischen Rechts nicht

verpflichtet gewesen wäre. Die Gegenstände sollen den Wert von einer halben Million repräsentieren.«[234] Ob Friedrich Augusts Großzügigkeit wirklich darauf zurückzuführen war, daß er immer noch »von wärmster Liebe zu seiner Gattin erfüllt« war, wie das *Neue Wiener Journal* vom 19. Juli 1903 wissen will, ist nicht zu beweisen.

Endlich wurde auch über Luises künftigen Namen entschieden. Da Luise keine Kronprinzessin von Sachsen mehr war, hatte sie sich nach wie vor ihres Geburtsnamens, Prinzessin von Habsburg-Lothringen-Toscana, bedient und weigerte sich, einen neuen Namen zu wählen. Da man sie zur Bürgerlichen degradiert habe, wolle sie wenigstens bürgerliche Rechte genießen. Daher heiße sie entweder »Luise von Sachsen« oder »Luise von Toscana«, beziehungsweise Luise von Habsburg-Lothringen. Das aber wollte weder der Hof in Dresden noch der in Wien. Da verstanden Kaiser und König einander bestens. Dennoch war nicht über die Tatsache hinwegzukommen, daß Luise einen Namen brauchte, vor allem, wenn sie künftig im Ausland leben würde. Schließlich wurde ein Ausweg gefunden, angeblich vom Großherzog von Toscana, und endlich erklärte sich auch Luise bereit, in Zukunft einen Namen zu führen, in dem nichts mehr an ihre Zugehörigkeit zu den beiden Höfen erinnerte. Es blieb ihr nichts anderes übrig.[235] In diesem Sinne richtete ihr Anwalt am 13. Juli 1903 an den sächsischen Justizminister Otto ein Gesuch seiner Mandantin auf Namensänderung. Am 15. Juli 1903 meldete das *Dresdner Journal* in seiner Abendausgabe: »Seine Majestät hat sich in Gnaden bewogen gefunden, der vormaligen Frau Kronprinzessin von Sachsen Luise Antoinette Maria auf ihr Ansuchen Namen und Adelstitel einer Gräfin von Montignoso zu verleihen.« Montignoso war ein Schlößchen in der Nähe von Viareggio, das sich im Besitz von Luises Familie befand.

Nach mehrmonatigem Aufenthalt auf Schloß Ronno

übersiedelte Luise mit ihrem kleinen Mädchen, das sie Monica nannte, nach Ventnor auf der Insel Wight. Sie kannte den Ort schon von früher her. Einige Jahre zuvor hatte sie mit Friedrich August dort einige Wochen verbracht und sich an ein älteres Ehepaar, Herrn und Frau Hackley A. Bacon, das dort ständig wohnte, angeschlossen. Da die Wahl des Ortes auch die Zustimmung Friedrich Augusts und der Familie Toscana fand, wurden die Bacons gebeten, eine entsprechende Villa für Luise zu mieten. Villa Alto House lag abseits des Ortes an einem Berghang und bot eine herrliche Aussicht auf das Meer. Das Klima war mild und lud zu Spaziergängen ein. Bald waren die nunmehrige Gräfin Montignoso und ihr Töchterchen, ein reizendes kleines Mädchen mit blondem Haar und blauen Augen, das die Kinderfrau in einem weiß-goldenen Kinderwagen vor sich herschob, ein gewohnter Anblick. Luise führte ein sehr ruhiges, zurückgezogenes Leben in Ventnor. Sie widmete sich voll und ganz ihrem Kind. Außer mit den Bacons pflegte sie keinerlei Umgang.

Doch Sachsen hatte sie nicht ganz vergessen. Das bewiesen die zahlreichen Grüße und Geschenke, die man ihr nach England sandte. Der Wunsch, daß sie zurückkehrte, wollte nicht verstummen. Und wie der österreichische Gesandte nach Wien berichtete, wollte man in letzter Zeit sogar Anzeichen einer »Hinneigung« des Kronprinzen zu seiner ehemaligen Gemahlin beobachtet haben. Angeblich solle im Falle seiner Thronbesteigung ein Gericht zu deren Rehabilitierung und Wiederverehelichung eingesetzt werden. Dagegen stehe allerdings das Versprechen, das der Kronprinz seinem Vater gegeben habe, in diesem Fall auf den Thron zu verzichten. Der Diplomat übertreibt bestimmt nicht, wenn er meint, Luise sei für den sächsischen Hof eine Quelle ständiger Verlegenheit.[236]

Anfang Juni 1904 verließ sie die Insel Wight und begab sich auf Schloß Wartegg bei Rorschach am Bodensee, das ihr ihr Onkel, der Herzog von Parma, für den Sommer zur Verfügung gestellt hatte. »Dort besuchten mich meine Eltern, und der herzliche Verkehr zwischen meinem Vater und mir wurde gänzlich wiederhergestellt, da er sagte: ›Alles verstehen, heißt alles verzeihen‹«, berichtet Luise. Und weiter: »Ich war fast glücklich zu nennen in diesen Tagen, da ich wieder Eltern hatte.«[237]

In Wartegg habe sie auch einen anderen Besuch bekommen, nämlich den von zwei Führern der Sozialisten in Sachsen. »Kommen Sie mit uns zurück«, hätten sie sie angefleht, »rächen Sie sich an Ihren Feinden und Sie werden die rote Königin von Sachsen ... Kommen Sie zurück, unsere Luisa, tausend Arme sind bereits ausgestreckt, um Sie zu bewillkommnen, tausend Stimmen bereit, Ihnen entgegenzujubeln. Kommen Sie zurück und verwirklichen Sie die Reformen, die Sie ... stets begünstigt haben. Zerstören Sie die Macht der Priester und säubern Sie den Hof von Parasiten und elenden Lügnern, die vergebens versucht haben, Sie zu verderben.« Doch sie habe das Angebot abgelehnt, um ihren Gemahl nicht herabzusetzen. Ihr Schwiegervater aber werde bald einer höheren Macht Rechenschaft ablegen müssen, ihn wolle sie Gott überlassen, der über ihn urteilen werde. So steht es zumindestens in Luises Memoirenbuch.[238] Sonderbar nur, daß diese Begegnung nirgends sonst Erwähnung findet, auch nicht bei jenen, die doch sonst alles zu wissen glauben.

König Friedrich August

Der Gesundheitszustand König Georgs, der schon bei seiner Thronbesteigung kränklich gewesen war, verschlechterte sich nun zusehends. Laut Presseberichten vom 8. September 1904 litt er an einer starken Arterienverkalkung, als deren Folge Schwellungen der Waden und eine große Schwäche in den Beinen auftraten. Der König, der sich auf Schloß Pillnitz befand, »mußte zum Jagdstand getragen und das Wild ihm zugetrieben werden«.[239] Seit Ende September war er bettlägerig, Herz- und Nierentätigkeit ließen in beträchtlichem Maße zu wünschen übrig, und am 13. Oktober spricht das Bulletin von »heftigen Anfällen von Atemnot und Beklemmungen«. Körperkräfte und Herztätigkeit nahmen rapide ab. Am 14. Oktober lasen die Sachsen in ihren Zeitungen folgenden Erlaß des Gesamtministeriums: »Seine Majestät der König haben infolge Allerhöchst Ihrer gegenwärtigen Erkrankung sich bewogen gefühlt, Seine Königliche Hoheit, den Kronprinzen, zu Allerhöchst deren Stellvertreter bezüglich aller Regierungsgeschäfte zu bestellen.«[240] Die Stellvertretung währte nur einen Tag, denn schon am 15. Oktober 1904 schloß Georg auf Schloß Pillnitz die königlichen Augen für immer. Sein ältester Sohn bestieg als König Friedrich August III. den Thron von Sachsen.

»Als er (König Georg) das Sterben herannahen fühlte, verlangte er mich zu sehen, und er wiederholte, daß er nicht ruhig hinübergehen könnte, ehe ich zu ihm gebracht würde. Von Metzsch wurde wiederholt zu dem sterbenden Monarchen gerufen; trotzdem er aber König Georg versprochen habe, mich rufen zu lassen, hatte er niemals die Absicht, daß mein Schwiegervater und ich uns diesseits des

Grabes noch sehen sollten«, behauptet Luise in ihren Memoiren und will auch wissen, daß der alte König ihretwegen von Gewissensbissen gequält worden sei.[241] Wahrheit oder Phantasie? Aufschluß darüber, wie Luise von diesem Wunsch des Sterbenden überhaupt habe wissen können, bleibt sie uns, wie so oft, schuldig.

Zur Beisetzung ihres Schwiegervaters, die in der Dresdner Hofkirche erfolgte, sandte sie am nächsten Tag einen Kranz. Eifrige Hofbeamte wollten ihn entfernen und zurückschicken, aber Friedrich August habe befohlen, ihn dort zu belassen. »Für diese lieben Worte habe ich ihm oft in meinem Herzen nachträglich gedankt.«[242] Wie die Berliner Zeitung meldet, war der Kranz mit einer weißen Atlasschleife geschmückt, auf der als einzige Inschrift das Wort »Luisa« stand. Ihr herzlich gehaltenes Beileidschreiben blieb jedoch unbeantwortet.[243]

Würde sich jetzt für Luise etwas ändern, fragten sich so manche, nun, da ihr großer Widersacher tot war und ihr Gemahl der erste Mann im Staat? Sie selbst hatte gehofft, daß »er sich vom Einfluß seiner Umgebung befreien würde und bessere Tage für sie kämen«. Doch sie wurde enttäuscht. »Trotzdem Friedrich August nun König war und alles tun konnte, getraute er sich nicht, etwas mir zugunsten zu ändern, und alles blieb, wie es war.«[244] Wie der österreichische Gesandte berichtete, habe Staatsminister von Metzsch ihm einen Tag nach dem Tode König Georgs mitgeteilt, daß die neue Regierung »einem unerwünschten Aufenthalt Luises aus Gründen der Staatsräson sofort ein Ende machen werde«. Im übrigen habe Friedrich August seinem Vater sein fürstliches Ehrenwort gegeben, »niemals wieder seine geschiedene Gattin zu ehelichen«. Dieses Versprechen sei damals vor dem Gesamtministerium protokolliert worden.[245] Friedrich August war nicht der Mann, jenes Versprechen, und schon gar nicht, sein Ehrenwort zu brechen. Und der Hof war froh darüber, denn dort hatte man Luise mit ihren modernen, unkonventiollen Ansichten nie gemocht.

Wie wäre er aber schließlich auch vor aller Welt dagestanden, wenn er, der gekränkte, betrogene Ehemann, die Frau, die ihn öffentlich blamiert hatte, die des Ehebruchs schuldig gesprochen worden war, wieder aufgenommen hätte, als wäre nichts geschehen? Er hätte nicht nur seinen Vater damit desavouiert, sondern sich auch selbst lächerlich gemacht. So weit konnte König Friedrich August nicht gehen. Er äußerte sich nie darüber, duldete aber auch nicht, daß über die Mutter seiner Kinder ein nachteiliges Wort gesprochen wurde. Laut Prinzessin Alix, seiner Tochter, hat er seiner Gemahlin ganz verziehen.[246]

Am 29. November hielt er im Landtag die Thronrede: »Die echte Gottesfurcht und Duldsamkeit des heimgegangenen Fürsten, sein edles und selbstloses, sich selbst nie genugtuendes Pflichtgefühl sollen für mich vorbildlich sein und bleiben allezeit. Und so ist es denn auch mein fester Wille, die Regierung im Geiste des Verewigten fortzuführen.«[247] Im Sinne des Verstorbenen wäre es gewiß nicht gewesen, hätte Friedrich August sich jetzt mit Luise versöhnt. Das ist auch die Meinung des Gesandten Velics, der unmittelbar nach dem Tode König Georgs an Graf Goluchowski schreibt: »Seine Majestät ist fest entschlossen, eine Rückkehr der Gräfin nach Sachsen und in ihre frühere Familie niemals zuzulassen.[248]

Im Volk wollte man das allerdings nicht wahrhaben. König Georg war tot. Er hatte sich bei den meisten Leuten keiner großen Beliebtheit erfreut. Er hatte jedes freie Wort, jede Fröhlichkeit als sündhaft untersagt und Luise mit Unversöhnlichkeit verfolgt und ihr den Aufenthalt in Sachsen unleidlich gemacht. Was zögerte sein Sohn also noch, zu zeigen, daß endlich eine neue Zeit angebrochen war? Um dem Nachdruck zu verleihen, war man um Ideen keineswegs verlegen. Gedichte wurden verfaßt, etwa: »Luise, kehr zurück

170

zu deinen Sachsen, du bist wie keine uns ans Herz gewachsen …« Oder unter einem Bild, das Luise gar in Engelsgestalt darstellte: »Du Engel aus dem Sachsenland, seit Jahren bist du schon verbannt, oh, daß ein gütiges Geschick dich führ zu deinem Volk zurück!« Sogar ein »An unseren König« gerichtetes Gedicht wurde verfaßt: »Drum naht sich jetzt mit einer Bitte Dein Sachsenvolk! Sie ist nicht klein: Luise bring in unsere Mitte, laß, was geschah, vergessen sein!« Zugleich starteten sächsische Frauen zugunsten Luises auf allen Hauptplätzen des Königreiches eine Unterschriftenaktion. Diese Art von »Volksbegehren«, wie man es heute nennen würde, sollte den sächsischen Hof davon überzeugen, daß die Sympathien für die ehemalige Kronprinzessin nicht erloschen waren.[249] Artikel in diesem Sinne erschienen in vielen Zeitungen und Zeitschriften.

Doch was das Faß schließlich zum Überlaufen brachte, waren die vielen Photos mit Luises Bild und ihrem Namenszug, auch solche von der kleinen Prinzessin, die in den Schaufenstern von Geschäfte ausgestellt waren. Es wurden ungefähr 150 000 solcher Karten verkauft. Auch Schreiben Luises, die sich für Grüße und Geschenke aus Sachsen überschwenglich bedankt hatte, wurden veröffentlicht.[250] Da schritten die Behörden ein. Sie verboten, die Postkarten mit Luises Bild in den Schaufenstern auszustellen, »da dies geeignet sei, bei dem weitaus größten Teil der Bevölkerung, insbesondere bei dem königstreuen Publikum, Anstoß, Verwirrung und Beunruhigung hervorzurufen.« Fünfzig Mark Strafe, bzw. fünf Tage Haft wurden für die Veröffentlichung der Bilder festgesetzt. Der Inhaber des Dresdner Kunstverlages Gustav Schmidt bekam einen Strafbefehl über 100 Mark wegen Verstoßes gegen das Pressegesetz, der Schankwirt Max Wolf sollte 60 Mark Strafe bezahlen, da er in seinem Lokal Bilder der Königsfamilie samt Luise ausgestellt hatte.[251]

Sofort meldeten sich Zeitungen zu Gunsten Luises und der Postkartenhändler zu Wort, worauf einige der Blätter beschlagnahmt wurden. Besonderen Anstoß erregte eine Nummer des Oppositionsblattes *Dresdner Rundschau,* die den verstorbenen König scharf angegriffen und damit sein Andenken herabgewürdigt hatte. Ihr Chefredakteur Schlichting wurde wegen Majestätsbeleidigung angezeigt. Da man laut bürgerlichem Gesetzbuch einen Toten nicht mehr beleidigen konnte, mußte die Klage zurückgezogen werden. Trotzdem wurde der Journalist zu vier Monaten Gefängnis verurteilt wegen »Entstellung von Tatsachen in der Frage der letzten Erhöhung der Zivilliste«. Die Nummer 37 des *Simplizissimus* wurde ebenfalls wegen Majestätsbeleidigung beschlagnahmt.[252]

Am 2. November 1904 fühlte sich auch der Kirchenvorstand der Kreuzparochie bemüßigt, einzugreifen. Er berief sich auf die Synodalordnung vom 30. März 1868, die den Kirchenvorständen die Erhaltung von Zucht und Sitte in der Kirchengemeinde zur Pflicht macht, und wies darauf hin, daß die »demonstrative Art der Ausstellung von Bildern der Gräfin von Montignoso in zahlreichen Schaufenstern einer höchst beklagenswerten Verwirrung sittlicher Begriffe immerwährende neue Nahrung gibt. Der Kirchenvorstand wäre dankbar, wenn dies unterbrochen werden würde.«[253]

Doch die Dresdner Kaufleute, die ihr gutes Geschäft in Gefahr sahen, wehrten sich gegen die Verfügung der königlichen Polizeidirektion und verlangten eine gerichtliche Entscheidung. Mit ihrer Vertretung betrauten sie den Dresdner Rechtsanwalt Anton, denn »Strafe gebühre nur für eine Ausstellung unsittlicher Bilder, die geeignet seien, Ärgernis zu erregen. Solches könnte«, wie der Anwalt weiter argumentierte, »auch bei Menschen evangelischen Glaubens der Fall sein, wenn sie mit dem Anblick von Heiligenbildern konfrontiert würden.«[254] Später stellte die Staatsanwaltschaft das Verfahren gegen die Zurschaustellung sowie den Verkauf der Bilder ein.

Wie einem Schreiben des österreichisch-ungarischen Gesandten in Dresden zu entnehmen ist, war Luise nicht ganz unschuldig daran, daß Postkarten mit Bildern von ihr und der kleinen Prinzessin in Umlauf kamen. Dafür habe sie vor allem an »hiesige kleinbürgerliche Kreise« Dankschreiben gerichtet und damit den sächsischen Behörden sichtlich Angst gemacht. »Aber der neue Monarch und der Staatsminister sind entschlossen, etwaige Annäherungsversuche der Gräfin von Montignoso scharf abzuwehren und niemals zuzulassen. Der König verurteilt noch schärfer als früher die Irrungen seiner früheren Gemahlin, die die Hauptschuld trägt an dem schweren seelischen und körperlichen Leid.«[255] Im selben Sinn schreibt am 26. Oktober das *Dresdner Journal*: »Es besteht nicht die entfernteste Aussicht, daß es jemals wieder zu einer Vereinigung kommen könnte. Der König hat vor und nach dem Tode seines Vaters in der allerbestimmtesten Weise erklärt, daß er für alle Zeiten eine Annäherung von jener Seite von sich weise. Jeder Einsichtige weiß, daß der König eine andere Haltung niemals einnehmen kann.«

Ein harter Schlag für Luise, wie sie bekennt. »Ich war bitter enttäuscht, da ich einsah, daß ich mich ganz allein mit der kommenden Zeit abfinden müsse, und da ich stets rasch im Entschluß war, überlegte ich, daß es für mich und Monica am besten sei, ein Heim in Italien zu gründen.«[256] Der Vertrag vom 15. Juni 1903, nach dessen Bestimmungen Monica nur ein Jahr bei der Mutter hätte verbleiben dürfen, war offensichtlich stillschweigend verlängert worden. Im Dezember 1904 mietete Luise eine Villa in Fiesole bei Florenz.

Luise in Dresden

Wer jedoch geglaubt hatte, Luise würde sich mit der ablehnenden Haltung von König und Hof tatenlos abfinden, der kannte sie schlecht. Die nunmehrige Gräfin von Montignoso resignierte nicht. Wenigstens nicht ganz.

Obschon Friedrich August ihr mehr als deutlich – und dies mehrere Male – zu verstehen gegeben hatte, daß er nichts mehr von ihr wissen wollte, war sie doch immer noch die Mutter seiner Kinder. Und als Konsequenz dieses unumstößlichen Sachverhaltes empfand sie es als ihr gutes Recht, die Kinder zu sehen, selbst wenn sie sich in Obhut ihres Vaters befanden. Doch hatte man ihr dieses Recht stets verweigert – nicht einmal eine einzige Stunde am Bett ihres todkranken Sohnes hatte man ihr erlaubt! Und auch jetzt, nach dem Tode des alten Königs, zeichnete sich keine Änderung ab. Nur hie und da, um einem Minimum an Pflicht zu genügen, ließ man ihr einen Bericht zukommen, der, jeweils von einem Hofbeamten verfaßt, an Dürftigkeit und Kälte kaum noch zu überbieten war. Den ersten dieser Art am 1. Januar 1904 über ihren ältesten Sohn. Ein Textauszug spricht für sich: »Interesse, Pflichtgefühl und logisches Denken bewirken gute Leistungen. Echte Frömmigkeit und tiefes Gemüt fördern die Familien- und Nächstenliebe. Durch planmäßige körperliche Durchbildung ist des Prinzen Kraft und Ausdauer gestärkt worden.«[257]

Langes Überlegen von Für und Wider lag nicht in Luises Charakter. Zwei Jahre hatte sie ihre Kinder nicht mehr gesehen. Und nach dem Tode des alten Königs mochten sich die Umstände eventuell doch ein wenig zu ihren Gunsten geändert haben. Impulsiv wie sie war, handelte sie. So wie sie es in jüngster Vergangenheit bewiesen hatte und auch in Zukunft halten würde. Am 21. Dezember 1904 erschien Luise in Dresden. Nolens volens hatte ihr Leipziger Anwalt, Dr. Zehme, bei der Vorbereitung geholfen, wobei der Zeitpunkt ihrem Vorhaben entgegenzukommen schien. Weihnachten stand vor der Tür, das Fest der Familie, das Fest der Liebe, das Fest der Versöhnung. Hic Rhodos hic salta. Wenn je eine Chance bestanden hatte, das Blatt zu ihren Gunsten zu wenden, so jetzt! Der Hof selbst hatte ihr, so faßte sie es jedenfalls auf, einen Grund für die Reise geboten: man hatte ihre Bitte, den Kindern Weihnachtsgeschenke schicken zu dürfen, harsch abgelehnt. So würde sie eben selbst kommen! Da sie die Trennung nicht länger habe ertragen können, habe sie sich entschlossen, Vernunft Vernunft sein zu lassen und einen »Coup de tête« zu wagen.

Noch etwas gab es, das Luise Hoffnung geben mochte, ihre Aktion zum Erfolg zu führen, wenn sie überraschend im Schloß erschien. Es war die Macht ihrer Persönlichkeit, ihre Ausstrahlung, ihr Charme, von dessen Wirkung sie sich wohl einiges versprach, nicht zuletzt bei Friedrich August. Wird ihr doch folgende Äußerung zugeschrieben: »Nur eine Viertelstunde mit meinem Fritz, und ich kann ihn um den kleinen Finger wickeln.« Daß das Volk sie freudig begrüßen würde, davon war sie ohnedies überzeugt. Hatte es ihr doch seine Anhänglichkeit immer wieder bewiesen.

Die Presse des In- und Auslandes ließ sich ihren Coup natürlich nicht entgehen, und Luise beherrschte wieder einmal die Schlagzeilen. Das Morgenblatt der *Münchner Neuesten Nachrichten* vom 23. Dezember hielt die Meldung für wichtig genug, um sie auf der Titelseite zu bringen, und der *Allgemeinen Zeitung* in Chemnitz war die Sensation sogar eine Extra-Ausgabe wert. Etliche, wie das *Prager Tagblatt*, zeigten großes Verständnis für Luises Schritt.[258]

Nach einem Bericht der *Dresdner Neuesten Nachrichten* war

die Gräfin von Montignoso am 21. Dezember um 8 Uhr morgens in Dresden angekommen und daselbst im Hotel Bellevue, im 2. Stock, Zimmer 104, wie es heißt, abgestiegen. Von hier aus nehmen die weiteren Ereignisse ihren Ausgang. Luise gibt uns einen anschaulichen Bericht darüber, wie es ihr in Dresden erging: »Ich fuhr nach dem Neumarkt, wo ich den Kutscher bezahlte. Ich war in Todesangst, daß man mich erkennen würde, und ging rasch über den Platz durch enge Gassen nach dem Taschenbergpalais. Da bemerkte ich einen Mann, der stehenblieb und mich anstarrte. Doch legte ich keinen Wert auf dieses Erkennen und eilte nach dem Palaiseingang. Mit zitternden Fingern wollte ich eben den Knopf der elektischen Klingel drücken, als plötzlich jemand meine Hand faßte und ich demselben Mann gegenüberstand, der vorher stehengeblieben war. Er nahm den Hut ab und grüßte. ›Königliche Hoheit‹, sagte er, ›Sie können weder den König noch die Kinder sehen.‹ – ›Wer sind Sie?‹ fragte ich. Der Mann zog eine große Münze hervor und sagte mir, daß er ein Beamte der Kriminalpolizei sei. ›Ihre Ankunft war uns bekannt, das Palais und Schloß sind von unseren Leuten umstellt, und Sie müssen gleich mit mir nach Ihrem Hotel zurückkehren.‹ Als er so sprach, pfiff er, und zwei Geheimpolizisten in Zivil erschienen. Ich sah ein, daß jeder Widerstand unnütz war, und machte keine weiteren Bemerkungen. Doch dieser Augenblick war der demütigendste und verlegenste meines Lebens. Ich sah zu den Fenstern meiner Zimmer hinauf, wo ich elf Jahre gewohnt hatte, doch ich sah sie nur durch einen Tränenschleier.«[259]

Das Überraschungsmoment, auf das Luise gehofft hatte, war dahin. Hatte der Hotelier geplaudert? War aus der Kanzlei des Dr. Zehme etwas durchgesickert? Jedenfalls hatte man bei Hof Zeit genug gehabt, um entsprechend zu reagieren und sich auf Luises unwillkommenen Besuch vorzubereiten. Der König selbst war abwesend. Er hatte sich zur

*Luise als Kronprinzessin
in einer Porträtaufnahme um 1900*

*Die Familie: Friedrich August und Luise mit ihren
Kindern Georg, Christian, Ernst und Margarethe;
um 1901*

*Postkarte der bewunderten Prinzessin;
um 1895*

Luise mit ihren Kindern

Nach der Flucht: Eine Postkarte von 1903 zeigt Luise und Andre Giron

Das Volk trauert ...

Unstet durch Europa:
Luise mit ihrer Tochter in der Schweiz

Luise als Gräfin Montignoso; um 1906

*Luises Sohn Filiberto Toselli
mit seiner Tochter Monica, um 1950*

Jagd begeben[260], was wohl kein Zufall war, sondern eine Maßnahme, um der Begegnung mit seiner geschiedenen Gattin aus dem Weg zu gehen. Traute er sich selbst nicht zu, ihr von Angesicht zu Angesicht gegenüberzutreten? Jedenfalls wird Friedrich August den einmal gefaßten Entschluß, Luise nie mehr wiederzusehen, halten, solange er lebt.

Vor dem Hotel Bellevue hatte sich eine große Menschenmenge versammelt, doch die Kriminalbeamten ließen niemanden vor. Nur Polizeipräsident von Köttig und der Kämmerer des Königs, General von Criegern, hatten mit Luise eine Unterredung. Ihre Aufgabe war es, sie davon zu überzeugen, daß ihre Anwesenheit in Dresden unerwünscht und zwecklos sei und auch ihrem Wunsch, ihre Kinder wenigstens im Hotel sehen zu dürfen, nicht entsprochen werden könnte. Dann solle man ihr wenigstens ein Wiedersehen außerhalb Sachsens gestatten und ihr erlauben, Monica weiterhin zu behalten, verlangte sie. General von Criegern stellte ihr letzteres in Aussicht, unter der Bedingung, daß sie nie mehr nach Sachsen käme. Im übrigen wolle er dem König ihre Wünsche übermitteln.

»Criegern drang in mich, daß ich Dresden so rasch wie möglich verlassen sollte, da die Nachricht meiner Ankunft sich bereits verbreitet hätte und die Polizei in Sorge wäre der feindlich gesinnten Volksmassen wegen, die alle für mich einzustehen bereit wären«, schreibt Luise in ihrem Buch. »Ich nahm hierauf das Dejeuner mit Dr. Zehme ein. Während des Essens wurde meine Aufmerksamkeit auf ein Geräusch gelenkt, das große Ähnlichkeit mit fernem Donner hatte … Die Antwort wurde mir durch den Polizeipräsidenten gegeben, der ohne anzuklopfen, in das Zimmer hereingestürzt kam. ›Kaiserliche Hoheit‹, schrie er, ›ich bitte Sie dringend, Dresden sofort zu verlassen, da wir in wenigen Augenblicken machtlos sind. Die Volksmenge füllt bereits die Straßen und Plätze. Sie droht, in das Hotel gewaltsam einzudringen, um Sie fortzutragen. Ich beschwöre Sie, nicht der Grund zum Blutvergießen zu werden.‹« Darauf habe Luise versprochen, nach dem Essen abzureisen. »Als wir die Eingangshalle erreicht hatten, sah mich das Volk, das vor der Tür gedrängt stand, und ein einstimmiger Ruf ertönte: ›Unsere Luisa!‹ Der Polizeipräsident verlangte, ich solle in einem geschlossenen Wagen fahren; doch ich lehnte dies ab, und als ich vor das Hotel trat, bot sich mir ein Anblick, den ich nie vergessen werde. Der ganze Platz stand dichtgedrängt von Leuten. Murren, Durcheinanderrufen und Drohungen kamen aus der Menge, als mein Wagen erschien. Die Menge durchbrach den Polizeikordon und stürzte mir entgegen. ›Luisa, bleib bei uns!‹ – ›Tod dem Metzsch!‹ – ›Nieder mit der Kirche!‹ schrie es wild durcheinander. Einige liefen zu den Pferden und hielten sie fest, andere versuchten, den Kutscher von seinem Bock herunterzureißen, wieder andere drängten vorwärts, um meine Hand zu fassen. Ich stieg in den Wagen und versuchte zu sprechen. Ein lautes, tobendes Geschrei ertönte. ›Laß dein Volk wissen, wie du behandelt worden bist! Fürchte dich nicht, ganz Sachsen ist mit dir!‹ – ›Still‹, sagte ich, als man mich hören konnte, ›macht keine Unruhe, ich liebe euch von ganzem Herzen. Denkt an mich als eine unglückliche Mutter.‹ Mit Mühe konnten wir die Eisenbahnstation erreichen. Den ganzen Weg bis dahin stand die ›Hoch‹ rufende Menge dicht gedrängt rechts und links auf der Straße. Niemals vorher habe ich eine derartig begeisterte Kundgebung gesehen.«[261] Vielleicht übertreibt Luise in ihrer Schilderung einiges. Dennoch scheint es, daß der Wunsch des offiziellen Dresden, die zur persona ingrata gewordene Luise möglichst ohne Aufsehen zum Bahnhof zu bringen, nicht erfüllt wurde.

Luise fuhr zunächst nach Leipzig zur Privatvilla Dr. Zehmes, wohin sie, um weiteren Überraschungen entgegenzutreten und sicher zu sein, daß sie tatsächlich abreiste, vom Leipziger Polizeidirektor Bretschneider persönlich eskortiert wurde. Nicht zu verhindern war jedoch die Anwesenheit der vielen Menschen, die sich trotz allem auf dem Bahnhof eingefunden hatten. Von Hochrufen begleitet stieg Luise aus der Kutsche. Und wieder habe eine erregte Menge sie umringt und gerufen: »Wir wollen deine Feinde töten! Rache! Wir wollen Luisa nicht fortlassen! Komm wieder, Luisa!« Sie selbst bemerkte dazu: »Die geheime Polizei versuchte, die Anstifter dieser verräterischen Rufe zu entdecken, doch sie hatte damit wenig oder keinen Erfolg.«[262]

Ihr Ziel hatte sie nicht erreicht. Aber sie schied wenigstens in dem Bewußtsein, daß man sie in Sachsen nicht ganz vergessen hatte. Das bewiesen die zahlreichen Briefe und sogar Geschenke, die Luise von dort erhielt. Noch immer erfreute sie sich besonders in den ärmeren Schichten der Bevölkerung großer Sympathie. Das mag ihr in ihrer begreiflichen Enttäuschung Genugtuung, sogar Trost bereitet haben. Auch der König soll von der Reaktion der Bevölkerung tief berührt gewesen sein, sich aber rasch gefaßt und das Unabänderliche seiner Haltung bestätigt haben. Auf den Brief, den Luise ihm in ihrem Dresdner Hotel geschrieben hatte, reagierte er nicht.

In seinem Sinne äußern sich die *Münchner Neuesten Nachrichten* vom 23. Dezember 1904: »Gewiß ist es verständlich, daß die Gräfin, die jetzt, wie man sagt, an ihrer Einsamkeit ebenso festhalte wie früher an ihrer Geselligkeit, es hat unternehmen wollen, nach jahrelanger Abwesenheit ihre Kinder wiederzusehen und es wird keinen mitfühlenden Menschen, vor allem keine Mutter, geben, die für dieses begreifliche Motiv kein Verständnis hätte. Ebensowenig aber darf man sich der Erkenntnis verschließen, daß der Versuch der ehemaligen Kronprinzessin von Sachsen ein Versuch bleiben mußte, daß er nicht gelingen durfte. Die unverzeihlichen Vorgänge in der Schweiz und Nizza sind noch in frischer Erinnerung. Ihre Schuld ist klar erwiesen und von ihr selbst eingestanden, so daß es selbstverständlich ist, daß der sächsische Hof, auch wenn er nach wie vor viel Verständnis für die gegenwärtigen Hoffnungen und Wünsche der ehemaligen Gattin und Mutter hat, auch auf dem formellen Standpunkt des Rechts und der herrschenden Sitte bleiben muß.« Nicht eben freundlich schreiben die *Dresdner Nachrichten* von einer »alle Rücksichten beiseite schiebenden Handlung der unseligen Frau, die die Gemüter abermals in Erregung zu versetzen droht. Es ist ein frevelhaftes Spiel, welches die Gräfin von Montignoso mit ihrer ehemaligen Familie und dem ganzen Land treibt. Wenn ihr noch eine Spur von Seelengröße bliebe, müßte sie die Stärke finden, ihr selbstverschuldetes Schicksal in stiller Zurückgezogenheit zu tragen«.[263]

Auch als Luise sich längst schon wieder in Florenz befand, beschäftigt ihre Reise nach Sachsen noch immer die Presse und inspiriert die Zeichner zu gefühlvollen Darstellungen. Unter dem Titel »Die Ausweisung der Gräfin von Montignoso aus Dresden« erscheint ein Bild einer tief verschleierten Frau, die mit ihrem Töchterchen in einen Wagen steigt, im Hintergrund betrauert von vielen Menschen. Eine andere Darstellung mit der Überschrift »Weihnachtsschmerz einer Mutter« zeigt ebenfalls die verschleierte Luise, die von einer Wache am Betreten eines Schlosses gehindert wird. Unter dem Titel »Die Königin auf dem Schub« war im *Sächsischen Volksblatt* zu Weihnachten ein Luise betreffender Artikel erschienen, für den das Landgericht Zwickau am 11. März 1905 den Redakteur Ernst Schubert zu acht Monaten Gefängnis verurteilte.[264] In Stuttgart kam es zu einem Prozeß gegen den *Simplizissimus*, dessen Redakteur Linnekogel ebenfalls wegen Ehrenbeleidigung angeklagt wurde. Es ging dabei um eine in den Augen des Anklägers anstößige Zeichnung, die Luise darstellte, wie sie bei dichtem Schnee am Weihnachtsabend vor dem Schloß steht. Die Anklage warf Linnekogel »Verletzung der dem König schuldigen Ehrfurcht vor, weil diesem zugemutet wurde, seine geschiedene Frau wieder aufzunehmen, obwohl dieser bekanntgegeben hatte, daß dies unmöglich sei«. König Friedrich August hatte den Strafantrag gestellt, um sich gegen die hartherzige und gefühllose Gesinnung, die ihm zu Last gelegt worden war, zu wehren. Linnekogel, der glaubhaft machen konnte, daß die beanstandete Darstellung keineswegs den König beleidigen, sondern nur die sentimentale Bewegung zugunsten Luises, die vielerorts um sich griff, lächerlich machen sollte, wurde freigesprochen.[265] In Sachsen wäre er nicht so billig davongekommen. Da war es mit der Pressefreiheit nicht weit her.

Die Schuld am Mißlingen ihrer Reise schreibt Luise vor allem ihrem Leipziger Anwalt zu, den sie gebeten hatte, sie nach Dresden zu begleiten. Doch statt die nötige Diskretion zu wahren, die sie für selbstverständlich hielt, habe er nichts Eiligeres zu tun gehabt, als die Dresdner Geheimpolizei von ihrer Ankunft zu benachrichtigen. Damit sei der Überraschungseffekt verhindert worden. Man habe Zeit gehabt, die notwendigen Maßnahmen zu treffen, vor allem für den König in aller Eile eine Jagd zu arrangieren. Erst dort habe er von ihrer Ankunft erfahren, »sich fast ohnmächtig an einen Baum gelehnt« und sofort die Rückkehr nach Dresden befohlen, um sie zu sehen. Aber auch das hätten ihre Feinde zu vereiteln gewußt, indem sie ihm erklärten, sie habe die Stadt bereits verlassen.[266] Woher Luise das alles erfahren haben will, bleibt wieder einmal ihr Geheimnis.

»Mein coup de tête verbreitete eine furchtbare Aufregung in ganz Sachsen. Es wurde angeordnet, daß alle Zeitungen die Berichte über meine Ankunft in Dresden unterdrücken sollten. Wäre ich damals noch vierundzwanzig Stunden in Sachsen geblieben, so wäre eine Revolution ausgebrochen«. Behauptet wenigstens Luise und faßt ihre

181

Reise wie folgt zusammen: »Und doch bedauerte ich nicht, diese erfolglose und peinvolle Erfahrung gemacht zu haben, da sie mir gezeigt hat, wie groß die Liebe zu mir in Sachsen noch ist.«[267]

Nach jenen turbulenten Tagen war wieder Ruhe eingekehrt. Luise war zurück in die Villa Papignano bei Florenz gefahren. »Doch meine Feinde gestatten mir niemals, lange den Frieden zu genießen. Sie suchten irgendeine Liebesgeschichte ausfindig zu machen und wandten die niedrigsten Mittel an, um zu ihrem Ziel zu gelangen.«[268] Wieder einmal brodelte es in der Gerüchteküche. Von einer Beziehung wollte man wissen, die schon vor Luises Reise nach Dresden bestand. Ein Graf Gucciardini sei diesmal der Glückliche. Bald war man auch um Einzelheiten nicht verlegen.

Zwar gab es drei Grafen Gucciardini. Doch zwei davon waren schon reichlich betagt und kamen daher nicht in Frage. Aber sie hatten einen Neffen und der war erst dreißig. Und was die Sache interessant machte: er lebte von seiner Frau getrennt! Geschieden war er nicht, aber damit hatte es in Italien bekanntlich seine Schwierigkeiten. Eine unglückliche Ehe also. Auch Luise hatte gerade eine hinter sich; und geteiltes Leid ist, wie man sagt, nur halbes Leid. So pfiffen es wenigstens die Spatzen von den Florentiner Dächern. Demzufolge konnte man der Gräfin von Montignoso und dem Grafen Carlo Gucciardini des öfteren auf Spaziergängen begegnen, beide »in munterem Gespräch«, während die kleine Monica ihnen mit ihrer Kinderfrau folgte.

Schon vor Luises Reise nach Dresden sei der Graf »in ihrem Bann« gewesen. Er habe sie bis Leipzig begleitet, wo er im Hotel Hauffe abgestiegen sei. Es wird sogar berichtet, daß er ihr nach Dresden gefolgt und schließlich wieder mit ihr nach Leipzig gereist sei. Da allerdings habe er einen anderen Zug genommen. In Frankfurt habe er Luise erwartet, um gemeinsam mit ihr nach Florenz zurückzukehren.[269] Nach einem Bericht der *Leipziger Nachrichten* hatte Justizrat

182

Körner das sogar bestätigt. Luise sei im Hotel Hauffe von ihrem ›Hofmarschall‹, nämlich dem Grafen Gucciardini, begleitet worden, der seiner Familie eine Reise nach Paris vorgetäuscht hätte.[270] In Florenz sodann habe »das Verhältnis seine skandalöse Fortsetzung gefunden, so daß die Gräfin Ysenburg, eine Tante Luises, die als Ehrendame bei ihr lebte, sich veranlaßt gesehen habe, die Villa zu verlassen.« Auch ihre aus Hosterwitz bei Dresden stammende Kammerjungfer habe Luise entlassen, »vermutlich weil sie in ihr ein störendes Element gesehen habe.«[271] Denn »Luise empfange allabendlich den Besuch des Grafen und werde auch in der Stadt mit ihm in einer Art, die eine intime Beziehung zweifellos erscheinen lassen, gesehen. Das habe schon verschiedene Mitglieder der Florentiner Gesellschaft bewogen, ihren Verkehr mit der Gräfin Montignoso abzubrechen.«[272] Auch die Diplomaten lassen sich diese neueste Wendung der Dinge nicht entgehen. So wird in der Korrespondenz zwischen Dresden und Wien ebenfalls erwähnt, daß Luise »in männlicher Begleitung« nach Dresden reiste.[273] War das alles nur ein böswilliges Gerede, eine üble Verleumdung, wie Luise behauptet? Oder gab es tatsächlich jenes Körnchen Wahrheit, das bekanntlich in jedem Gerücht steckt?

Zwar war Luises Ehe mit Friedrich August geschieden worden; die Gräfin von Montignoso war, wenigstens nach weltlichem Gesetz, ein freier Mensch, der tun und lassen konnte, was er wollte. Doch sie war nicht nur die Gräfin von Montignoso. Sie war zugleich die ehemalige Kronprinzessin von Sachsen. Da bedeutete ein neuer Liebhaber weit mehr, nämlich neues Aufsehen, einen neuen Eklat.

In Dresden schrillten also die Alarmglocken. Schon durch ihre Reise nach Dresden hatte Luise die Bedingungen verletzt, die für die Zahlung ihrer Apanage vereinbart worden waren. Aber man dachte auch an das Kind. Anna Monica Pia war eine sächsische Prinzessin. Eine Mutter, die nicht zum ersten Mal in ihrem Leben öffentlich ins Gerede kam, war nicht die richtige Umgebung für sie. Mehr noch, sie bedeutete eine Gefahr für ihre Entwicklung. Es war also dringend nötig, der Sache auf den Grund zu gehen. Das konnte nur an Ort und Stelle geschehen. Der König schickte Justizrat Körner nach Florenz.

Der Kampf um Anna Monica

»Ich erteile dem Justizrat Körner den Auftrag, meine jüngste Tochter, Prinzessin Anna Monica Pia, Herzogin von Sachsen, die sich bis jetzt in der von der Gräfin von Montignoso bewohnten Villa Papignano befindet, von der Gräfin Montignoso anzufordern und notfalls die Herausgabe mit allen gesetzlichen Mitteln zu erzwingen. Meine Tochter ist danach der Kinderpflegerin Alma Muth aus Dresden zu übergeben. Letztere wird sich mit der Prinzessin an ihren neuen Wohnort begeben. Dresden, Februar 1905, gez. Friedrich August.«[274] Dieses königliche Dekret wurde Luise im deutschen Konsulat in Florenz vorgelesen, worauf Justizrat Körner sie aufforderte, ihm das Kind zu übergeben.

Als Luise die Herausgabe verweigerte, berief sich Körner auf den am 15. Juni 1903 mit ihr abgeschlossenen Vertrag, der ihr das Sorgerecht für das Kind nur bis zum 15. Mai 1904 erteilte. Da eine Verlängerung der Frist nicht erfolgt sei, berufe sich der König nun auf das sächsische Hausgesetz, wonach ihm das alleinige Recht zustehe, über den Aufenthaltsort seiner Kinder zu bestimmen. Schon in Dresden war Luise darauf aufmerksam gemacht worden, daß ihr bei Widersetzlichkeit der Entzug der ihr vom König gewährten Subvention von 30 000 Mark drohe. Um so mehr lief sie jetzt Gefahr, dieses immerhin bedeutende Einkommen zu verlieren, weil allein dieses ihr einen standesgemäßen Lebensstil ermöglichte. Zudem gehörte Sparsamkeit gerade nicht zu Luises Tugenden, und ihren Lebensstil, den sie sowieso für reichlich eingeschränkt ansah, wollte sie schon gar nicht aufgeben. Vielleicht hielt sie es auch gar nicht für möglich, daß man sie, eine hochgeborene Prinzessin, gewissermaßen dem Elend preisgeben würde. Sie erkannte zwar an sich das Recht des Königs an, erklärte aber dennoch, nur der Gewalt zu weichen. Tatsächlich wurde unmittelbar nach dieser Erklärung die Auszahlung ihrer Apanage ausgesetzt.

Wie Graf Lützow, der österreichisch-ungarische Botschafter in Rom, an seinen Vorgesetzten in Wien berichtet, soll Luises Motiv jedoch keineswegs nur Mutterliebe sein, sondern auch handfeste materielle Gründe haben. Das Kind sei vielmehr eine Art Druckmittel, um eine Erhöhung ihrer Bezüge zu erreichen. Das Kind wäre sogar, wie sich der Diplomat äußerte, »arg vernachläßigt«![275]

Luise alarmierte Herrn Lachenal in Genf und engagierte zu ihrem Beistand zudem die beiden prominenten Florentiner Anwälte, Municci und Rosado. Diese vertraten die Ansicht, daß die Auslieferung Monicas nur auf legalem Weg erfolgen könne und wandten sich an die Behörden, welche die Unverletzlichkeit des Domizils und der Person der Gräfin garantierten. Und weil Körner gedroht hatte, er werde mit zwei sächsischen Polizisten wiederkommen, um notfalls die Tür der Villa aufzubrechen, wurde die Villa Papignano polizeilich abgeriegelt. Anwalt Rosado kündigte an, er werde die Hilfe des Parlaments in Anspruch nehmen, falls sich das italienische Außenministerium dazu entschließe, mit Rücksicht auf das Königreich Sachsen eine gewaltsame Entführung des Kindes zu übersehen.[276]

Was ihre Beziehung zu Graf Gucciardini betraf, der auch in der diplomatischen Korrespondenz zwischen Dresden und Wien als »intimer Berater« aufscheint, erklärte Luise einem Korrespondenten der Wiener *Neuen Freien Presse*: »Ich habe nichts zu bereuen und nichts zurückzunehmen. Man hat mir alles genommen. Auf alles verzichte ich mit Freuden, wenn man mich nur die Kinder sehen läßt. Nun soll ich mein letztes Gut der Staatsräson überlassen. Man dichtet mir Beziehungen zu einem Mann an, den ich als edlen, warmfühlenden Menschen kennengelernt habe. Was man über mich sagt, ist falsch und erlogen.«[277] Dieser Meinung schien der österreichische Gesandte in Rom nicht zu sein. In einem Telegramm nach Wien berichtet er pflichtschuldigst von einem Gespräch, das er mit dem eben aus Florenz zurückgekehrten deutschen Botschafter gehabt habe. Streng vertraulich natürlich. Demnach scheine das Verhältnis Luises mit dem Grafen Gucciardini festzustehen, ebenso, daß sie er nach Leipzig begleitet habe.[278]

Nicht nur Luise, auch Graf Carlo Gucciardini wehrte sich jedoch entschieden gegen die Behauptung, die Gräfin Montignoso habe sich je in seinem Haus aufgehalten, sowie gegen das Gerücht, sie sei von ihrem Personal allein mit ihm überrascht worden. Er habe sie auch nicht nach Sachsen begleitet. Sein Name sei unerhört mißbraucht worden, und er behalte sich vor, gegen den Verleumder gerichtliche Schritte zu unternehmen. Er erklärte außerdem, daß »der Verkehr, den er mit der Gräfin Montignoso führte ›die Ehre hatte‹ und ein streng konventioneller gewesen sei. Der Skandal beruhe nur auf Vermutungen einzelner Bediensteter und läßt erkennen, welchen Machenschaften die hohe Frau zum Opfer gefallen ist! Wie weit mögen sie zurückreichen!«[279]

Luise selbst widmet in ihren Memoiren den Auseinandersetzungen um Monica mehrere Seiten. Ausführlich schildert sie, wie ihr die katholische Kinderfrau Alma Muth vom sächsischen Hof aufgenötigt worden war und sie schließlich entdeckt habe, daß diese durch Vermittlung des deutschen Konsulats in Florenz mit dem sächsischen Hof in brieflichem Verkehr stand und sich auch heimlich mit einem Konsulatsbeamten traf. Sie hatte also eine Spionin im Haus! Seitenlange »Protokolle« Fräulein Muths seien ihr auch später vorgelesen worden. Aufgrund der Drohung Körners, Monica mit Gewalt zu entführen, sei sie gezwungen gewesen, die Villa abzuschließen und auch Alma Muth am Verlassen derselben zu hindern. Sogar mit dem deutschen Konsul sei Körner gekommen, der sie mit »lauter, pompöser Stimme« ersucht habe, im Namen des deutschen Kaisers die Türe zu öffnen. Und als sie nicht darauf reagierte, sei Körner nach Fiesole gefahren, um, allerdings vergeblich, mit Hilfe der Carabinieri sein Ziel zu erreichen. Fast die ganze Nacht habe die »Belagerung« gedauert, während der die bedauernswerte Monica reisefertig angezogen auf ihrem Bettchen saß und Alma Muth darauf wartete, mit dem Kind abgeholt zu werden. Doch mit List sei es ihr, Luise, gelungen, das unliebsame Kinderfräulein ins Freie zu locken, worauf ihr die italienischen Hausmädchen die Kleider nachwarfen und ihr Gepäck vor die Tür stellten und der Koch, mit dem Revolver in der Hand, Wache hielt. Alma Muth befand sich in der kalten Nacht draußen im Garten. Erst nach einiger Zeit sei ihr gelungen, telefonisch mit Körner in Verbindung zu treten, der sie schließlich samt ihren Habseligkeiten abholte.[280] Justizrat Körner und Alma Muth kehrten nach Dresden zurück, wo der Jurist jedoch in Ungnade fiel. Am 10. März 1905 entzog der König ihm alle Vollmachten. Man war der Meinung, er habe sich, was die Herausgabe Monicas betraf, reichlich ungeschickt angestellt. Wie der österreichische Gesandte aus Dresden mitteilte, »wurde er für seine Mission sehr getadelt.«[281] Körner bekam eine Menge wenig schmeichelhafter Zuschriften. Selbst seine Kollegen waren mit seiner Vorgehensweise nicht einverstanden.

Kein Wunder, daß sich auch die Presse die Berichte um Luise nicht entgehen ließen. Der *Simplizissimus* brachte sie unter der Überschrift: »Die Gräfin von Montignoso oder Liebeslust und -leid in Florenz, berichtet von Ludwig Thoma und Th. Th. Heine.«[282] Und die *Lustigen Blätter* bringen sie in Form einer Karikatur, in der die kleine Monica auf einem Kinderstühlchen sitzt und sagt: »Je länger ich die verschiedenen Zeitungen verfolge, desto schwerer wird mir

die Antwort. Zu wem soll ich nun eigentlich Papa sagen?«[283]
Über Geschmack läßt sich bekanntlich nicht streiten.

Der sächsische Hof gab jedoch nicht auf. Das berichtet
uns zumindest Luise in ihren Memoiren: »Wieder kam ein
Befehl, daß Monica eine katholische Erzieherin haben
müsse. Eine katholisch gewordene Jüdin, Frau Ida Kremer,
die gänzlich in den Händen der Geistlichkeit war, wurde
mir vom Hof nach Florenz gesandt, und es ist wahr, wenn
ich sage, daß sie eine vollendete Spionin war. In ihrer sehr
lebhaften Einbildungskraft erfand sie alles, was sie nicht
erfahren konnte.« Nach sechs Wochen habe Frau Kremer
Florenz verlassen, nachdem sie ihren Aufenthalt dort
hauptsächlich dazu benützt habe, um das nötige Material
für einen gemeinen Hintertreppenroman zu sammeln. Dieses »elende Machwerk, ein Gewebe von Lügen mit ab und
zu einem Körnchen Wahrheit« sei schließlich im Feuilleton
eines Berliner Blattes unter dem Titel »Kampf um ein Kö-
nigskind« erschienen.

Das und »auch die fälschlich mir zugeschriebenen ›Bekenntnisse einer Prinzessin‹ taten mir viel Schaden. Doch
die in beiden enthaltenen Anschuldigungen waren zu niedrig, als daß ich sie hätte beantworten wollen.« Deshalb habe
sie nichts gegen die Unterstellung unternommen, daß diese
Schrift ihrer Feder entstamme. Allmählich habe sie sich an
die »lügenhaften Berichte« gewöhnt. Manches habe sie sogar belustigt, »doch mit Widerwillen und Empörung sah ich
die unbegründeten und falschen Berichte über mein Privatleben«.[284] Diese »Bekenntnisse einer Prinzessin«, Tagebuch-
blätter einer Phantasiegestalt, nämlich der Kronprinzessin
von Menteburg, geborenen Prinzessin von Kreßnitz, waren
tatsächlich voller Anspielungen auf Luises Leben. Nach einer Jugend in einem bigotten und despotischen Elternhaus
ist die junge Heldin froh, diesem durch Heirat entkommen
zu sein. Doch sie kommt vom Regen in die Traufe. Ihr
Schwiegervater, ein Tyrann und Despot, haßt sie, sie wird

189

beschimpft und gedemütigt. Man spioniert ihr nach und droht ihr mit dem Irrenhaus. An Liebhabern fehlt es nicht: ein fescher Diplomat tritt auf, ein königlicher Leibarzt, ein lebenslustiger Aristokrat, schließlich ein Maler, dem sie zu einem Porträt sitzt und der ihr endlich zur Flucht verhilft.[285] Der Verfasser dieser »Bekenntnisse« blieb anonym. Wir dürfen jedoch annehmen, daß Luise nicht mit ihm identisch ist. Um des weiteren »vor Verfolgung und Verleumdung beschützt zu sein«[286] wird sich Luise einige Jahre danach in ein Abenteuer stürzen, mit dem sie sich so manche Sympathien verscherzen wird.

Schließlich kommt es am 16. Mai 1905 zwischen dem Hof in Dresden und der Gräfin von Montignoso zu einem Vertrag. Offensichtlich waren nach den vorangegangen Auseinandersetzungen beide Seiten an einem Kompromiß interessiert. Luise deutete an, Monica unter bestimmten Umständen herausgeben zu wollen, wünschte aber finanzielle Sicherheit und das Recht auf ein regelmäßiges Wiedersehen mit ihren Kindern. Der sächsische Hof dagegen wollte einem neuerlichen Besuch Luises in Dresden für immer einen Riegel vorschieben. Um ein Übereinkommen zwischen solch widerstrebenden Interessen zu erzielen, sandte König Friedrich August seinen Justizminister Otto nach Florenz. Nun erklärt Luise sich bereit, die sächsische Staatsbürgerschaft aufzugeben, und verpflichtet sich, in Deutschland auch keine andere zu erwerben. Sie behält Anna Monica bis zum 1. Mai 1906, um sie anschließend in die Obhut des Königs von Sachsen zu geben. Bis zu diesem Zeitpunkt erhält sie für den Unterhalt des Kindes jährlich 2000 Mark. Ihre eigene Apanage wird auf 40000 Mark jährlich festgesetzt, die seit dem 1. Januar 1905 ausgesetzten Bezüge werden nachgezahlt. Es ist Luise verboten, sich dauernd innerhalb des deutschen Reichsgebietes aufzuhalten, selbst für eine kürzere Anwesenheit ist die Zustimmung des Königs von Sachsen erforderlich. Eine Zusammenkunft mit ihren anderen

Kindern außerhalb Sachsens wird Luise nach dem 1. Mai 1906 zugesagt. Der Vertrag wird im *Dresdner Journal* veröffentlicht.[287]

»Mein Leben war einsam und traurig«, schreibt Luise über die folgende Zeit. Sie verbrachte zwei Monate mit Monica in England am Meer und reiste anschließend nach Rorschach, um »Papa und Mama zu besuchen, mit denen ich im besten Einvernehmen lebte«.[288] Wenn letzteres tatsächlich so war, so sollte es in Zukunft nicht immer so bleiben. Es wird nämlich nicht lange dauern, und die Gräfin von Montignoso wird wieder in aller Munde sein. Sie wird in der Presse für neue Schlagzeilen sorgen und für weitere Aufregung in den Häusern Habsburg und Wettin.

Wiedersehen in München

Aber noch war es nicht soweit. Luise lebte in mehr oder minder stiller Zurückgezogenheit in der Villa Papignano und gab zu keinerlei Tadel Anlaß. Daher löste der sächsische Hof endlich das Versprechen ein, worauf sie bisher vergeblich gewartet hatte: Friedrich August gab seine Zustimmung zu einer Zusammenkunft mit ihren Kindern.

Aber nicht mit allen. Die Prinzessinnen Margarethe und Maria Alix, sechs und fünf Jahre alt, mußten in Dresden zurückbleiben. Man hielt sie noch für zu klein, um sie der Aufregung eines Wiedersehens auszusetzen, dem notwendigerweise sogleich wieder ein Abschied folgen mußte. Auch der immerhin beinahe zehnjährige Prinz Ernst Heinrich sollte nicht mit der Mutter zusammenkommen. Blieben also nur die beiden Ältesten, die damals zwölf und dreizehn Jahre alten Prinzen Georg und Friedrich Christian. Dafür mußte Luise so manche Einschränkung in Kauf nehmen. Allzu großzügig waren die Bedingungen nicht, die man ihr auferlegt hatte. Das so lange ersehnte Wiedersehen war auf die Dauer von eineinhalb Stunden beschränkt worden, und es war ihr weder gestattet, mit den Kindern allein zu sein, noch durfte sie mit ihnen über ihre Flucht aus Dresden und über ihr derzeitiges Leben sprechen. Ein sehr eingeschränktes Wiedersehen also. Wie bescheiden muß Luise in dieser Hinsicht schon geworden sein, daß sie, wie sie selbst bekundet, trotzdem »überglücklich und dankbar für die Güte des Königs« war.[289]

Als Ort des Treffens war die sächsische Gesandtschaft in München, als Zeitpunkt der 26. Oktober 1906, neun Uhr morgens, festgesetzt worden. Luise, in einem einfachen

192

schwarzen mit einem Hermelinkragen verzierten Kleid, kam mit ihrer Mutter und der Gräfin Fugger. Auch die kleine Monica war mit ihrer Erzieherin mitgereist, um bei dieser Gelegenheit ihre beiden ältesten Brüder kennenzulernen. Diese waren schon knapp zwei Stunden früher aus Dresden angekommen, begleitet von ihrem Erzieher, Major Baron O'Byrn und dem Kammerherrn General von Criegern. Baron Friesen, der sächsische Gesandte, kam Luise entgegen und begrüßte sie mit einem Handkuß. Dann begleitete er sie die Treppe hinauf und öffnete ihr die Tür zum Salon. »Es war ein düsterer, nebeliger Herbsttag«, lesen wir in ihren Aufzeichnungen, »das erste, was ich in dem dunklen Raum sah, waren die Umrisse von Jury und Tia, die beim Fenster standen. Mechanisch ging ich vorwärts; es war mir, als wenn das ganze Zimmer mit mir versänke. Tausende der verschiedenartigsten Empfindungen überkamen mich; mir schien es ein Traum, daß meine heißgeliebten Kleinen wirklich vor mir ständen. Bebend, das Herz von qualvoller Mutterliebe erfüllt, schloß ich sie in die Arme, und sie klammerten sich an mich, als wären wir nie getrennt gewesen ... Wir nahmen ein kurzes Dejeuner ein ... Die Zeit verflog und der Abschied mußte kommen. Kein Wort kann dieses Auseinanderreißen beschreiben.«[290]

Um elf Uhr verließ Luise wieder die Gesandtschaft, wie ein Bericht lautet »hoch aufgerichtet, ernst, mit wehmütiger Miene und sichtlich unter dem Eindruck des eben Erlebten. Die Kinder seien so zutraulich und herzlich gewesen, als wären die verflossenen vier Jahre gar nicht gewesen. Sie hätten von allem erzählt, was für die Mutter Interesse bieten konnte und sich auch an die kleinen Vorkommnisse in ihrem Kinderleben erinnert«, berichten die *Münchner Neuesten Nachrichten* anläßlich eines Interviews, das sie deren Journalisten nach dem Treffen gab.[291] Vor dem Tor der Gesandtschaft hatte sich eine Anzahl Leute versammelt. Ein kleiner Junge überreichte Luise einen Strauß Nelken. Dann kamen die Prinzen. Auch sie erhielten Hochrufe. Sie fuhren direkt zum Bahnhof, um ihre Reise nach dem Süden fortzusetzen. In Bregenz trafen sie ihren Vater. Mit ihm fuhren sie nach Cannes, wo die Hochzeit von Prinz Johann Georg, einem Bruder Friedrich Augusts, mit Prinzessin Maria Immaculata von Bourbon-Sizilien stattfand.

Auch die Großherzogin von Toscana kehrte schon bald nach Lindau zurück. Luise blieb noch den Tag über in München, um mit dem Nachtschnellzug nach Italien zurückzureisen. Jahre werden vergehen, manche Monarchie wird stürzen und Europa ein anderes Gesicht tragen, ehe Luise ihre Kinder wiedersehen wird.

Ein neuer Mann in Luises Leben

Wiedervermählung der Gräfin von Montignoso! Mit dieser Nachricht überraschten die *Münchner Neuesten Nachrichten* am 10. September 1907 ihre Leser. Nach einem Telegramm, das dem *Berliner Lokal-Anzeiger* zugegangen war, stehe Luise unmittelbar vor ihrer Heirat mit dem Sänger Toselli! Ihre Ankunft in London werde morgen erwartet!

Lange hatte die Presse Luise verschont. Nun hatte sie wieder ihre Sensation. Die ehemalige Kronprinzessin und Beinahe-Königin von Sachsen war immer noch eine Schlagzeile wert. Doch wer war der neue Mann in ihrem Leben? Er hieß Enrico Toselli, war Musiker, 23 Jahre alt und stammte aus Florenz. Schon als Kind hatte er eine große musikalische Begabung erkennen lassen, worauf ihm sein Vater, ein ehemaliger Offizier bei den Bersaglieri und später Französischlehrer an einer höheren Schule, zuerst bei namhaften Künstlern Unterricht in Klavier geben ließ. Schon im Alter von zehn Jahren machte er eine Konzerttournee, der später Auftritte in vielen Städten Italiens, sowie im Ausland folgten. Er konzertierte sogar in Amerika und verfaßte auch selbst Kompositionen. Ein Wunderkind also, wie zumindest seine Eltern dachten.

Einer Pressemeldung zufolge hat Luise ihn anläßlich eines Konzertes kennengelernt, das er in der Philharmonie in Florenz gab. Sie ließ ihn sich vorstellen und lud ihn einige Tage später zu sich ein.[292] Toselli selbst schildert es etwas anders. Eine Bekannte seiner Mutter, die Luise Gesangsstunden gab, habe die Bekanntschaft vermittelt, und schon zwei Tage später habe ihn die Prinzessin gemeinsam mit ihrer Gesangslehrerin von ihrem Chauffeur abholen lassen und ihn in ihrer Villa Montauto in Bellosguardo oberhalb von Florenz empfangen. Er habe sich ans Klavier gesetzt und Werke von Grieg, Chopin und Liszt gespielt, schließlich auch noch eine eigene Komposition, welche Luise besonders fesselte. Zwischendurch habe er Luise zu einem Lied von Schumann begleitet. Sehr begeistert war er von ihrem Vortrag nicht.

Um so mehr aber von ihr selbst. Seitenlang und in den höchsten Tönen preist Toselli ihre Schönheit, ihren Liebreiz und ihre Anmut, das »unsagbar süße und reine Lächeln auf ihren Lippen«, ihre Stimme. »Wie eine Lichtgestalt, die es verdiente, von dem Pinsel einer unserer ersten Maler festgehalten zu werden«, erschien sie ihm. War es da ein Wunder, daß er ihre neuerliche Einladung freudig annahm? »Ich eilte heim. Mir war, als hätten meine bescheidenen Hände den Himmel berühren dürfen ... Ein göttlicher Funke hatte mich getroffen.«[293] Kurz, Toselli hatte sich verliebt. Auf den ersten Blick und bis über beide Ohren.

Doch auch er hatte Luise sehr beeindruckt. Mit seinem dunklen, lockigen Haar, den feurigen Augen und dem kleinen Bärtchen auf der Oberlippe war Toselli zweifellos ein gutaussehender junger Mann. Ein Künstler noch dazu. Künstler haben von jeher in so manchem Frauenherzen romantische Gefühle erweckt. Und eine Vorliebe für weit jüngere Männer hatte Luise ja schon früher gehabt. Leider erzählt sie uns so gut wie nichts über Toselli, obwohl sie zu dem Zeitpunkt, als sie ihre Memoiren schrieb, mit ihm noch verheiratet war. Wir können daher nur ihn selbst zitieren. »Ich will Ihnen die Freundin sein, die sie nie und nimmer verlassen wird, in Freud und Leid will ich bei Ihnen ausharren, wie ein Schutzgeist will ich um Sie sein ... Ich will dir ein treuliebendes Weib sein, die Gefährtin deines Lebens. Meine Liebe ist tief und unwandelbar, mein Glaube an dich stark und unerschütterlich.« Nach diesen leidenschaftlichen Sätzen schon bei ihrer zweiten Begegnung habe Luise ihn an sich gezogen und geküßt.[294] Schreibt we-

196

nigstens Toselli. In der Trinitatiskirche, in die sie ihn am nächsten Morgen bestellt habe, hätte sie angesichts des Kruzifixes zuerst ihm, und dann er ihr ewige Liebe und Treue geschworen.

Doch lassen wir Luise Gerechtigkeit widerfahren. Sie war damals sechsunddreißig Jahre alt und seit drei Jahren geschieden. Sie war voller Leben und doch einsam. Und wie jede Frau sehnte sie sich nach Liebe und ein wenig Glück. Der junge Mann gefiel ihr. Warum sollte sie sich also nicht in ihn verlieben? Vielleicht liebte sie ihn sogar wirklich, impulsiv wie sie war. Und Toselli? Er mochte zwar fühlen, daß alles ein wenig zu schnell ging, aber weit mehr noch war er fasziniert von dieser schönen, charmanten Frau, die außerdem eine echte Prinzessin war. Und diese Frau sagte ihm, daß sie ihn liebe, ihn, Enrico Toselli, Sohn aus einer ganz angesehenen Familie zwar, aber doch ein Nichts gegen eine Luise von Toscana! Wir dürfen nicht vergessen, daß wir uns in der Zeit vor dem Ersten Weltkrieg befinden. Da galt eine Prinzessin aus allerhöchstem Haus als ein Wesen aus einer anderen Welt. Toselli erschien sie wie eine Fee aus dem Märchen.

Luise tat alles, um ihn von ihrer Liebe zu überzeugen. Und sie verlor damit keine Zeit. Sie drängte ihn, sie mit seinen Eltern bekanntzumachen. Wenig später lud sie seine Mutter zu sich ein. Luise war sowohl ein charmanter Gast wie eine liebenswürdige Gastgeberin, dabei eine durchaus natürlich wirkende Frau, ein Wesen ohne Dünkel, ohne Hochmut, das die Etikette haßte und das scheinbar nichts anderes sein wollte als ein ganz normaler Mensch. Wenn Luise es wollte, muß sie wirklich über jenes gewisse Etwas verfügt haben, über jenen Charme, der bestrickte, der überzeugte und der die Menschen für sie einnahm.

Ob wir Toselli alles glauben dürfen, was er berichtet? Haben jene Briefe wirklich existiert, die Luise ihm schrieb, in denen sie ihm ununterbrochen überschwenglich ihre Liebe versichert und ihm immer wieder suggeriert, daß es nur eines für sie beide gäbe: nämlich eine Ehe? Am 31. Januar 1906: »Du wirst den Mut haben, zu erklären, daß ich Deine rechtliche Gattin – nicht Deine Geliebte bin … Ich werde Dein eheliches Weib sein. Ich habe es Dir geschworen, und ich halte mein Wort. Und Du, mein Lieb, wirst mit Recht der stolzeste Mann der Welt heißen … denn Du nimmst die zum Weib, die ein König verstieß.«[295] Aber auch ein seltenes Zeichen von Selbsterkenntnis: »Heute kennst Du nur meine guten Eigenschaften. Aber ich bin geistig wohl nicht ganz normal. Eigensinnig bin ich, kapriziös, gewöhnt, meinen Kopf durchzusetzen. Mein Wille, meine Laune sind allein bestimmend für mich. In meiner Liebe bin ich wankelmütig, leicht werde ich eines erst heiß geliebten Menschen überdrüssig. Ich gehöre zu den gefährlichen Frauen, die den Mann in sich verliebt machen, wenn das Spiel lockt. An Luxus und Eleganz gewöhnt, bin ich eine Verschwenderin. Wehe dem Mann, der mich bis auf den Grund meiner Seele kennt … Wer mich lieben will, muß sein wie ich, leichtsinnig und gewissenlos …«[296] Als »lieb, aber charakterlos«, bezeichnete auch Fürst Friedrich Wilhelm von Hohenzollern seine Großmutter Luise von Toscana.[297]

Es besteht kein Zweifel daran, daß Luise von Anfang an die Initiatorin und die treibende Kraft dieser Beziehung war und daß sie es auch glänzend verstand, den manchmal Zögernden, Zurückweichenden immer wieder zurückzuholen und für sich einzunehmen, um ihn schließlich durch eine Heirat an sich zu binden. Suchte sie wirklich den Schutz eines Ehemannes, wie sie es behauptet? Was konnte dieser unerfahrene Jüngling, der ihr in jeder Beziehung unterlegen war, ihr schon für einen Schutz bieten! Oder sehnte sie sich einfach nach so manchen Turbulenzen nach Geborgenheit? Nach dem Glück im stillen Winkel? Vermutlich war es so, wie im Leben so häufig – von jedem trifft etwas zu.

198

Auch Sex und Leidenschaft mochte in der Beziehung dieses ungleichen Paares eine nicht unwesentliche Rolle gespielt haben; die Sprache der Körper, jene Macht, die Menschen zueinanderführt, in diesem Fall die reife Frau und den jungen Mann, die sich beide nach Liebe sehnten.

Aber selbst wenn Toselli sich jetzt noch hätte zurückziehen wollen, wenn er auf die Vorhaltungen seiner Mutter gehört hätte, die seine Beziehung zu Luise höchst unpassend fand, Luise ließ nicht locker. »Wenn wir in jenen Tagen uns nicht heimlich unter romantischen Umständen sahen, schrieben wir uns; und vor mir liegen unzählige Briefe aus jener Zeit. Nicht ohne Bewegung nehme ich diese leidenschaftlichen Ergüsse zur Hand.« Und Toselli berichtet: »Man zeige mir den Mann, der dem Zauber widerstanden hätte, in dem mich Luise von Toscana mit ihren Liebenskünsten einspann.« Am 3. Februar 1907, abends neun Uhr, teilte sie ihm unter anderem mit: »... In einem Jahr wirst Du neben meinem Bett sitzen und mich herzen, mich und ein kleines Gesichtchen, das unseres Kindes ...«[298] Soweit war es damals zwar noch nicht, das gemeinsame Kind kam erst im Mai des folgenden Jahres zur Welt, Luise aber sah Toselli schon als künftigen Vater. Wenn immer Toselli im Laufe der folgenden Monate noch gezögert haben sollte, er sich doch noch nicht ganz schlüssig darüber war, ob er seiner Leidenschaft folgen wollte oder nicht doch lieber der Stimme der Vernunft – als Mann von Ehre, als der er sich sah, mußte er Luise heiraten.

Natürlich wußte Luise, daß die Eltern Tosellis, besonders seine Mutter, mit der Beziehung ihres Sohnes nicht einverstanden waren. Toselli zitiert in seinen Memoiren einen Brief, den Luise am 18. März 1907 an seine Mutter schrieb: »»Mutter! O heißgeliebte Mutter! Endlich am Vorabend der Entscheidungen! Endlich nach so grausam langer Zeit! Hinter mir liegen die furchtbaren Tage der ewigen Opfer, der Foltern! Nun wird mein Leben in ruhige Bahnen geleitet werden, meine Tage werden voller Frieden sein; auch meinem wunden Herzen erblüht noch ein Glück! In Ihre Arme will ich eilen, an Ihr Mutterherz; denn Sie will ich mit aller Inbrunst Mutter nennen! ... Enrico soll wissen, welch ein grenzenloses Vertrauen ich zu seiner Liebe habe. Doch er soll auch wissen, daß mein heißer Wunsch ist, er möge streben, damit er in seiner Kunst den Platz erreicht, der seinen Gaben zukommt ... Und nun umarme ich Sie, geliebte Mutter. An mein Herz drücke ich Sie und bitte Sie, die Augen, die Stirn desjenigen zu küssen, dem jeder meiner Gedanken gehört. Vertrauen Sie meiner Aufrichtigkeit und der Festigkeit meines Willens. Nie werde ich aufhören Sie zu lieben.‹ Dieser Brief rührte meine Eltern.«[299]

Die neue Liebesbeziehung zwischen Luise und Toselli war auch in Dresden, Wien und Salzburg nicht unbemerkt geblieben. Doch allmählich war man an Luises Eskapaden gewöhnt. Ein Kind von Traurigkeit war sie ja nie gewesen. Nur zu gut wußte man, wie leicht entflammbar sie war, wie gern sie flirtete, und daß sie ein Faible für jüngere Männer hatte, war seit Giron sattsam bekannt. Auch hatte es nach einem Bericht der *Wiener Allgemeinen Zeitung* vom 25. September 1907 schon vor einiger Zeit eine ähnliche Affäre mit einem jungen Maler gegeben, bei dem sie ebenso Unterricht genommen hatte wie jetzt bei Toselli. Damals habe sie die eindringliche Mahnung, jeden öffentlichen Skandal zu vermeiden, beherzigt. Man nahm an, daß sie das auch jetzt tun würde. Toselli berichtet ebenfalls von der Drohung des sächsischen Hofes, Luise nicht nur Monica, sondern auch ihre Apanage zu entziehen. Die Nachricht, daß Luise Toselli in London heiraten wolle, sorgte dann doch wieder für ziemlichen Wirbel.

Auch wenn der künftige Gatte erklären ließ, daß er zur Gräfin von Montignoso in keinem anderen Verhältnis stehe als in dem eines Lehrers zu seiner Schülerin und alles andere nur böswillige Gerüchte seien, um der Gräfin zu schaden und ihr ihr Kind wegzunehmen[300], zweifelte man nicht an ihrer Wahrheit. Hatte doch schon am 13. September 1907 der österreichisch-ungarische Botschafter in London, Graf Ludwig Szecheny, seinem Vorgesetzten in Wien, Baron Lexa von Aehrenthal, darüber berichtet und angefragt, ob nach österreichischem Recht ein Hindernis für die Ehe bestehe.[301] Baron Aehrenthal hatte 1906 Graf Goluchowski als Minister des kaiserlich-königlichen Hauses und des Äußeren abgelöst.

Die nächsten Tage brachten einige Aufregung. Man wußte weder wo Luise, noch wo sich die kleine Monica befand. Man vermutete sie in Stresa, doch dorthin gesandte Post kamen mit dem Vermerk »verreist, unbekannten Aufenthaltes« zurück. Auch das war bei Luise nichts Neues. Der Leser wird sich daran erinnern, daß sie es schon früher gut verstanden hatte, ihre Spuren zu verwischen. Man sorgte sich auch weniger um Luise als vielmehr um das Kind. Schon wurden am sächsischen Hof Stimmen laut, ihr Monica zu entziehen, falls sie ihre Heiratsabsicht verwirkliche. Sie selbst mochte tun, was sie wollte – aber die Vorstellung, daß Enrico Toselli, ein letztlich reichlich unbekannter Musiker und Komponist bürgerlichen Standes, der Stiefvater einer sächsischen Prinzessin werden würde, war einfach schockierend! Der Kreis um Staatsminister von Metzsch verfolgte sogar das Ziel, Luises Apanage zu streichen, da sie im Falle einer Wiedervermählung jeden Anspruch darauf verwirkt hätte. Metzsch hatte seit 1906 zwar nicht mehr das Amt des Innenministers inne, war aber noch immer Minister des Königlichen Hauses.

Inzwischen befanden sich Luise und Toselli längst in London. Das englische Gesetz verlangte einen Aufenthalt von vierzehn Tagen, bevor die Ehe geschlossen werden durfte. Diese Frist lief am 25. September ab.

Die Heirat

»Countess Montignoso, divorced wife of the King of Saxony, married to Signor Enrico Toselli at a London registry office yesterday, Henrietta Street, Covent Garden«, lautete die Überschrift auf der ersten Seite des *Daily Mirror* vom 26. September 1907. Darunter waren Luise mit Prinzessin Monica und König Friedrich August von Sachsen abgebildet. Ein Photo zeigte das glückliche Brautpaar, Luise in einem hellgrauen Kostüm mit weißer Bluse und entsprechend der herrschenden Mode einem großen, mit Bändern und Blumen geschmückten Hut, entschieden älter aussehend als der junge Mann an ihrer Seite, der als »schöner Mann, mit feingeschnittenem Gesicht, buschigem Haar und kleinem Schnurrbart« geschildert wird.[302]

Am 27. September sandte Botschafter Graf Szecheny an Außenminister Baron Aehrenthal eine Abschrift der Heiratsurkunde von Enrico Toselli, 24 Jahre alt, Musikprofessor, Norfolk-Hotel, und Marie Antoinette Louise, Gräfin von Montignoso, geschiedene Gattin König Friedrich Augusts von Sachsen, 37 Jahre, ebenfalls Hotel Norfolk. Trauzeugen waren Mary H. Witt und William Le Queux. Mit beiden war Luise befreundet.[303] Die Trauung hätte bereits um 9 Uhr 30 stattfinden sollen, doch da nicht alle Dokumente vorhanden waren, konnte sie erst um 12 Uhr 30 von den Standesbeamten Maddocks und Goldspink vollzogen werden. Nachdem sich die Neuvermählten zum italienischen Konsulat begeben hatten, wo Vizekonsul Righetti die für Italien nötigen Dokumente über die Eheschließung ausstellte, fand im Hotel Savoy ein Hochzeitslunch statt.

»Vom ersten Tag, da wir uns ineinander verliebten, waren

wir entschlossen, zu heiraten ... Ich war allein und schutzlos und allen Schmähungen des sächsischen Hofes ausgesetzt. Aber jetzt habe ich einen Gatten, der mich liebt und mich in Zukunft beschützen wird. Wir sind jetzt Mann und Frau durch eine gesetzliche Ehe, die niemand umstoßen kann ... Ich entschloß mich zur Heirat, obwohl ich genau wußte, daß ich den größeren Teil meines Einkommens verlieren würde und daß der König von Sachsen sich die größte Mühe geben würde, mir meinen Liebling Monica zu entreißen«, soll Luise laut einer Pressemeldung gesagt haben, worauf Toselli antwortete: »Der König soll das Kind niemals erhalten. Ich habe meiner Frau versprochen, die kleine Prinzessin zu beschützen, und werde sie wie mein eigenes Kind behandeln.« Luise schloß mit den Worten: »Meine Zukunft wird eine sehr glückliche, nachdem ich jetzt einfach Frau Toselli bin.«[304]

Enrico Toselli selbst, späterer Komponist des bis heute beliebten Ohrwurms Toselli-Serenade, war hingegen bald ernüchtert. Seine Eltern hatten sich widerstrebend mit der Heirat einverstanden erklärt. Immer wieder hatten sie ihren Sohn auf den Unterschied von Stand und Alter, das abenteuerliche Vorleben Luises und den drohenden neuen Skandal hingewiesen. Schließlich hatten sie nachgegeben. Auch sie hatten sich von Luise überzeugen lassen, daß die kirchliche Annullierung ihrer Ehe kurz bevorstehe. Und als sie im August von ihrer Schwangerschaft erfuhren, gab es sowieso kein Zurück mehr. Nun mußte eben eine Ziviltrauung reichen. Keine feierliche Hochzeit also, die der konservativ-katholische Enrico Toselli bisher für sich erträumt hatte, ja für selbstverständlich hielt. Keine Braut in Weiß mit Schleier und Schleppe, kein Kerzenschein und kein Orgelklang. Und keine Familie! Toselli war Italiener. Italiener lieben es besonders, von Familie umgeben zu sein. Und nun waren nicht einmal die Eltern anwesend! Und er selbst stand in einem kahlen Amtszimmer vor einem sachlich

203

agierenden Beamten, der eine Sprache sprach, die er nicht verstand, in der er aber das Ehegelöbnis ablegen mußte. »Wie ein Papagei sprach ich die Sätze nach und das mag wohl eine so komische Wirkung auf die Anwesenden ausgeübt haben, daß selbst der Standesbeamte sich des Lachens nicht erwehren konnte«, beschreibt Toselli in seinem Buch die Trauung, die nach seinen Worten »einer Posse glich«.[305] Um 7 Uhr abends reiste das Paar nach Italien ab.

Um den Spekulationen den Boden zu entziehen, veröffentlichten die in Sachsen erscheinenden offiziellen Blätter am 26. September folgenden Appell an das Volk: »Es wäre dringend zu wünschen, daß jetzt die Öffentlichkeit gegenüber dem Schicksal der Gräfin Montignoso sich beruhigt und abwartet, welche Konsequenz der sächsische Hof aus dem Schritte der Gräfin ziehen wird. Es ist weiters zu wünschen, daß man auch unserem König gegenüber diese Zurückhaltung bewahrt und nicht die Gefühle breittritt, welche ihn in diesen Tagen bewegen.«

Am 1. Oktober 1907 berichtete Gesandter von Braun an Außenminister von Aehrenthal über die Stimmung am sächsischen Hof nach Luises Heirat. »Man rate, Luise die Apanage zu belassen, da man dem König nicht dem Gedanken aussetzen solle, er wünsche der Mutter seiner Kinder nicht die frühere sorgenfreie Stellung zu erhalten. Aber eine baldige Herausgabe der kleinen Prinzessin werde angestrebt, ein Wiedersehen mit den Kindern in Anbetracht der neuen Umstände ›ad calendas graecas‹ vertagt«. Mit anderen Worten: auf den Sankt Nimmerleins-Tag! Wie der Gesandte weiter ausführte, »ergäbe sich für König Friedrich August durch die Wiedervermählung seiner geschiedenen Frau keine neue Sachlage. Er könne es aber nicht begreifen, wie ein so junger Mensch sich in dieses doch nicht mehr so junge Frauenzimmer verlieben könne.«[306]

Prinzessin Anna von Sachsen

»Der König soll das Kind niemals erhalten. Unsere kleine Monica ist in unserem Schutz. Ich trotze dem König. Deutsches Recht gilt nicht in Italien, und wenn einer der Agenten des Königs versuchen sollte, das Kind zu stehlen, so dürfte es ihm schlecht bekommen.« So sagte, angeblich, Toselli nach seiner und Luises Hochzeit in London. Das behauptet wenigstens der Trauzeuge Le Queux in einem Interview, das er laut *Daily Mail* am 26. September 1907 einem Beamten des sächsischen Hofes gab.[307] Ein großes Wort! Doch glaubte Toselli im Ernst daran, dem König von Sachsen ein Kind, das dieser vor aller Welt als seine Tochter anerkannt hatte, auf die Dauer entziehen und es womöglich adoptieren zu können?

Über Paris waren die Frischvermählten an den Lago Maggiore gereist, wo sie die kleine Monica erwartete. Doch ihr Aufenthalt dort währte nur kurz. Von Zeitungsreportern verfolgt, die sich an die Fersen des prominenten Paares hefteten, zogen sie es vor, nach Hause zurückzukehren. Besonders Toselli äußert sich in seinem Erinnerungsbuch äußerst ungehalten über die Belästigungen der ungebetenen Begleiter. Schon am 28. September berichtet die Presse von ihrer Ankunft in Florenz, wo sie von den Eltern Toselli begrüßt wurden. Ihr Ziel war das Hotel Aurora in Fiesole. Dort richteten sie sich in einer Dependance, der Villa Beatrice, häuslich ein. Luise wandte sich sofort an den Chef der Gendarmerie und bat ihn um Hilfe. Zwei Carabinieri begleiteten ab nun die kleine Monica auf ihren Spaziergängen. Man fürchtete eine Entführung durch den sächsischen Geheimdienst.[308] Niemand am sächsischen Hof dachte daran. Man hielt einen weiteren Aufenthalt des Kindes im Hause Toselli zwar für unmöglich, aber dem italienischen Recht mußte zunächst Genüge geleistet werden.

Doch schon unmittelbar nach Bekanntwerden der Nachricht von Luises Wiedervermählung fand einem Bericht der *Dresdner Nachrichten* zufolge unter dem Vorsitz des Königs eine Gesamtsitzung des Staatsministeriums statt, die sich mit der Frage der Auslieferung der kleinen Prinzessin und der Weiterbezahlung der Apanage an die ehemalige Gräfin Montignoso beschäftigte. »Wie verlautet, wurde der Beschluß gefaßt, die Prinzessin in kürzester Frist ihrer Mutter zu entziehen, weil durch sie die Moral des heranwachsenden Kindes gefährdet erscheine. Außerdem wurde beschlossen, der Frau Toselli die Apanage weiter zu belassen.«[309]

Am 4. Oktober erließ der sächsische Hof beim zuständigen italienischen Gericht Klage gegen Frau Toselli auf Herausgabe der Prinzessin. Zugleich überwies auf Anordnung des Königs die Deutsche Bank Luise die Apanage bis Ende des Jahres 1907.[310] Wenn Luise jetzt auch Frau Toselli war, lag es nicht in seiner Absicht, der Mutter seiner Kinder die ihr zugesagten Einkünfte zu nehmen. Doch gehandelt werden mußte, wollte man verhindern, daß sich die Karikaturisten weiterhin des Themas bemächtigten. War es doch äußerst blamabel, unter dem Titel »Pia Monicas Zukunft« die Zeichnungen dreier Gestalten erblicken zu müssen: Toselli an der Drehorgel, Luise mit einem Tamburin und ein kleines Mädchen, das bettelnd das Händchen ausstreckt.[311]

Dennoch scheint die Aussicht, daß Anna Monica Pia in Zukunft am Dresdner Hof leben werde, bei Friedrich August gemischte Gefühle ausgelöst zu haben. Wen mochte es wundern? Er kannte die Kleine nicht, hatte sie nie gesehen, und gewisse Zweifel an seiner Vaterschaft hatten sich ja doch nie ganz ausräumen lassen. In diesem Sinne hatte schon am 8. März desselben Jahres der österreichische Gesandte von Velics in München nach einem Gespräch mit Baron Friesen vertraulich nach Wien berichtet. »Von Metzsch und Graf Hohenthal hätten jedoch den König und den Hof überzeugt, daß die Übernahme der Prinzessin als eine logische Folge des vom königlichen Hof bislang in der ganzen Angelegenheit eingenommenen Rechtsstandpunktes gesehen werden müsse.«[312] Was immer Friedrich August bei Monicas Geburt für Gefühle gehabt haben mochte, er hatte das Kind, hauptsächlich wohl aus Staatsräson und Prestige, immerhin anerkannt. Trotzdem weigerte sich der König, so Baron Braun an Minister Aehrenthal, die Prinzessin »unvermittelt an den Dresdner Hof bringen zu lassen, denn das könne und wolle er mit Rücksicht auf seine Kinder und das so schön im Gang befindliche häusliche Leben in der Familie absolut nicht tun.«[313]

Ein anderes Mitglied der königlichen Familie scheint hinsichtlich der Zukunft der kleinen Prinzessin eine weit radikalere Ansicht vertreten zu haben, wie schon im Jahre 1905 in der Presse berichtet wird. Wenn man ihnen glauben darf, habe Prinz Max, der Bruder des Königs, der sich dem Priesterstand geweiht hatte, die Ansicht vertreten, Mutter und Tochter sollten am besten gleich und für immer hinter Klostermauern verschwinden; Luise zur Buße ihres sündigen Lebenswandels und Monica, damit vermieden würde, daß sie auf Abwege gerate. Die Szene, in deren Verlauf diese Worte fielen, habe sich auf Schloß Hosterwitz, dem Wohnsitz Prinzessin Mathildes, abgespielt. Die Dame, deren Name allerdings nicht genannt wurde, an die sie gerichtet waren, sei bereit, sie zu beeiden.[314]

Luise hatte inzwischen begriffen, daß es sinnlos war, ihrer einstigen Familie weitere Schwierigkeiten zu bereiten und dem offensichtlich unaufhaltsam gewordenen Lauf der Ereignisse in den Weg zu treten. »Oft fühlte ich, wie eine schwere Verantwortung auf mir lastete. Es wurde mir oft gesagt, daß meine Liebe zu Monica egoistisch sei, ich dürfe meinem Kind die Vorteile seiner Geburt nicht entziehen, indem ich darauf bestände, daß sie mein unglückliches Exilleben mit mir teilen sollte. Stets habe ich versucht, mir ein völlig objektives Urteil in allen meinen Lebenslagen zu erhalten, und so versuchte ich Monicas Zukunft von allen Seiten zu betrachten. Ich entschloß mich nach hartem Kampf, meine Mutterliebe in den Hintergrund zu stellen, und begriff, daß, wenn Monica nach Sachsen zurückgehen solle, es für sie besser sei, wenn dies geschähe, solange sie noch ein kleines Kind ist … Auch wollte ich nicht, daß jemals Monica mir vorwerfen könnte, daß ich sie nicht als Prinzessin am sächsischen Hof habe aufwachsen lassen. Ich fühlte meine Pflicht, sie ihrem Vater zurückzugeben, und hoffe, daß meine kleine, herzige Monica ein glücklicheres Leben als Prinzessin haben möge, als das meine war und nun geworden ist. Es kostete einen furchtbaren Kampf, das letzte Glied der Kette, die mich mit meinem vergangenen Leben verband, zu zerreißen. Trotzdem fühlte ich, daß mein Gemahl Monica lieben würde. Dieser Gedanke ließ mich den Abschied leichter ertragen«, schreibt Luise in ihren Memoiren.[315] Das Versprechen des Königs, ihr auch in Zukunft ihre Apanage zu belassen, dürfte ihren Entschluß ebenfalls, und nicht in unerheblichem Maße, beeinflußt haben. Auch Toselli nahm Abstand von seinem großspurigen Versprechen. Angesichts der Tatsache, daß sich die italienischen Behörden dem König von Sachsen zur Verfügung gestellt hatten, bleibe nichts anderes übrig, als die Prinzessin auszuliefern.[316]

So reiste am 26. Oktober Rechtsanwalt Mattaroli mit Monica und ihrer Kinderfrau aus Florenz ab. Luise und Toselli begleiteten sie bis Modena, wo sie Abschied von ihr nahmen. Toselli berichtet darüber: »Luise schloß ihr kleines Mädchen in die Arme, und Monica fragte: ›Wann sehe ich dich denn wieder, Mama?‹ Und Luise antwortete: ›Das mußt du Herrn Mattaroli fragen.‹ Mir war traurig zumute, als ich das Prinzeßchen auf die Wange küßte. Monica gab den Kuß mit echter Herzlichkeit zurück. Luise und ich blieben allein zurück und machten einen Spaziergang durch Modena. Da merkte ich, daß bei Luise nun doch das Empfinden für den Verlust ihres Kindchens zum Durchbruch kam, denn ich sah sie heimlich weinen. So war denn unsere Rückkehr nach Florenz recht traurig, und als wir in der Villa Beatrice anlangten, fühlten wir beide die Vereinsamung um uns.«[317] Der italienische Polizeikommissar, der die Reisegruppe bis zur italienisch-österreichischen Grenze in Ala begleitet hatte, wurde dort von einem österreichischen Beamten abgelöst. In Brixen wurde Monica von dem sächsischen Kammerherrn Baron Schönberg empfangen, der sie auf sein nahe gelegenes Schloß Palaus brachte. Dort sollte sie bis zum Frühjahr bleiben.[318]

Am 7. April 1908 war es dann endlich soweit. In Begleitung ihres Vaters traf Prinzessin Anna in Dresden ein, wie es heißt, »von der Bevölkerung stürmisch begrüßt und mit Blumen beworfen.«[319] Aus Monica Pia war endgültig Prinzessin Anna von Sachsen geworden, und nicht einmal ihr Rufname sollte sie daran erinnern, daß sie ihre ersten Lebensjahre bei ihrer Mutter in Italien verbracht hatte. Wie Toselli in seinem Buch berichtet, kamen Geschenke, die Luise an Monica nach Dresden sandte, postwendend wieder zurück. Der König von Sachsen wünschte keine Verbindung zwischen seiner Tochter und seiner geschiedenen Gattin[320], ebensowenig wie mit den älteren Kindern.

Frau Toselli

Die Ehe von Luise und Enrico Toselli stand von Anfang an unter keinem guten Stern. Zu groß waren die Gegensätze von Herkunft und Erziehung, von Lebensauffassung und Lebensführung. Vielleicht hatte Luise wirklich gehofft, in ihrem neuen bürgerlichen Stand eine Zuflucht zu finden. Eine Zuflucht vor dem Chaos, zu dem sie ihr Leben gemacht hatte, eine Flucht vor der Einsamkeit und ein Refugium für das Alter. Nach damaliger Ansicht war sie bereits eine Frau in mittleren Jahren und nicht nur geschieden, was an sich schon anrüchig war, sondern skandalumwittert und von ihren Standesgenossen gemieden und verfemt. Eine Femme fatale, die ein Mann von Rang und Ansehen bei dem Leumund, den Luise inzwischen hatte, allenfalls zu seiner Mätresse gemacht hätte, aber kaum zu seiner Ehefrau. Luises Aussichten auf dem Heiratsmarkt hatten sich also seit geraumer Zeit schon nach unten bewegt und dies mit einer bedrohlichen Tendenz gegen den Wert Null.

Da war Toselli in ihr Leben getreten. Und mit ihm eine neue Liebe. Eine neue Leidenschaft und die ersehnte neue Ehe. Doch hatte Luise tatsächlich gedacht, Enrico würde in der Lage sein, ihr die Art von Zuflucht zu bieten, die sie suchte? Bei ihm die Stütze zu finden, die eine labile Frau wie sie brauchte? Halt zu finden bei einem Vierundzwanzigjährigen aus Florenz: verwöhnt, behütet und bewundert von seinen Eltern als ihrem »Einzigem«, der versprach, als ein neuer Stern am Musikhimmel Italiens emporzusteigen.

Zunächst war jedoch alles, wie es in jungen Ehen der Fall ist, eitel Sonnenschein. Noch verdeckte der Reiz ungetrübten Beisammenseins die Gegensätze, und wenn es je etwas gegeben haben sollte, was Toselli zunächst weder verstehen noch gutheißen mochte, war er gewiß sehr schnell bereit, Entschuldigungen dafür zu finden. Er war verliebt wie noch nie in seinem Leben und wurde nicht müde, Luises Schönheit und Anmut zu rühmen, den Reiz ihrer Stimme, ihre Figur und ihr jugendliches Aussehen.[321] Daß sie nach Monicas Abreise nicht mehr in der Villa Beatrice, wo alles an sie erinnerte, wohnen wollte, fand er ganz natürlich. Die inzwischen angeschafften Möbel wanderten in ein Depot, und man übersiedelte nach Florenz ins Hotel Baglioni. Toselli ahnte nicht, daß dieser Umzug nicht der einzige in ihrer Ehe bleiben würde. Aber noch sah er alles durch die rosarote Brille der Liebe. Luise erwartete ein Kind. Sein Kind. Er war stolz und glücklich. Hatte Luise, als sie sich wider Erwarten rasch bereit gefunden hatte, Monica an den sächsischen Hof zurückzugeben, ihm nicht versprochen, von nun an nur für ihn und ihr gemeinsames Kind zu leben? Und daß sie beide reich werden würden von ihrer Hände Arbeit? Er als Opernkomponist und sie als seine Librettistin?[322]

Am 23. November 1907 gab Toselli ein Konzert in Mailand. Er spielte im Konservatorium unter Begleitung des Scala-Orchesters die Ungarische Phantasie von Liszt, die Berceuse von Grieg und Chopins Polonaise Nr. 53. Das *Berliner Tagblatt* berichtete darüber: »Sein Spiel zeugt von recht guter Vorbildung, läßt aber elementare Kraft vermissen. Eine von ihm komponierte und dirigierte Serenade für Streichorchester mußte wiederholt werden. Frau Toselli wohnte dem Konzert in einem Fauteuil der ersten Reihe bei. Sie wurde viel bemerkt.«[323] Dagegen schreiben die *Leipziger Neuesten Nachrichten,* daß der Abend finanziell ein Mißerfolg war. »Der Saal war halbleer. Frau Toselli in einer Spitzentoilette und perlgrauem Theatermantel sah wenig vorteilhaft aus und erregte gewiß keine große Bewunderung. Das Spiel Tosellis geht nicht über Mittelmaß hinaus, er verfügt über keine virtuose Technik.« Lobend wird hingegen seine Serenade erwähnt. Sie ist »anmutig und stimmungsvoll«.[324]

Toselli scheint selbst vorher gespürt zu haben, daß sein Spiel einiges zu wünschen übrig lassen würde. »Ich sollte zum ersten Mal nach meiner Heirat auftreten, und ich fürchtete, man würde jetzt nicht nur den Künstler hören wollen, sondern man würde kommen, um den Mann zu begaffen, der die interessanteste Liebesgeschichte erlebt. Das Gefühl beengte mich, nahm mir die Souveränität über meine künstlerischen Mittel.« Wie er weiter berichtet, hatte er sich vergeblich bemüht, seine Gattin vom Besuch des Konzertes abzuhalten. »Mich berührte es störend und unangenehm, sie in so unmittelbarer Nähe zu wissen. Ich hatte Mühe, Herr meines Spiels zu bleiben. Äußerst fatal aber war mir, daß Luise mich nach meinem Vortrag vor aller Welt umarmte.«[325]

Eifersucht über das Aufsehen, das Luise in der Öffentlichkeit erregte und das sie offensichtlich auch genoß, war zweifellos bei Toselli mit im Spiel. Er war der Künstler, der im Mittelpunkt stehen sollte, und nicht seine Frau. Aus diesem Grund hat er wohl auch einen sehr lukrativen Vertrag aus Amerika abgelehnt, der die Bedingung enthielt, daß Luise, Prinzessin von Toscana, neben ihm auf dem Podium erschiene. Luise hingegen hätte diesen Vertrag liebend gerne angenommen.[326]

Eine bessere Werbung als Luises schillernde Persönlichkeit hätte er sich eigentlich kaum wünschen können. Eine Florentiner Zeitung, die nach der spektakulären Hochzeit ein kurzes Lebensbild Tosellis brachte, schrieb dazu: »…weder seine Lieder, noch seine Konzerte konnten ihm die Berühmtheit verschaffen, die er jetzt seiner Heirat mit der Gräfin verdankt. Heute liegen in allen Musikalienhandlungen im Schaufenster Kompositionen Tosellis.«[327] Sehr weit her scheint es nämlich mit seiner Kunst nicht gewesen zu sein, will man der vernichtenden Kritik im *Wiener Tag* glau-

212

ben, die nach seinem Konzert in Warschau erschien. Luise war nicht anwesend, konnte ihn also nicht irritiert haben. »Als Klaviervirtuose hat Toselli kaum das Maß eines Salondilettanten. Seine ›Serenata italiana‹ paßt eher in ein Café als in die Philharmonie. Gegen den Vertrag kam seine Gattin nicht mit. Er sollte es endlich begreifen, daß nicht er, sondern seine Gattin engagiert wird.«[328]

Toselli selbst sieht das anders. Man habe ihn als einen verständnisreichen und pietätvollen Interpreten Chopins gefeiert, und er sei »unendlich beglückt und voll froher Pläne für seine Zukunft« heimgekommen.[329] Nach einem einmonatigen Aufenthalt im Hotel Baglioni war es ihm endlich gelungen, seine Frau davon zu überzeugen, daß es höchste Zeit sei, eine Wohnung zu nehmen. Nicht nur, daß ihm selbst das Hotelleben nicht gefiel und dort an ein ungestörtes Arbeiten nicht zu denken war, er hoffte, daß eine geregelte Lebensführung und die Pflichten einer Hausfrau und künftigen Mutter Luise davon abhalten würden, sich dauernd »in den belebtesten Straßen von Florenz zu zeigen, um gesehen zu werden und Aufsehen zu erregen. Sie war stets der Mittelpunkt blödester Neugier und das amüsierte sie.« Sie war es eben gewohnt, beachtet zu werden. »Auch machte sie sich mit Leuten gemein, die gesellschaftlich tief unter ihr standen. Sie nannte das ›populär‹ sein.« Ihrem Gatten mißfiel es ebenso wie die beinahe intime Art, in der sie mit ihrer Kammerfrau verkehrte.[330] Der Bürger Toselli dürfte also weit weniger »demokratisch« gewesen sein als bisweilen seine hocharistokratische Luise.

Das erste richtige Heim der Tosellis befand sich in Florenz, Via Fernando Bartolomeo, eine Zimmerflucht, für die sich Luise, so man Toselli glauben mag, eine Unmenge unechter Antiquitäten aufdrängen und es auch sonst an »Sachkenntnis und einem gepflegten Geschmack« fehlen ließ. Dazu gehörten »Kammerfrau, Kammerdiener, Köchin, Stütze,

Chauffeur und Auto«.[331] Von Bescheidenheit, die er ange-
mahnt hatte, also keine Spur. Man darf es ihm wohl glauben,
daß seine Eltern »konsterniert« waren. Sie waren es nicht weniger über Luises hausfrauliche Qualitäten. Sie selbst hat
sich in ihrem Buch als eine gute Hausfrau bezeichnet, die im-
stande war, »ohne fremde Hilfe ein gutes Diner« zu ko-
chen.[332] Eine gute Hausfrau im Sinne Mama Tosellis war sie
sicher nicht, denn von nun an ging es nicht um den Spaß, gelegentlich Köchin zu spielen, wenn man Lust dazu verspürte,
hier und jetzt ging es um die Führung eines Haushalts. Nach
damaliger Auffassung hingegen hatte eine Prinzessin von
Luises Ranges gebildet zu sein, Sprachen zu beherrschen,
Konversation zu machen und zu repräsentieren; ein Haus-
haltsbuch zu führen brauchte sie nicht. Nun schrubbte
Mama Toselli gewiß keine Fußböden, noch spülte sie höchstpersönlich das Geschirr. Wahrscheinlich schleppte sie auch
keine vollen Einkaufskörbe nach Hause. Aber mit Sicherheit
wußte sie genau darüber Bescheid, wieviel die Kalbshaxe für
das Osso bucco kosten durfte oder der Parmesan für die
Spaghetti.

Weder eine Erzherzogin von Österreich noch eine Kronprinzessin von Sachsen hatte es je nötig gehabt, sich Gedanken darüber zu machen. Anfallende Rechnungen wurden
vom Hof aus beglichen. War es da verwunderlich, daß Luises Verhältnis zum Geld nicht das einer Bürgerfrau war?
Luise war beileibe nicht die einzige ihres Standes, der es
schwerfiel, zu rechnen. Ihrer Namensschwester Louise von
Coburg rannen die Millionen nur so durch die Finger. Obwohl ständig auf der Flucht vor ihren Gläubigern, ließ sie
sich nicht davon abhalten, ein Leben auf größtem Fuß zu
führen. Anläßlich ihrer Scheidung vom Prinzen von Coburg und ungeachtet ihrer Schulden wurde bekannt, daß
sie zu jener Zeit ansehnliche 120 Paar Stiefel, 75 Paar sei-
dene Schuhe, 60 Sonnenschirme und 164 Federnhüte besaß![333] Eine nicht eben lukrative Geldanlage, an der höch-

stens die entsprechenden Kaufleute und Handwerker ihre Freude hatten. Wenn sie überhaupt je zu ihrem Geld kamen. Und Kaiserin Elisabeth, die legendäre Sisi, gab astronomische Summen aus, wenn sie mit ihrem Troß zu ihren geliebten Reitjagden nach Irland fuhr oder ein Schloß bauen ließ, das sie, kaum daß es fertig war, nicht mehr mochte. Allerdings stand der Kaiser von Österreich mit seiner Privatschatulle hinter ihr, der zwar seufzend und bisweilen nicht ohne milden Vorwurf, aber doch prompt die anfallenden Rechnungen beglich.

An Luises Verhältnis zum Geld hatte sich auch in den Jahren, als sie keine Prinzessin mehr war, nicht viel geändert. Wenn es nicht reichte, dann gab es ja Leihhäuser, oder man veräußerte eben ein Schmuckstück, wenn nötig, auch weit unter seinem Wert. Es konnte vorkommen, daß der Gerichtsvollzieher kam und den Mercedes pfändete ... Erst viel später, als ihre Einkommensquellen versiegt waren, wird Luise lernen, sich nach der Decke zu strecken.

Am 17. Januar 1908 starb Großherzog Ferdinand IV. von Toscana in seiner Salzburger Residenz. Er war schon längere Zeit leidend gewesen, und wie es einem Habsburger seines Ranges zustand, wurde er in der Kapuzinergruft zu Wien beigesetzt. Nicht nur am Wiener Hof, auch in Dresden legte man Hoftrauer an. Weil der älteste Sohn Leopold sich vom Kaiserhaus losgesagt hatte und materiell abgefunden worden war, fiel das Erbe dem Zweitältesten, Josef Ferdinand, zu. Der Titel eines Großherzogs, den Großherzog Ferdinand zeit seines Lebens geführt hatte, erlosch mit seinem Tod.

Luise erfuhr von all dem erst durch eine Zeitungsmeldung. Sie depeschierte sofort nach Salzburg, eine Antwort erhielt sie nicht. So groß war inzwischen die Kluft, daß man es nicht einmal der Mühe wert fand, sie vom Tode ihres Vaters zu verständigen! Die Ehe mit Toselli hat man ihr nicht mehr verziehen. »Meine zweite Vermählung entfremdete mich meinen Eltern, die als strenge Katholiken, nachdem meine Ehe mit Friedrich August vom Vatikan nicht annulliert worden war, den Gedanken an eine zweite Ehe verwarfen«, gibt sie selbst in ihrem Buch zu.[334]

Aussteiger Leopold hingegen, Luises Bruder, der unter dem Namen Leopold Wölfling in der Schweiz lebte (er war seit dem 20. Mai 1905 Bürger des Kantons Zug), war wenigstens vom Tod seines Vaters verständigt worden. Man fand die Eskapaden eines Mannes wohl weniger schlimm als die standesamtliche Ehe einer Frau. Denn auch Leopold hat seiner Familie, wie wir bereits wissen, wenig Ehre gemacht. Daran konnte der Name, den er sich zugelegt hatte, nichts ändern. Seine Neigung zu »Exzentrizitäten«, wie man damals ein Verhalten nannte, das den Gepflogenheiten nicht entsprach, hatte schließlich dazu geführt, daß er das Kaiserhaus verließ.

Am 25. Juli 1903 heiratete er in Beyrier bei Genf sowohl standesamtlich als kirchlich seine langjährige Geliebte Wilhelmine Adamovicz.[335] Doch war Leopolds Ehe kein Erfolg. Seine Frau war Vegetarierin geworden und hatte sich einer besonders fanatischen Gruppe von »Naturmenschen« angeschlossen, die in Ascona ihre Lehre praktizierte. Immer häufiger kam es zu lautstarken Streitereien, wobei Wilhelmine, wie einer Akte der Polizeidirektion Wien zu entnehmen ist, über das »Schimpfrepertoire einer Abortfrau« verfügt haben soll, was bei ihrem Vorleben kaum verwundert.[336] Dabei vernachlässigte sie sich nicht nur selbst, sondern auch den Haushalt dermaßen, daß es Leopold schließlich zu bunt wurde. Er bekam nur einfache, vegetarische Nahrung vorgesetzt, und seine Frau verbot ihm sogar, sich die Haare schneiden zu lassen. Wenn er auch kein Erzherzog mehr war, auf eine solche Art wollte er auch nicht leben. Er reichte die Scheidung ein. Anwalt Lachenal, der ihn dabei vertrat, gab an, daß Leopold, als er zu ihm kam, »wie ein Wilder«

ausgesehen habe, worauf er ihn veranlaßt habe, sich zunächst einmal Haare und Bart schneiden zu lassen, was dann allerdings eine heftige häusliche Szene heraufbeschwor. Am 1. Juli 1907 wurde die Ehe infolge unheilbarer Zerrüttung geschieden.[337] Im Gegensatz zu Wilhelmine, die die Hoffnung auf eine Versöhnung noch nicht ganz aufgab, ließ Leopold aus Paris, wo er mathematische und biologische Studien betrieb, verlauten, daß er weder seine geschiedene Frau noch deren Schwestern je wiedersehen wolle.[338] Wilhelmine Adamowicz starb an progressiver Paralyse in der Wiener Irrenanstalt Steinhof.[339]

Doch Leopold Wölfling war durch Schaden nicht klug geworden. Schon wenige Tage nach der Scheidung von Wilhelmine, am 26. Juli 1907, ging er eine neue Ehe ein. Seine Auserwählte hieß Magdalena Ritter, war am 12. Januar 1877 in Plottnitz in Preußisch Schlesien geboren und stand in München unter sittenpolizeilicher Kontrolle. Es scheint, daß ein früherer »Bräutigam«, offensichtlich ihr Zuhälter, erst mit 10 000 Kronen abgefertigt werden mußte! Ein stolzer Betrag damals! Der verflossene »Bräutigam« setzte sich damit nach Berlin ab, und eröffnete dort ein »Butter- und Käsegeschäft«.[340]

Im sittenstrengen Zug war man mit der Ansiedlung der neuen Frau Wölfling und deren Bewerbung um das Bürgerrecht verständlicherweise nicht einverstanden. Doch die Aufregung war unnötig. Es dauerte nämlich gar nicht lange, und die Wölflings lebten schon wieder voneinander getrennt in München.

Am 7. Oktober 1912 sprach Leopold schließlich bei der Münchner Polizei vor und ersuchte, »man möge die Prostituierte Maria Schweikhardt aus der sittenpolizeilichen Aufsicht entlassen, da er sie künftig vollständig unterhalten werde«.[341] Sein Hang zum horizontalen Gewerbe war also ungebrochen. An Geld mangelte es ihm zu jener Zeit nicht. Am 6. Mai 1911 war sein Onkel Johann Salvator, der seit

1891 in den Gewässern um Kap Horn verschollene Johann
Orth, amtlich für tot erklärt worden. Da das Erbrecht an
dessen Vermögen Leopold seinerzeit ausdrücklich zugesi-
chert worden war, wurde ihm als männlichem Agnaten ein
Zwölftel der Hinterlassenschaft, nämlich 300 000 Kronen
zugesprochen. Weibliche Angehörige, wie etwa Luise, eine
Nichte Johanns, hatten nach dem Habsburger Hausgesetz
kein Erbrecht. Sie mußten sich mit ihrer Apanage oder dem
Heiratsgut zufriedengeben. Doch kehren wir wieder zu
Luise zurück.

Angesichts der Neugierde, die die Presse noch immer der
ehemaligen Kronprinzessin von Sachsen entgegenbrachte,
ließen sich die zunehmenden Schwierigkeiten im Hause Toselli nicht lange verbergen. Luise war kaum ein halbes Jahr
verheiratet, als bereits bekannt wurde, daß sie sich nicht mit
ihrer Schwiegermutter verstand, die um das Künstlertum ihres Sohnes besorgt war. Auch stimme ihre Lebensauffassung
mit der der Familie ihres Mannes nicht überein.[342] Die Geburt eines kleinen Jungen am 7. Mai 1908 überbrückte noch
einmal alle Gegensätze. Sie erweckte nicht nur bei dem jungen Vater, sondern auch bei den Großeltern Toselli die
Hoffnung, daß die Mutterschaft Luise zur Einsicht ihrer
Pflichten bringen möge. Die erste Zeit ging auch alles gut.
Luise stillte ihr Baby selbst. Es wurde auf ihren Wunsch
nicht »wie ein Proletarierkind« in der Kirche, sondern, da
kein Schloß vorhanden war, immerhin in privatem Rahmen
im eigenen Salon und in Anwesenheit von drei Priestern
auf den Namen Carlo Emmanuele Filiberto getauft. Toselli
berichtet darüber: »An einem strahlenden Tag, es war der
13. Juni, fand die heilige Handlung statt. Luise war in einer
tiefausgeschnittenen Spitzentoilette und trug das Haar mit
weißen Blumen geschmückt. Drei Priester zelebrierten,
und Bubi schrie wie besessen. Meine Frau bat, daß man Bubi
auf einer silbernen Schüssel hielte, über die man eine Spit-

zendecke gebreitet. Schüssel und Spitzendecke, sagte sie, hätten bei den gleichen Handlungen am Dresdner Hof gedient.«[343]

Doch der Frieden im Hause Toselli währte nicht lange. Nur zu bald nahm Luise ihr gewohntes Leben mit seiner Rast- und Ruhelosigkeit wieder auf. Da das Baby sehr zart war und die Ärzte zu einem Luftwechsel rieten, wurde in Viserba bei Rimini für drei Monate eine Villa gemietet. Viel zu lange für Luise. Wie Toselli uns berichtet, habe sie ihm erklärt: »›Die Luft ist unerträglich hier, geradezu verpestet. Die Malaria herrscht übrigens in der Umgebung! Und Bubi schwindet immer mehr dahin.‹ In zehn Minuten hatte sie alle Schrecknisse, alle Gespenster heraufbeschworen, die uns hier in Viserba umlauerten. Ich versuchte trotzdem einzuwenden, daß mir Bubi ganz wohl erschiene. Natürlich verstand ich nichts davon, wünschte am Ende gar den Tod des Kindes. Wie alle Künstler wäre ich ein hartgesottner Egoist. Ich sähe nichts, nichts fiele mir in meiner Selbstsucht auf, sonst hätte ich wohl bemerken müssen, daß sie selbst nur noch ein Schatten ihres früheren Ich war. ›Schon gut, was beabsichtigst du also?‹ ›Ich will nach Venedig.‹ ›Wir haben doch dieses Haus auf drei Monate gemietet.‹ ›Ich will aber nach Venedig.‹«[344] Es sollte nicht bei einem einzigen Vorfall dieser Art bleiben.

Leider besitzen wir über diese Lebensjahre Luises kein anderes Zeugnis als das Buch, das Toselli selber darüber geschrieben hat. Ein Aufsatz von Antonietta Drago, »La serenata di Toselli«, in einem Sammelband mit dem Titel »I furiosi amori dell'ottocento« basiert offensichtlich ebenfalls auf den Schilderungen Tosellis. Der Verdacht einer sehr subjektiven Beurteilung, die gewiß bisweilen so manches übertrieb, kann daher nicht ganz außer acht gelassen werden. Wir wollen aber Toselli glauben, daß das gemeinsame Leben immer schwieriger wurde.

Die Hoffnung, das Baby werde Luise zu etwas mehr Seß-

haftigkeit nötigen, hatte sich nicht erfüllt. Obwohl »Bubi«
kränklich war und seine Entwicklung zu wünschen übrig
ließ, war Luise auch in Florenz oft bis spät abends mit ihm
unterwegs. Wenn sie nicht überhaupt die Koffer packen ließ
und mit ihm, Zofe, Kinderfrau und einer Unmenge Gepäck
auf Reisen ging, immer wieder von Ort zu Ort, von Hotel zu
Hotel, nach Venedig und an den Lago Maggiore, nach Ra-
pallo und nach Montreux, um nur einige Stationen zu nennen. Verständlich, daß die Strapazen dieser Fahrten, der
Wechsel von Klima und Speisen gerade einem schwäch-
lichen Kind kaum zuträglich waren.

Bezeichnend für Luises Ruhelosigkeit war es, daß sie,
während ihr Gatte mit hohem Fieber im Bett lag, mit
»Bubi« und ihren Dienstboten ins Hotel de Rome übersiedelte und die Möbel auf den Speicher stellen ließ. »Ich mag
das Haus nicht leiden. Und das Stadtviertel ist mir unerträglich. Ich will überhaupt kein Haus mehr haben«, sei die Erklärung dieser seltsamen Idee gewesen. Nach anfänglichem
Widerstand habe Toselli nachgegeben. »Also im Hotel de
Rome«, schreibt Toselli resignierend. »Dabei haben wir ein
vollständig eingerichtetes Haus. Und ich bedarf so dringend eines ruhigen, geregelten Lebens, um arbeiten zu
können. Ich bin krank und ans Bett gefesselt, und sie bringt
es fertig, sich gerade jetzt in einem Hotel einzumieten. Mithin muß ich auch ins Hotel de Rome. Diese entnervende
Hetzjagd soll also von vorne beginnen.«[345] Man lebte also
wieder im Hotel.

Dazu kamen ständige Geldsorgen. Luises Ansprüche waren groß. Größer oft als ihre Einkünfte. Mit seinen paar
Konzerten und Tantiemen konnte Toselli das nicht ausglei-
chen. Angeblich versetzte Luise einmal wertvolle Brillant-
ohrringe, um dafür eine Haute-Couture-Toilette aus Paris zu
kaufen! Mindestens ebenso schlimm aber waren die immer
wiederkehrenden Streitigkeiten und das Zerwürfnis Luises
mit ihren Schwiegereltern, Fremde für sie, doch für Enrico

die Eltern, die er liebte und verehrte. Und er stand dazwischen. Alles in allem gewiß kein Ambiente, in dem seine Arbeit gedieh. Daran konnten auch die »wilden Liebesstunden«, die dann und wann stattfanden, nichts ändern.[346]

Trotzdem noch einmal der Versuch eines eigenen Heimes. Wieder in Fiesole diesmal, in der Villa Paganucci. Und es kommt sogar zu einer gemeinsamen Arbeit. Luise verfaßt das Libretto zu »Der Gralsritter«, einer einaktigen Oper Tosellis. Auch das Weihnachtsfest verlief in familiärer Harmonie. Es vereinte alle drei Generationen Toselli in traulichem Beisammensein. Selbst Mamma Toselli fand alles »ganz allerliebst eingerichtet«[347], und noch einmal keimte Hoffnung auf, daß nach anfänglichen Stürmen doch noch alles gutgehen würde.

Es ging nicht gut. Heftige Auseinandersetzungen, vor allem bedingt durch Luises häufige Abwesenheiten, standen auf der Tagesordnung, immer wieder auftretende finanzielle Nöte, Streit um Schmuckstücke, um gewährte und wieder entzogene Bankvollmachten verschlimmerten die Lage. Völlig ungerechterweise habe Luise ihm vorgeworfen, anstatt zu arbeiten, nur von ihrem Geld zu leben, während es nur Mutter Toselli zu danken wäre, daß die von Luise verpfändeten Schmuckstücke vor dem Verfallsdatum wieder ausgelöst werden konnten, beklagt sich Toselli.[348] Streit und Versöhnung. Luise verreiste, ohne zu sagen wohin. Endlich, nach Tagen, meldete sie sich aus Montreux, Toselli reiste ihr nach. »Weinend flüchtete sie in meine Arme, gab sich mir zärtlich und voller Liebe. Sie bereute alles.«[349] Szenen einer Ehe, die von Anfang an verfehlt war. Längst bereute Toselli die übereilt geschlossene Heirat. Es ist anzunehmen, daß Luise ähnlich dachte.

Schon im Jahre 1909 geht durch die Presse eine Meldung, wonach die Scheidung des Ehepaares Toselli unmittelbar bevorstehe.[350] Einige Monate später wird berichtet, daß beide Gatten beschlossen hätten, die in London geschlos-

221

sene Ehe zu lösen. Ihr Zustand sei unerträglich geworden. Das habe Anwalt Coselschi, Luises Rechtsbeistand, mitgeteilt. In einem vom englischen Konsul gegengezeichneten Notariatsakt sei vereinbart worden, daß das eheliche Band zwischen den beiden Gatten gelöst sei und sie auch nicht mehr zusammenwohnen würden. Gräfin von Montignoso habe sich jedoch verpflichtet, für den gemeinsamen Sohn zu sorgen.[351]

Toselli stellt diesen »Scheidungsakt« etwas anders dar. Luises Apanage sei ausgeblieben, angeblich, weil er sich in unschöner Weise über den König von Sachsen geäußert habe. Was er aber heftig bestritt. Daraufhin sei der Anwalt des sächsischen Hofes, Mattaroli, nach Dresden gereist und habe die Angelegenheit in Ordnung gebracht. Dieser habe dann, offensichtlich um den sächsischen Hof zufriedenzustellen, jenes Dokument vorbereitet. Eine Formalität also, die weder er noch Luise ernstgenommen hätten. Einige Monate später habe sich »die Komödie wiederholt. Herr Mattaroli und sein Kompagnon Coselschi nutzten eine ernste Verstimmung zwischen Luise und mir aus und ließen uns nochmals unsere Scheidungsakte unterzeichen«, was aber »unser eheliches Zusammenleben keineswegs berührte.«[352] Als Dank habe Luise Mattaroli Königin Carolas Brillantring geschenkt, den sie bei der Hochzeit eigentlich ihrem Enrico an den Finger gesteckt hatte.[353] Wie immer sich die Geschichte abgespielt haben mag, das Thema Scheidung lag in der Luft, und seine Realisierung war nur noch eine Frage der Zeit.

Luises Memoiren

»Ich bin verschiedentlich aufgefordert worden, die vielen
Erklärungen und Berichte, die seit nahezu zehn Jahren im
Umlauf sind, zu widerlegen. Bis heute habe ich geschwie-
gen, da ich mich nicht dazu hergeben wollte, auf jene belei-
digenden Beschuldigungen zu antworten. Es ist mir jedoch
nahegelegt worden, daß, da meine Söhne demnächst das
Alter erreichen, in dem ihnen möglicherweise jene lügenhaften Beschuldigungen mitgeteilt werden könnten, es
meine Pflicht ist, die Gründe zu veröffentlichen, die mich
veranlaßten, Dresden zu verlassen, und die zu meiner Ver-
bannung aus Sachsen führten«, schreibt Luise im Vorwort
ihrer Memoiren, das sie mit »Luise von Toscana, frühere
Kronprinzessin von Sachsen« unterzeichnet.[354]

Die Idee von der Veröffentlichung der Memoiren
stammte von dem englischen Journalisten William Le
Queux, der bei der standesamtlichen Eheschließung der
Tosellis einer der Trauzeugen gewesen war. Er kam im Februar 1911 mit einem Angebot des englischen Verlegers
Eveleigh Nash nach Fiesole, nach dem Luise ein Honorar
von 10 000 Francs und 25 % vom Ertrag bekommen sollte.

Toselli versuchte Luise davon abzuhalten. »›Wie kannst
du nur so etwas Törichtes beginnen? Willst du mit einer Ver-
teidigungsschrift Aufsehen erregen, obwohl dich niemand
angreift? ... Hast du dir überlegt, welchem Skandal du dich
aussetzt? Du willst Memoiren veröffentlichen. Das kannst
du nicht, ohne peinliche Erinnerungen zu erwecken, ohne
den sächsischen Hof zu brüskieren, ohne deine Familie,
deine Kinder in den Mittelpunkt eines peinlichen Interes-
ses zu rücken. Du hast immer behauptet, dein Leben hätte

einen neuen Kurs eingeschlagen. Du führtest heute ein ganz anderes Leben.‹ ›Gerade darum! Heute bin ich Mutter, nur Mutter: Ich will ein Buch für Mütter schreiben. Ich verschweige und unterdrücke, was ich nur irgend kann, aber ich will der Welt beweisen, daß mein Herz reich an Mütterlichkeit ist.‹«[355]

Tosellis Argumente waren zweifellos stichhaltig. Doch Luise ließ sich nicht abhalten. Sie wolle ein »Buch für Mütter« schreiben, eines »das ihr jedes Frauen-, jedes Mutterherz erobern müsse.«[356] Der Vertrag wurde vor dem englischen Konsul Carmichael unterzeichnet. Luise erhielt die Hälfte des Honorars im voraus.

Und sie verlor keine Zeit. Mit Hilfe der englischen Schriftstellerin Mary Chester-Ffoulkes, die zu ihr kam und im Hotel Aurora logierte, entstand in nur zwei Wochen das Werk, von dem sie sich versprach, daß es auf größtes Interesse stoßen und ihre Feinde, vor allem Herrn von Metzsch, vernichtend treffen würde. Schon am 19. Oktober 1911 konnte sie auf auf die Titelseite der italienischen Ausgabe »La mia storia« die Widmung schreiben: »Al mio caro Enrico! Luisa.«[357] Luise selbst war von dem Ergebnis begeistert. Sie sah sich schon als weltberühmte Schriftstellerin und Verfasserin weiterer Werke. Nur die deutsche Übersetzung gefiel ihr nicht. »Der Text war so minderwertig im Vergleich zu den großen Gedanken und der Tiefe des Originals.«[358] Sie beschloß, selbst eine deutsche Fassung zu schreiben.

Ihre Erwartungen erfüllten sich jedoch nicht. Die »Memoiren« wurden weder ein Welterfolg, noch vermochten sie, ihre Feinde beim König von Sachsen in Mißkredit zu bringen und zu vernichten. Trotzdem sorgten sie für Aufsehen. Was immer die ehemalige Kronprinzessin von Sachsen anstellte, man interessierte sich dafür. Die »Memoiren« wurden fortsetzungsweise im Pariser *Matin* veröffentlicht. Sie erweisen sich bereits im ersten Kapitel als »kleinlicher

Klatsch«, schreiben die *Münchner Neuesten Nachrichten* vom 4. September 1911.

Am 14. September erschienen sie auch bei einem Berliner Verlag in Deutschland und wurden laut *Leipziger Neuesten Nachrichten* mit Befremden aufgenommen. Obwohl man immer wieder von »unharmonischen Ereignissen im Hause Toselli« hörte, sei doch nach der Auslieferung von Prinzessin Anna und der neuen Eheschließung im Leben Luises endlich einige Ruhe eingekehrt. Nun halte man unliebsame Folgen für sie durchaus möglich. Da es ihr nach dem Vertrag vom 5. Mai 1905 untersagt war, »verletzende Äußerungen in der Presse von sich zu geben oder etwas zu unternehmen, was geeignet wäre, dem königlich-sächsischen Hof ... gegenüber öffentliches Ärgernis zu erregen«, könne dieser das Erscheinen der Memoiren zwar nicht verhindern, aber er könne ihr ihre Rente entziehen.[359]

Luise und ihr Londoner Verleger widersprachen. Es gäbe in dem Buch nichts, was den sächsischen König herabsetze. Sie habe den König, den sie immer hoch geschätzt habe, nicht wegen Differenzen mit ihm verlassen. Seit Oktober 1906 sei es ihr nicht erlaubt worden, ihre Kinder zu sehen, obwohl ihr das vertraglich zugesagt worden sei. Alle ihre Gesuche seien aber von Minister von Metzsch stets abschlägig beantwortet worden. Die Memoiren »seien streng sachlich, sie habe ihre eigene Person nicht geschont und den König schon im Interesse ihrer Kinder auf das Schonendste behandelt. Der sächsische Hof habe also nicht das Recht, ihr ihre Apanage zu entziehen«.[360] Tatsächlich und wohl im Hinblick auf den seinerzeit abgeschlossenen Vertrag, der ihr ihre Rente sicherte, äußerte sich Luise über ihren ehemaligen Gatten durchaus lobend. Nur Schwäche und allzu große Gutgläubigkeit seinem Vater gegenüber warf sie ihm vor.

Womit Luise nicht unrecht hat. Trotzdem spricht es für Friedrich August, daß er ihre Apanage nicht antastete. Er wünschte keinerlei Verbindung mehr mit ihr, materiell jedoch sollte ihr nichts abgehen. Immerhin hätte allein das, was sie gegen König Georg vorbringt, völlig ausgereicht, als ein Verstoß gegen die Bedingungen des Vertrages aufgefaßt zu werden. Der sächsische Hof hingegen enthielt sich jeder Stellungnahme; es interessiere dort einfach nicht, äußert sich die *Chemnitzer Allgemeine Zeitung*, ob die Memoiren erscheinen oder nicht.[361] Am 20. November 1911 bittet die Buchhandlung P. Dienemann in Dresden in einer Anzeige in den *Dresdner Nachrichten* um Bestellungen für das in Kürze erscheinende Memoirenbuch Luises, »Mein Leben«.[362]

Weniger tolerant ist man in Österreich. Am 7. Oktober 1911 veröffentlicht das Amtsblatt ein Edikt über die Konfiskation der »Memoiren« wegen Beleidigung des Kaisers. Auch die Nummer 10058 des Pariser *Matin* wurde von der Staatsanwaltschaft in Wien und Prag beschlagnahmt. Das gleiche Schicksal widerfuhr in Wien einem ungarischen Blatt und in Innsbruck einem italienischen Exemplar der »Memoiren«. Anstoß erregt hatte vor allem eine Textstelle, in der Kaiser Franz Joseph als »Herr Schratt« bezeichnet wurde.[363]

Man muß dazu folgendes wissen: Die Bekanntschaft des Kaisers mit der Burgschauspielerin Katharina Schratt war das Werk Kaiserin Elisabeths gewesen. Die junge Frau, die der Kaiser im Theater gerne sah, sollte ihn von ihrer häufigen Abwesenheit aus Wien ablenken. Das war im Jahre 1886. Franz Joseph war damals 56, die »gnädige Frau« 33 Jahre alt. Gemeinsam mit Frau Schratt in der unweit des Schlosses Schönbrunn gelegenen Barockvilla in der Gloriettegasse 9 oder in ihrem Sommersitz in Ischl das Frühstück einzunehmen, wurde ihm zur lieben Gewohnheit. Obwohl Meinungsverschiedenheiten nicht ausblieben, sollte diese Verbindung dreißig Jahre lang bis zum Tode des Kaisers dauern. Kathi Schratt war nicht nur hübsch, sondern besaß auch Mutterwitz und Humor, Eigenschaften, die man der Kaiserin nicht unbedingt nachsagen konnte. Dem einsamen Mann mochten die Stunden, die er in Gesellschaft der »Freundin« verbrachte, Unterhaltung und eine willkommene Abwechslung in seinem sonst so streng geregelten Tagesablauf gebracht haben und ein wenig Freude in seinem Alter. Die Geschenke, mit denen er sich erkenntlich zeigte, waren eines Kaisers würdig. Denn abgesehen davon, daß Franz Joseph nicht nur einmal die nicht gerade geringen Spielschulden der »Freundin« beglichen hatte, konnte sich diese im Laufe der Jahre einer anwachsenen Sammlung wertvoller Schmuckstücke erfreuen. Schließlich sorgte der Kaiser auch über seinen Tod hinaus für ihre Zukunft, indem er ihr ein Palais übereignete und ein Millionenkonto auf ihren Namen anlegen ließ; das allerdings durch einen Treuhänder vor allzu großen Verlusten durch Kathis geliebtes Roulette gesichert wurde.

Nur eine platonische Freundschaft? Oder doch ein Liebesverhältnis? Der Briefwechsel zwischen Kaiser Franz Joseph und Katharina Schratt bringt darüber keine Klarheit. Der Tod von Katharinas Gatten, von dem sie lange vor ihrer Bekanntschaft mit dem Kaiser nach nur zweijähriger Ehe geschieden worden war, gab Anlaß zu Gerüchten, die nie ganz verstummt sind. Man sprach von einer heimlichen Heirat. Doch es ist kaum anzunehmen, daß Franz Joseph, Witwer nach seiner ermordeten Gattin Elisabeth, mit seinen fast achtzig Jahren noch an Heirat gedacht hätte. Ohnedies wäre nur eine sogenannte morganatische Ehe möglich gewesen, wie er sie einige Jahre vorher bei seinem Neffen Franz Ferdinand auf das heftigste, wenn auch vergeblich, zu verhindern versucht hatte. Es ist nicht anzunehmen, daß der Kaiser seinen Prinzipien untreu geworden ist.

Die *Münchner Neuesten Nachrichten* berichten jedenfalls in ihrer Ausgabe vom 10. Januar 1913, daß Kaiser Franz Joseph der Erzherzogin Ella erlaubt habe, mit dem Linienschiffsleutnant von Kloss die Ehe einzugehen. Es handelt sich dabei um Erzherzogin Eleonore, eine Enkelin von Erzherzog

Karl, des Siegers über Napoleon in der Schlacht bei Aspern im Jahre 1809. Eleonore starb nach einer glücklichen Ehe 1974 im Alter von 88 Jahren in Baden bei Wien. Ein eklatanter Fall von Mesalliance also.[364]

Genau auf alle diese Gerüchte um eine späte Ehe des Kaisers scheint Luise in ihren Memoiren mit der nun wirklich herabwürdigenden Bezeichnung »Herr Schratt« anzuspielen. Die Textstelle wurde später in der deutschen Ausgabe gestrichen.[365]

Der *Matin* interviewte auch Giron, der inzwischen studiert hatte und nun Physik an der Freien Hochschule in Brüssel lehrte. Alles gehöre längst der Vergangenheit an, erklärte dieser. »Er sei glücklich verheiratet und kümmere sich nicht mehr um diese Episode seines Lebens.«[366]

Im Juli 1911 war Luise mit ihrem Söhnchen auf die Insel Wight gereist, wo sie aber, laut Toselli, das Kind dem Personal überlassen habe, um selbst nach London zurückzukehren. Denn sie lebe ja nur noch für »L'Histoire de ma Vie«. Auf seine Aufforderung, nach Hause zu kommen, habe er (Toselli) keine Antwort und seit dem 9. September überhaupt kein Lebenszeichen erhalten. Da habe er auf Anraten eines rechtskundigen Freundes ein notariell beglaubigtes Inventarverzeichnis anfertigen lassen und vor Zeugen all das, was ihm persönlich gehörte, aus der Wohnung in Fiesole entfernt.[367] Einem Mitarbeiter des *Secolo* schüttete er sein Herz aus. Er habe vergeblich versucht, die Veröffentlichung der »Memoiren« zu verhindern. »Jetzt ist das Maß voll. Mein Entschluß ist gefaßt. Ich kann dem Skandal, den das Erscheinen des Buches auslöste, nicht untätig zuschauen. Ich habe bereits einen Anwalt beauftragt, die gesetzliche Trennung der Ehe in die Wege zu leiten.«[368]

»Luise habe das Geld nur so verschwendet und stelle dar, er (Toselli) lebe von ihrem Geld«, heißt es in einem Bericht aus Rom. »Inzwischen war es umgekehrt. Schon nach der

Rückkehr aus London sei das Auto gepfändet gewesen und es hätten Gläubigerforderungen von über 40 000 Mark vorgelegen. Er habe aber alles um des Kindes willen ertragen. Schon nach vier Monaten sei der Teufel los gewesen. Als sie sich einmal in Brüssel befand und er sie zur Rückkehr aufforderte, habe sie ihm empfohlen, weniger kindische Begriffe von der Ehe zu haben. Nun wolle er sich scheiden lassen.«[369] Dagegen die Stimme der *Bohemia*: Toselli nenne nicht einmal ein Hemd sein eigen und sei in den vier Jahren nur von seiner Frau ausgehalten worden. Er habe keine Ursache, sich über sie und ihr angeblich böswilliges Verlassen zu beklagen.[370] Er selbst schreibt in seinem Buch: »Ich habe bis zum letzten Augenblick gezögert, ich mußte erst meinem eigenen Gewissen den Beweis erbringen können, daß nun das Maß des Möglichen voll sei ... Ich habe bis zur letzten Möglichkeit um den häuslichen Herd, den ich gegründet, gekämpft. Und ich hätte so gern meinem Kind die Mutter erhalten.«[371]

Bestseller, wie man heute sagen würde, wurden Luises Memoiren nicht. Sollte sie aber beabsichtigt haben, wieder einmal für Schlagzeilen zu sorgen, so war ihr das gelungen. Friedrich Kracke zitiert einen Ausspruch eines Herrn von Golßenau, einer der Erzieher der sächsischen Prinzen: »Unsere Köchin, sagte meine Mutter, liest das Buch der Prinzessin in der Küche offen. Die Herrschaften in all den Häusern hier herum lesen es auch, aber heimlich.«[372] Auf jeden Fall beschleunigten die Memoiren den endgültigen Bruch ihrer Ehe mit Toselli.

Wieder allein

»Geliebter Enrico! Mehr denn je bin ich Dir zugetan. Ich bin Dein, bin es stets gewesen und werde es stets sein. Nie könnte ich mich von Dir trennen. Aber laß mich nie mehr unter Deiner so grundlosen und krankhaften Eifersucht leiden«, und vieles andere mehr zitiert Toselli aus Briefen, die er im Herbst 1911 von Luise erhalten haben will.[373] Doch ihm ging es, wie er beteuert, nur mehr um sein Kind, dessen Entwicklung und Gesundheitszustand ihm immer größere Sorgen machte. Auch war er mit den Erziehungsmethoden seiner Frau keineswegs einverstanden. »Die Nachrichten über den Gesundheitszustand unseres Kleinen sind immer gleich vortrefflich«, habe Luise ihm damals geschrieben, »aber um ihm die Launen auszutreiben, die ihn oft ganz grundlos befallen, und mit denen er seine Umgebung quält, werde ich mir heute eine Pferdepeitsche kaufen, und die wird kräftiger zu fühlen sein als meine Hand.«[374]

In ihrem Schreiben vom 2. September gibt Luise ihr Einverständnis zu einer Scheidung und erklärt sich bereit, die Bedingungen ihres Mannes anzunehmen. Eineinhalb Monate später, am 14. Oktober, kam sie in Florenz an und mietete sich im Hotel Baglioni ein, wo sie mit Toselli zusammentraf. »Stückweis brichst du mein armes Herz. Tag und Nacht bist du mein einziger Gedanke«, habe sie beteuert. »Ich liebe dich so innig und habe immer nur dich geliebt. So glücklich könnten wir sein, aber du hast mich nicht zu nehmen gewußt.« Toselli gesteht, die Nacht und auch die folgende Woche bei ihr verbracht zu haben. »Und doch verbarg ich ihr, was mein Herz dachte und was es plante …

nichts zog mich mehr zu ihr hin. Ich habe mich in diesen Tagen immer aufs neue vergewaltigt.«[375] Ob ihm das wirklich so schwer wurde?

Am 21. Oktober kommt er nach Fiesole, wo Luise inzwischen wieder in der Villa Paganucci wohnt, und setzt den Plan, den er schon längere Zeit gefaßt hatte, in die Tat um. Während Luise mit einem Pelzhändler verhandelt, der ihr Felle für einen Mantel zeigt, holt er unter dem Vorwand, einen Spaziergang machen zu wollen, das Kind. »Ich ging ein Stück zu Fuß. Die Dienstboten hatten sich um mein Fortgehen mit dem Kinde wenig genug gekümmert, die Mutter gar nicht. Ich nahm einen Wagen, und zwanzig Minuten später war mein Kind in Sicherheit bei meinen Eltern, und statt der Mutter hatte es einen liebevollen Großvater und eine gute Großmutter«, berichtet uns Toselli in seinem Buch.[376] Luises Klage auf Kindesentführung wurde am 21. November 1911 vom Gericht abgelehnt. Es verfügte die sofortige Trennung der Ehegatten Toselli. Carlo Emmanuele Filiberto wurde dem Vater zugesprochen und seiner und der Obhut seiner Großeltern anvertraut.[377] In einem neuerlichen Gerichtsverfahren wurde am 10. April 1912 das Urteil bestätigt. Als Beweis für die falschen Erziehungsmethoden Luises hatte Toselli dem Gericht jenen Brief vorgelegt, in dem sie vom Kauf einer Pferdepeitsche für die Züchtigung des Kindes berichtete. Außerdem legte er ein Gutachten seines Arztes vor, der bestätigte, daß sich dessen physischer und psychischer Zustand in der Zeit seines Aufenthaltes beim Vater erheblich gebessert habe.[378] Am 9. Juni 1912 entschied das Gericht endgültig über die Scheidung des Ehepaares. Es gab Luise das Recht, ihr Kind zu sehen, sooft sie es wollte.[379] Ob in der Berichterstattung allerdings immer genau zwischen Trennung von Tisch und Bett und Scheidung unterschieden wurde, ist nicht ganz klar. Wir werden später darauf zurückkommen. Wieder war ein Kapitel in Luises Leben zu Ende gegangen.

Einst hatte sie gegen die Fesseln der Etikette rebelliert, gegen den Schwiegervater, der sie nicht mochte, die Hofgesellschaft, die ihr zuwider war, so war es nun die Enge des bürgerlichen Haushalts, die Schwiegermutter, die ihr Ratschläge erteilte und ihr als nachahmenswertes Vorbild hingestellt wurde. Doch da und dort war es vor allem die Ruhelosigkeit ihres Wesens, das kein Beharren kannte, das immer nach Neuem strebte, und sei es auch nur ein neuer Ort, ein neues Hotel. Und das keine Unterordnung und keinen Zwang ertrug und stets nach eigenem Gutdünken handelte.

Gewiß liebte Luise alle ihre Kinder, Sie hatte mit ihnen gespielt und auf dem Teppich getollt, was einst das Mißfallen des alten Königs erregt hatte. Und sie liebte auch ihr letztgeborenes Söhnchen. Aber sie beschäftigte sich mit den Kindern nur solange es ihr gefiel. Wenn sie keine Lust mehr dazu hatte oder andere Pflichten sie riefen, dann überließ sie sie eben dem Personal. Dazu war es da. So hatte es auch mit Carlo Emmanuele Filiberto gehalten. Für die Kinder Opfer zu bringen, ihre eigene Person hintanzustellen, war Luises Sache nicht.

Doch vielleicht sollten wir ihr zugute halten, daß sie es von Jugend an nicht anders gewöhnt war. In ihren Kreisen brachten Frauen ihre Kinder zur Welt, weil die Natur es so wollte und die dynastische Absicherung es erforderte. Sobald ein Kind aber geboren war, übernahmen es Ammen und »Ajas«, später Gouvernanten, Erzieher und Lehrer. Die Eltern bekamen ihre Kinder oft nur für ganz kurze Zeit zu Gesicht. Am Kaiserhof in Wien gab es die sogenannte »Kindskammer«. Darunter verstand man nicht etwa ein Kinderzimmer, sondern den ganzen Troß von Dienstpersonal, der für die Betreuung und das Wohlergehen eines erzherzoglichen Babys zuständig war. Soweit ging man in großbürgerlichen Kreisen zwar nicht, aber auch da war es eine Nurse oder Bonne, die dafür sorgte, daß die Mutter ihre Ruhe hatte.

Sie habe in ihrem Gatten anfangs ein Genie gesehen, das nur der Aufmunterung bedurfte, um ein Wagner oder Chopin zu werden, äußerte sich Mrs. Mary Chester-Ffoulkes, die Ghostwriterin ihrer Memoiren. Doch bald habe er sie enttäuscht. Sie sehe ihre Irrtümer ein und bedaure, nicht geduldig den Tod ihres sächsischen Schwiegervaters abgewartet zu haben.[380] Eine späte Erkenntnis! Schon zehn Jahre früher hatte Luises Genfer Anwalt Lachenal die Ansicht vertreten, sie hätte nur zu warten brauchen.

Wie Toselli berichtet, lebte Luise nach der Scheidung bei Freunden in Signa, von wo aus sie von dem ihr zugebilligten Besuchsrecht öfters Gebrauch machte. Wenn ihr das Kind gebracht wurde, erwies sie sich als »liebevolle und zärtliche Mutter«, doch das Zusammensein geschah stets im Beisein von Vater und Großmutter.[381]

Im Juli erkrankte Luise in Signa, und sie bat Toselli, sie zu besuchen. Der Arzt stellte eine schwere Bauchfellentzündung fest (andere Quellen sprechen von einer Eierstockentzündung) und ordnete eine Überführung ins Krankenhaus an. Aus welchen Gründen immer, ließ diese jedoch drei Tage auf sich warten, während der Toselli es als seine Pflicht erachtete, sie zu pflegen. Endlich wurde Luise ins Krankenhaus der Englischen Schwestern von San Girolamo in Fiesole gebracht. Eine Operation war nicht nötig. Auch hier hat sich Toselli um seine geschiedene Frau solange gekümmert, bis ihm der Zutritt von der Oberin mit dem Hinweis, nicht er, sondern der König von Sachsen sei der einzig rechtmäßige Gatte, verweigert wurde.[382]

Im Jahre 1913 veröffentlichte Toselli seine Memoiren unter dem Titel »Gemahl einer Hoheit. Meine Ehe mit Luise von Toscana, Ex-Kronprinzessin von Sachsen«. »Mein Buch ist nichts als eine Darlegung der Tatsachen und eine Abwehr der Angriffe, die gegen mich gerichtet worden sind. Richtig ist, daß ich das Buch vernichtet hätte, wenn die Prinzessin

233

wieder zu mir zurückgekehrt wäre und sich verpflichtet hätte, ein schlichtes, bescheidenes und ruhiges Leben zu führen. Ich begab mich sogar nach Brüssel, um diesen letzten Versuch zu machen, aber die Prinzessin erklärte mir und meinem Mitarbeiter und Freund Paolo Reni, daß sie auf das Buch pfeife; sie denke nicht daran, zu mir zurückzukehren. Ich war für sie zu wenig elegant, zu gewöhnlich, zu ungeschickt in meiner Kunst«, gibt der *Magdeburger Central-Anzeiger* vom 28. März 1913 ein Interview wieder, das Toselli einem nicht näher genannten amerikanischen Blatt gegeben haben soll. Es schließt ironisch: »Die Reklame ist gut, braver Meister Toselli. Kein Zweifel, daß sie dem angekündigten, tiefgründigen Werk noch einige Leser, will sagen Käufer, zuführen wird. Für Skandal-Offenbarungen hat die Welt ja immer Geld übrig.«

Solange es ein Königreich Sachsen gab, wurde Luise diskret beschattet. Wie die sächsische Gesandtschaft in Brüssel am 20. März 1912 berichtet, hatte Luise in Ixelles, einem Vorort von Brüssel, Avenue Klauwaerts 19, zum Preis von jährlich 2500 Francs ein Haus gemietet, in dem sie mit zwei Dienstboten wohnte, ihrer Zofe Madeleine Verwaede und ihrer Köchin Elisa Hürlimann, die schon in Florenz ihre Vertraute gewesen war. Das Haus in der Avenue Klauwaerts wird bis zu ihrem Tod ihre Adresse bleiben.

Einer Akte im Sächsischen Staatsarchiv zufolge schien das Gericht in Florenz in der Causa Toselli nur eine Trennung von Tisch und Bett verfügt zu haben. Ein Jahr später wurde Toselli nämlich bei der Staatsanwaltschaft Brüssel wegen einer endgültigen Scheidung vorstellig. Als Grund gab er den Ehebruch seiner Ehefrau mit dem Ingenieur Fernand Vanderstraeten an. Wollte Toselli wieder heiraten? Die Ehe zwischen ihm und Luise war in London nur standesamtlich geschlossen worden. In Italien, wo nur die kirchliche Trauung volle Gültigkeit besaß, galt er ohnehin als ledig. Warum er die Klage anstrengte, geht aus der Akte nicht hervor.

Dem belgischen Gesetz zufolge mußten aber Beweise für die Klage geliefert werden. Sechs Beamte bezogen also Stellung »in der Avenue Klauwaerts, Ecke Avenue de l'Hypodrome und im Halbkreis des Teiches von Ixelles zur Avenue Klauwaerts«. Sie stellten fest, daß das zu observierende Objekt eine Loggia besaß, von der sich ihrerseits ein guter Ausblick bot. Luise allerdings sahen sie nur selten dort, öfters eine andere Frau »d'allure peu distinguée«, also wenig vornehmen Auftretens, möglicherweise Frau Hürlimann. Abends waren dichte dunkle Vorhänge vorgezogen, die keine Sicht erlaubten. Was den des Ehebruchs verdächtigen Fernand Vanderstraeten betraf, so war die Kunde von seiner Existenz bereits im Dezember 1912 sowohl nach Frankreich als auch nach Deutschland gelangt. Dort wollte man nämlich wissen, daß die Gräfin von Montignoso erneut an eine Heirat denke und zwar mit einem Ingenieur aus Florenz.[383] Nun stammte Vanderstraeten zwar nicht aus Florenz, sondern aus Tubize, wo er am 11. August 1882 geboren worden war, aber er hatte sich vom 13. Februar 1909 bis zum 19. Dezember 1911 in Florenz aufgehalten, wo er bei einem Straßenbau beschäftigt war. Er wird als ein Freund Tosellis bezeichnet, durch den Luise ihn kennengelernt hatte. Fernand Vanderstraeten wohnte gemeinsam mit seiner Mutter in Brüssel, 70, Boulevard Militaire. Es gab jedoch keinen Beweis, daß er Luises Geliebter war. Tosellis Klage wurde abgewiesen.[384]

Enrico Toselli starb an einem Krebsleiden am 15. Januar 1926 in Florenz im Alter von nur knapp 43 Jahren. Er hinterließ einige Kompositionen, unter anderem eine symphonische Dichtung, die Vertonung eines Werkes Gabriele d'Annunzios, die mit Erfolg im Teatro Vittorio Emmanuele in Rimini aufgeführt worden war, Suiten für Streichorchester und Klavier, sowie eine Cantate nach einem Text Alfred de Mussets. Luise schrieb das Libretto zu Tosellis Einakter »Der Gralsritter« sowie zur Operette »La cattiva Francesca«, deren Uraufführung 1912 erfolgte. Im Jahre 1913 wurde im Kursaal Diana in Mailand seine Operette in drei Akten »La Principessa bizarra« aufgeführt, als deren Textdichter neben Paolo Reni auch »Luisa di Sassonia« genannt wurde. Wenn man allerdings Toselli glauben darf, trat Luise schon nach wenigen Tagen von dem abgeschlossenen Vertrag über das Libretto wieder zurück, da sie um ihre Apanage fürchtete. Es ist daher nicht bekannt, welcher Teil des Textes ihr wirklich zuzuschreiben ist.[385]

Hatte die unglückliche Heirat wirklich seine künstlerischen Schwingen gelähmt, wie er mehrfach behauptet? Ein junger Mann, dessen »töricht beglückte Jugend an die blaue Blume glaubte«[386] und der an ihrer Stelle dann nur die Scherben einer zerbrochenen Ehe in der Hand behielt? Und waren seine zerstörten Hoffnungen, seine gescheiterte Karriere wirklich nur allein Luises Schuld?

Immerhin hatte er nach seiner Scheidung noch etliche Jahre Zeit, um das Versäumte nachzuholen und etwas von dem Ruhm zu gewinnen, den er und seine Eltern so sicher erwarteten. »Von Toselli, dessen künstlerische Leistungen den bescheidenen Durchschnitt nie überragten, hatte man seit Jahren nichts mehr gehört«, kann man in einem Nachruf lesen, der unmittelbar unter dem Eindruck seines Todes geschrieben wurde. Und Antoinetta Drago schreibt in ihrem Aufsatz über Toselli: »Vielleicht war Luise fatal für ihn, vielleicht war sie aber auch nur ein schönes Alibi, daß er eben nichts geworden war.«[387]

Einzig Tosellis »Serenata italiana«, die er schon im Alter von 17 Jahren und nicht, wie fälschlich behauptet, erst für Luise schrieb, hat ihn überlebt. Als »Toselli-Serenade« hat so mancher Klavierschüler sie mit mehr oder minder großer Lust gespielt und bei vielen Kurorchestern gehört sie zum Repertoire. Auch jetzt kann man ihre nostalgische Melodie noch gelegentlich im Rundfunk hören.

Gräfin Montignoso und d'Ysette

Seitdem Luise in Belgien lebte, hatte sie sich einen neuen Namen zugelegt: Antoinette Maria Comtesse d'Ysette. Angeblich hatte sie dabei die Zahl »sieben« vor Augen gehabt. Sieben heißt auf Italienisch: sette, auf Französisch: sept. Wie es scheint, hielt sie die Sieben für ihre Glückszahl.

Die Akten des Sächsischen Staatsarchivs erlauben uns, einigen Spuren Luises zu folgen. Wenn auch der sächsische Hof keine Verbindung mehr mit seiner ehemaligen Kronprinzessin wünschte, war er an ihrer Lebensführung doch immer noch sehr interessiert. Man konnte nie wissen ... In diesem Sinne berichtete u. a. das Kaiserlich Deutsche Konsulat in Florenz pflichtschuldigst und mit genauer Angabe der Daten, daß Luise Ende Dezember 1913 eine Reise in die Stadt am Arno unternommen hatte. Sie habe jedoch ihren Buben nicht sehen können. Er war nicht ganz wohl und konnte ihr daher nicht gebracht werden; die Tosellis selbst aber wollten die ehemalige Schwiegertochter nicht zu Hause empfangen.[388] Der 14. März des darauffolgenden Jahres sieht Luise schon wieder in Florenz. Einen Monat später teilte das sächsische Hausministerium mit, daß sie nach Brüssel zurückgekehrt sei.[389]

Durch die kriegerischen Ereignisse im Sommer 1914 und die Besetzung Belgiens durch das deutsche Heer geriet Luises Apanage in Verzug und ein an sie gesandter Scheck in Höhe von 2038 Francs kam an den Absender zurück. Doch man war sich in Dresden seiner Verpflichtung bewußt und setzte alle Hebel in Bewegung, um der ehemaligen Kronprinzessin die ihr zustehende Summe zukommen zu lassen.

Am 24. August konnte die sächsische Gesandtschaft in Berlin dem königlichen Staatsminister Graf Vitzthum mitteilen, daß der Geheime Ober-Postrat Jacobs in seiner Eigenschaft als Vorsteher des Feldpostamtes bereit sei, eine Geldsumme an die Gräfin von Montignoso anzunehmen und sie an ihre Adresse zu befördern.[390] Wahrscheinlich geschah dies auch in der Folgezeit, solange es ein deutsches Generalgouvernement in Belgien gab. Was das Geld betraf, war man korrekt. Hingegen sollte jede Möglichkeit einer Begegnung Luises mit ihrem ehemaligen Gatten von vornherein ausgeschlossen werden. So schrieb am 4. Dezember 1914 Graf Vitzthum dem Chef der Zivilverwaltung in Belgien, von Sand, daß sich König Friedrich August vom 6. Dezember abends bis zum 7. Dezember früh in Brüssel aufhalten werde. Da es nicht erwünscht sei, daß er der Gräfin begegne, ersuche man, sie diskret zu beschatten.[391] Als ob man das nicht schon immer getan hätte!

Im Frühjahr 1915 scheint Luise sich noch einmal in Florenz aufgehalten zu haben, denn einer Meldung des Generalgouvernements in Brüssel zufolge beantragte sie am 27. April einen Paß für eine vierwöchige Reise nach Italien, gegen dessen Ausstellung, wie die Behörde mitteilte, keinerlei Bedenken bestünden.[392] Inzwischen hatte Italien jedoch die Fronten gewechselt. In dem mit Deutschland und Österreich-Ungarn geschlossenen Dreibund hatte es sich im Falle eines Krieges zur Neutralität verpflichtet. Nun aber trat es an der Seite der Entente-Mächte in den Krieg ein, weil diese dem neuen Partner als Preis für den Frontenwechsel die so sehr gewünschte Brennergrenze, Istrien und einen Teil Dalmatiens zugesichert hatten. Forderungen, die Kaiser Franz Joseph empört abgelehnt hatte. Die Kriegserklärung an Österreich-Ungarn erfolgte prompt am 27. Mai 1915, die an das Deutsche Reich erst über ein Jahr später, am 28. August 1916.

Die Lage zwischen Deutschland und Italien dürfte aber

schon vor diesem Datum ziemlich angespannt gewesen sein, denn der Generalgouverneur in Belgien meldete dem sächsischen Staatsministerium am 16. August 1916, die Gräfin von Montignoso sei von Geheimbeamten angehalten worden, weil sie entgegen dem Verbot auf offener Straße ein Abzeichen mit den italienischen Farben getragen habe. Darüber zur Rede gestellt, habe sie jedoch erklärt, die deutschen Beamten hätten ihr in Belgien nichts vorzuschreiben. Um solche Vorfälle in Zukunft zu vermeiden, wäre es daher besser, wenn die Gräfin ihren Aufenthalt in einem neutralen Land, etwa der Schweiz, nehmen würde. Der Minister antwortete jedoch, daß Luise die sächsische Staatsangehörigkeit verloren habe und ihr auch der Aufenthalt innerhalb der deutschen Grenzen untersagt sei.[393] Kurz, man sei eigentlich nicht zuständig für sie. Es scheint also, daß Luise für das Stammland ihrer Familie immer noch Sympathien hegte, obwohl sie, wie Toselli moniert, an den Italienern ständig etwas auszusetzen hatte.[394]

Am 30. Januar 1917 wurden von den deutschen Behörden Meldungen der feindlichen Presse dementiert, wonach Luise ausgewiesen und in einem Kloster untergebracht worden sei. Sie bewohne nach wie vor ihr Haus in Ixelles und habe eine Köchin und ein Stubenmädchen, die beide schon lange in ihren Diensten seien. Ihr Leben unterscheide sich in nichts von dem ihrer Nachbarn. Es könnte sein, daß Prinzessin Radziwill in ihrem nach dem Krieg erschienenen Buch auf jene Berichte in der ausländischen Presse anspielt, wenn sie behauptet, Luise sei unter dem Vorwand, ein Schloß werde ihr als Wohnsitz zur Verfügung gestellt, von »the kaiser« nach Deutschland gelockt, dann aber an der Grenze verhaftet und in ein »privates Irrenhaus« gesperrt worden.[395] Dem Journalisten Le Queux zufolge, seien das alles Machenschaften des deutschen Kaisers, weil Luise englandfreundlich und demokratisch gesinnt sei. Und von Metzsch sei dessen willfähriges Werkzeug gewesen.[396]

240

Weiterhin beschäftigte man sich aber mit Luises Privatleben. Weiß das deutsche Generalgouvernement doch zu berichten, daß sie wahrscheinlich mit Vanderstraeten ein Verhältnis habe. Die beiden schienen sich allerdings in einem »Pied à terre«, einem Absteigquartier also, zu treffen, denn die Gräfin sei von Zeit zu Zeit einige Tage abwesend. Wenn Vanderstraeten sie in ihrem Hause besuche, verlasse er sie aber immer schicklich um elf Uhr abends.[397] Kurz, Genaues wisse man eben doch nicht. So ganz ohne Mann dürfte Luise also nicht gelebt und ihre Vorliebe für jüngere Herren auch nicht aufgegeben haben. Doch scheint sie dazugelernt zu haben, klüger und vorsichtiger geworden und in ihrem eigenen Interesse auf mehr Diskretion bedacht gewesen zu sein.

Von diesen Berichten abgesehen wird es jetzt still um Luise. Über Europa und anderen Teilen der Welt tobt der Krieg, der, noch ohne Numerierung, zum »Weltkrieg« avanciert. Der zweite seiner Art lag noch in einiger Ferne. Aber auch dieser erste fordert Millionen von Opfern. Gefallene, Verstümmelte, Gefangene, für immer Vermißte, Hunger und Elend. Als endlich Friede herrscht, hat Europa ein anderes Gesicht. Kaiser und Könige sind gestürzt, die Grenzen der Länder verschoben. Hatten während des Krieges die täglichen Heeresberichte die Spalten der Zeitungen gefüllt, so gibt es auch jetzt beileibe brisantere Themen als das Leben einer kapriziösen ehemaligen Kronprinzessin: den Kampf um das tägliche Leben, den Hunger der Nachkriegszeit, die Inflation, die Gewerkschaften, die Parteien. Man war republikanisch geworden und demokratisch. Oder versuchte es zumindest. Keine gute Zeit für die Aristokratie. Außerdem gab es wohl wirklich nichts Spannendes mehr zu berichten über Luise von Toscana, gewesene Kronprinzessin eines Königreiches, das es nicht mehr gab, zwischenzeitliche Gräfin Montignoso, gegenwärtige d'Ysette. Schließlich war sie jetzt um die Fünfzig und ihre Sturm- und Drangzeit mithin endgültig vorbei. Luises einst hoher Stellenwert, der ihr, manchmal auch gegen ihren Willen, die Schlagzeilen eingebracht hatte, war dahin.

König ohne Sachsen

So wird sich Friedrich August III. nach seiner Abdankung manchmal selbst ironisch nennen. Doch wir wollen den Ereignissen nicht vorgreifen.

Friedrich August, damals noch Kronprinz, war bei seiner Scheidung erst 37 Jahre alt, stand also im besten Mannesalter. Wäre seine Frau jung gestorben, wie es damals auch in allerhöchsten Kreisen keine Seltenheit war, hätte er mit Sicherheit wieder geheiratet. Schon aus dynastischen Gründen. Kinder waren wichtig. Je mehr, desto besser. Unglücksfälle konnten allemal passieren. Doch als strenggläubigem Katholiken war ihm diese Möglichkeit verwehrt. Sollte der sächsische Hof beim Vatikan je Schritte unternommen haben, die eine Annullierung der rechtsgültigen geschlossenen und vollzogenen Ehe zum Ziele hatten, so blieben sie geheim und brachten nicht das gewünschte Ergebnis.

Friedrich August blieb also allein. Und das betraf nicht nur ihn selbst, sondern auch seine Kinder, deren Schicksal es nun war, mutterlos aufwachsen zu müssen. Erwachsen waren sie noch lange nicht: Georg, der Älteste, war bei der Scheidung seiner Eltern gerade zehn, Friedrich Christian neun und Ernst Heinrich erst sechs Jahre alt. Die Mädchen waren noch jünger, Margarethe drei und Maria Alix knapp anderthalb Jahre alt. Im Mai 1908 kam dann die damals fünfjährige Anna Monica dazu.

Doch vielleicht erleichterte garade das zarte Alter der Kinder einiges, vor allem, da sich Friedrich August als sehr fürsorglicher Vater erwies und in jeder Beziehung versuchte, ihnen ein harmonisches Familienleben zu bieten. Auch die Tante, Prinzessin Maria Immaculata von Bourbon-Sizilien, die zweite Gemahlin von Friedrich Augusts Bruder Johann Georg, soll sich liebevoll um ihre Nichten und Neffen gekümmert haben. Wie Prinz Ernst Heinrich von Sachsen in seinen Erinnerungen darlegt, habe der Vater sich immer bemüht, soviel wie möglich mit den Kindern zu unternehmen; gemeinsam wurden die Mahlzeiten eingenommen, wurde sonntags am Morgen die Messe besucht und am Nachmittag ein Ausflug gemacht. Immer verbrachte er mit ihnen die Ferien. Doch lassen wir ihn selbst zu Worte kommen: »Die sonntäglichen Ausflüge machte er immer mit uns ganz allein, keine Polizeibehörde wurde verständigt, und niemand machte sich Sorgen um den wandernden König. Nachmittags kehrten wir zu Kaffee und Kuchen ein, im Sommer im Freien. Dann wurde der erste beste freie Tisch genommen. Für die Sonntagsausflügler war es keineswegs eine Sensation, ihren König in Zivil mitten unter sich Kaffee trinken zu sehen.«[398] Verzärtelt wurden die Kinder nicht. Das Essen war höchst einfach. Das Frühstück bestand aus einer Tasse Kaffee und zwei mit Marmelade bestrichenen Schwarzbrotscheiben. Sie mußten sich mit kaltem Wasser waschen und ohne Federkissen schlafen. Ihre Kleidung bestand hauptsächlich in Matrosenanzügen und -kleidern. Auch im strengen Winter gab es keine Pelzmäntel.[399]

Prinz Ernst Heinrich sieht im bescheidenen Leben seines Vaters dessen menschliche Größe. Über seine geschiedene Frau habe er nie ein Wort der Kritik verloren. Er selbst wolle kein Urteil über sie fällen. »Da wir noch klein waren, als sie uns verließ, entbehrten wir sie nicht, da wir es nicht anders kannten«, schreibt er in seinem Buch.[400] Eine Enkelin, Prinzessin Maria Theresia von Hohenzollern, eine der Töchter Prinzessin Margarethes, erwähnte eine Äußerung ihrer Mutter, wonach »der Vater sehr streng gewesen sei«. Als gütig, aber streng, charakterisiert ihn auch Friedrich Kracke. Nach Prinz Friedrich Christian war sein Vater »eine in sich geschlossene Natur, die ihr Innerstes höchst selten offenbarte und daher niemanden an seinen persönlichen Bereich herankommen ließ«. Er sei gerne mit guten Freunden zusammengewesen, habe aber auch da immer eine gewisse Distanz gewahrt. Sobald er aber aus sich herausging, »so brach sein goldenes Herz hervor, das für jeden Mitmenschen schlug«.[401] Besonderen Stellenwert im Leben des Königs nahmen seine Kinder ein, es folgten seine Sachsen, vor allem die Soldaten, und die Natur, schreibt sein Enkel Prinz Albert von Sachsen.[402]

Alle Biographen Friedrich Augusts rühmen seine persönliche Bescheidenheit und seine strenge Auffassung von Pflichterfüllung, die über sein Privatleben hinaus seine Regierungsgeschäfte und seine militärischen Aufgaben mit einschloß. Wie üblich für einen Prinzen hatte er früh als Offizier Karriere gemacht und verantwortungsvolle Posten übernommen, denen er sich mit größtem Eifer widmete. Als Kronprinz wurde er in der Nachfolge seines Vaters Kommandierender General des XII. Armeekorps, 1909 Generaloberst und 1912 Generalfeldmarschall des Deutschen Reiches, als der er verpflichtet war, an allen Kaisermanövern teilzunehmen.

Die Menschen schienen zu fühlen, daß dem König ihr Wohl am Herzen lag, und schätzten seine Ungezwungenheit im Umgang mit den verschiedenen Schichten der Bevölkerung, deren Dialekt er selbst beherrschte. Das Geheimnis seiner Popularität war, »daß er so auftrat, wie es keiner von einem König und einem der reichsten Männer Deutschlands erwartete«, schreibt Walter Fellmann.[403] So war bei seinem Regierungsantritt zwar ein Mercedes angeschafft worden, aber der König zog zeit seines Lebens eine Fahrt im Vierspänner oder in der Bahn vor.

König Friedrich August förderte nach Kräften Oper und Theater, die er mit den Mitteln seiner Zivilliste subventionierte. Seine Vorliebe galt den Klassikern. Auf seine Anordnung hin widmete ihnen das Königliche Schauspielhaus in Dresden einen guten Teil des Repertoires. Seinen alljährlichen Aufenthalt in Leipzig benützte er wiederholt zum Besuch der Universität. Auch an einem großen Kulturerfolg Sachsens, an der Weltausstellung für Gesundheitspflege im Jahre 1912 in Dresden, hatte er großen Anteil.

Schon im Jahre 1904 hatte Friedrich August im Taschenbergpalais die sogenannte Prinzenschule eingerichtet, in der seine Söhne mit gleichaltrigen Kameraden, den Söhnen von Beamten und Offizieren meist protestantischen Bekenntnisses, nach dem gleichen Lehrplan wie an den öffentlichen Gymnasien unterrichtet wurden.

Unter dem Einfluß des Königs wurde am 25. Januar 1909 ein neues Wahlgesetz verabschiedet. Mit der Wahlberechtigung für jeden männlichen sächsischen Staatsangehörigen, der das 25. Lebensjahr vollendet hatte und mindestens eine direkte Staatssteuer bezahlte, bedeutete es nicht nur eine große Verbesserung gegenüber dem alten, sondern erwies sich auch als weit liberaler als das preußische Dreiklassenwahlrecht.

Populär, als Herrscher jedoch unbedeutend, charakterisiert ihn sein Biograph. Aber wie hätte er sich als Herrscher des kleinsten deutschen Königreiches, das auf die Entscheidungen des Kaisers keinen Einfluß hatte, denn besonders profilieren können? Für die »große Politik« war ein anderer zuständig. »Das Verhältnis zwischen meinem Vater und dem Kaiser war gut und freundschaftlich«, bemerkt dazu Prinz Ernst Heinrich. »Der Kaiser ließ jedoch die deutschen Bundesfürsten und ihre Häuser fühlen, daß er sie mehr oder weniger als Satelliten betrachtete und er alleiniger Herr im Reich wer.«[404] Friedrich August III. »sei berufen gewesen, den Übergang zu einer anderen, verbürgerlichten Monarchie vorzubereiten«, wurde später über ihn geschrieben. Dagegen aber auch: er sei als König völlig überfordert gewesen, hätte aber einen guten Bürgermeister von Zittau oder Löbau abgegeben.[405] Wenn man Friedrich Augusts Popularität rühmt, muß man da nicht auch an Luise denken? Auch sie war populär. Eigentlich hätten die beiden einander gut verstehen müssen, und es entbehrt nicht der Tragik, daß ihre Gemeinsamkeit auf so abrupte Weise endete.

Der November 1918 brachte schließlich das Ende, und das nicht nur für den König von Sachsen, der die Entwicklung schon lange mit Sorge, aber auch mit Resignation verfolgt hatte. Er ahnte wohl früh, daß der Krieg verloren war. Sein Sohn, Kronprinz Georg, hatte schon im Jahre 1917 am Sieg der deutschen Waffen gezweifelt und befürchtet, daß die Niederlage auch das Ende der Monarchien bedeuten würde. Für General Ludendorff war er daher ein Defätist.

Wie Prinz Ernst Heinrich von Sachsen in seinen Lebenserinnerungen berichtet, hatte sich sein Vater im März 1918 offen in Gegensatz zur Obersten Heeresleitung in Berlin gestellt. Damals habe ihn der Senat der Freien Hansestadt Hamburg angesichts der Lage an den Fronten und im Hinterland gebeten, seinen Einfluß zu einer raschen Beendigung des Krieges geltend zu machen. Natürlich gehe das nicht ohne Opfer ab. Das betreffe vor allem die Räumung von Elsaß-Lothringen, über dessen weiteres Schicksal man eine Volksabstimmung vorschlagen solle. Obwohl König Friedrich August keine Möglichkeit für eine Verwirklichung dieses Planes sah, brachte er zusammen mit Hamburg und den beiden Fürstentümern Reuß jenen Vorschlag im Bundesrat ein. Er betrachtete es als seine Pflicht gegenüber Deutschland. Mit dem Hinweis auf den bevorstehenden Sieg der deutschen Waffen wurde der Plan von allen übrigen abgelehnt. Elsaß-Lothringen sei überhaupt kein Thema. Ende 1918 war es dann soweit. Die Throne stürzten. Was jahrhundertelang gegolten hatte, für ewig gegründet und unerschütterlich schien, gab es plötzlich nicht mehr. Schon am 7. November war in München die »demokratische und soziale Republik Bayern« ausgerufen worden. Unter dem Eindruck von Generalstreik und Massendemonstrationen versuchte nun der Reichskanzler Prinz Max von Baden die Revolution aufzuhalten, indem er am 9. November eigenmächtig den Rücktritt Kaiser Wilhelms II. verkündete. Dieser ging daraufhin in die Niederlande ins Exil. Am 11. November trat in Wien Kaiser Karl I. zurück. Die beiden großen mitteleuropäischen Monarchien gab es nicht mehr.

In Dresden hatte der Arbeiter- und Soldatenrat die Macht an sich gerissen. Unter diesen Verhältnissen entsagte König Friedrich August am 13. November ebenfalls dem Thron. »Macht doch euren Dreck allein«, soll er dabei gesagt haben, ein Ausspruch der Berühmtheit erlangte, jedoch nicht verbürgt ist. Sein Biograph Kracke nennt jene Unterstellung »häßlich und läppisch«. Seine Enkel meinen, er habe als gut erzogener Mann ein solches Wort wohl nicht in den Mund genommen, sondern eher den Ausdruck »Kram« gebraucht. Also: »Macht euren Kram allein!«[406] Fellmann ist aber der Meinung, daß diese Version nicht überzeugend sei. Der König sei nicht in dem Ruf gestanden, seine Worte immer auf die Goldwaage zu legen. Angesichts der dramatischen Situation wäre es schon möglich, daß ihm auch ein nicht ganz salonfähiger Ausdruck entschlüpft sei.[407]

In diesem Zusammenhang ist vielleicht eine jener vielen Anekdoten von Interesse, die sich um das Bild des letzten Königs von Sachsen gerankt haben: Eines Sonntags sei der König mit seinen Söhnen in einem Ausflugslokal eingekehrt. Als er für kurze Zeit abwesend war, hätten die Prinzen gemeint, nun könnten sie wenigstens richtig »fressen«, was ihnen prompt eine Rüge ihres Erziehers eintrug. Doch dann sei der König zurückgekehrt, nicht ohne angesichts des traurigen Rests von Kuchen auszurufen: »Donnerwetter, habt ihr aber gefressen!«[416] Nur eine Anekdote, sicher. Aber sie wirft vielleicht ein gewisses Licht darauf, daß man dem König auch eine weniger gewählte Ausdrucksweise durchaus zutraute. Wir, heutzutage an Deftigeres gewöhnt, empfinden den berühmt gewordenen Ausspruch wohl nicht mehr als so schlimm. Verbürgt ist er, wie schon bemerkt, nicht. Wie Fellmann ausführt, wollen der sozialdemokratische Minister Fräßdorf und der Vorsitzende des Arbeiter- und Soldatenrats Rühle als Zeugen eines Telefongesprächs zwischen dem Ständehaus und Schloß Moritzburg König Friedrich August an der Stimme erkannt und die Worte gehört haben. Allerdings habe die Geschichte einen Schönheitsfehler: zu diesem Zeitpunkt sei der König gar nicht mehr in Moritzburg gewesen.

Die Abdankung König Friedrich Augusts III. bedeutete das Ende der Herrschaft der Wettiner, die länger als jede andere deutsche Dynastie, nämlich 829 Jahre, an der Macht gewesen waren. Allerdings hatte er nur für seine Person auf den Thron verzichtet. Seine Nachkommen haben ihren Anspruch darauf niemals aufgegeben. Am 8. November um acht Uhr abends hatte der König das Dresdner Stadtschloß verlassen und sich mit seiner Tochter Margarethe, deren Hofdame Frau Dr. von Oer, Generalmajor O'Byrn und Oberstallmeister von Römer nach Moritzburg begeben. Später folgte er einer Einladung der Prinzessin Schönburg auf ihr Schloß Gutenborn bei Hoyerswerda, das nicht mehr in Sachsen, sondern in dem 1815 an Preußen gefallenen Teil der Lausitz lag. Dort entsagte er am 13. November 1918 dem Thron, um schon am nächsten Tag mit seiner Tochter und deren Hofdame sowie Generaladjutant von Tettenborn und Legationsrat Steinbach nach Sibyllenort weiterzureisen. General O'Byrn und Prälat Müller waren schon vorausgefahren.

König Friedrich August war ein reicher Mann. Nach dem Millionärshandbuch von Rudolf Martin hatte sein Vermögen 1912 einen Wert von 25 Millionen Mark. In Sachsen besaß er wertvollen Grundbesitz, wie das Weingut Wachwitz und die Villa Hosterwitz. Doch der weitaus größte Teil seines Eigentums befand sich 16 km von Breslau entfernt im schlesischen Landkreis Oels. Ein wahrer Glücksfall in dieser Lage. Er hatte Sibyllenort, einen Besitz von 23 000 Hektar, der 32 Rittergüter umfaßte, von seinem Onkel König Albert geerbt, der ihn seinerseits von seinem langjährigen Freund, Herzog Wilhelm von Braunschweig-Lüneburg, bekommen hatte. Das dazugehörige Schloß hatte seinen Namen von Sibylle Maria Prinzessin zu Sachsen, der Gemahlin von Herzog Christian Ulrich I. von Bernstadt, der 1697 das Schloß im Tudorstil errichten ließ. Es wurde in den Jahren 1852 und 1854 erweitert. Mit seinen nunmehr vierhundert Räumen nannte man es das »schlesische Windsor«. Größer als das Stadtschloß in Dresden, mit der kostbaren Sammlung Meißener Porzellans, wertvollen Gemälden und einer vollständigen Ahnengalerie der sächsischen Könige und dem 100 Hektar großen Park stellte es das Schloß des deutschen Kronprinzen im benachbarten Oels weit in den Schatten. Anfang 1919 waren alle Familienmitglieder in Sibyllenort vereint, das nun ihr Wohnsitz wurde.

In Dresden hatten sich die höfischen Instanzen mangels Geld allmählich aufgelöst. Der königliche Besitz war beschlagnahmt worden, das Hausgesetz der Wettiner aufgehoben, die Zahlung der achtzehn Apanagen und der Zivilliste gestrichen. Aber so leicht machte es König Friedrich August der neuen sozialdemokratischen Regierung nicht. Er legte sofort gegen die Konfiszierung seines Privatbesitzes Protest ein und ließ durch seinen Anwalt einen umfangreichen Forderungskatalog aufstellen. Reklamiert wurden unter anderem drei Häuser in Dresden, die Villen Strelitz und Hosterwitz, die Rittergüter Helfenberg, Jahnishausen und Gomsdorf, Geld und Wertpapiere in Höhe von zwölf Millionen Mark und Entschädigungen für das Grüne Gewölbe und anderen Kunstbesitz. Auch die Geschwister und die Kinder des Königs stellten ihre Ansprüche.

Die erste Forderung aber, die Friedrich August stellte, war ganz anderer Natur: er beanspruchte vierhundert Flaschen Wein von seinem Weingut Wachwitz. Wenn er schon im Exil war, so wollte er doch keinesfalls einen guten Tropfen Elbwein missen. Der Weinkeller in Sibyllenort war anscheinend in dieser Beziehung nicht besonders gut sortiert. Doch nicht alles wurde ihm bewilligt, sondern die Sendung auf die Hälfte reduziert. Für den ersten Durst dürfte es aber gereicht haben. Bis zur endgültigen Regelung der strittigen Vermögensverhältnisse sollten aber noch einige Jahre vergehen. Das lag aber durchaus im Interesse der Königsfamilie. An Geld, das durch die Inflation immer wertloser wurde, bestand kein Interesse. Am 25. Juni 1924 unterzeichneten schließlich Ministerpräsident Heldt und Rechtsanwalt Dr. Eibes den neuen Vertrag.

»Der vormalige König verzichtet auf alle Rechte an dem Staatsgut, einschließlich des Domänengutes. Dafür überträgt der Freistaat Sachsen dem Familienverein Haus Wettin Albertinischer Linie e.V. die Moritzburg und eine Abfindung von 300000 Goldmark plus 5 % Zinsen. Das Eigentum der Gemäldegalerie, des Kupferstichkabinetts, des Grünen Gewölbes und der sonstigen Dresdner Sammlungen geht an eine Stiftung ö. R. über.« Für Friedrich August wurden 30000, von 1928 an 43000 Mark jährlich festgesetzt, von denen er 6000 Mark an Luise abgab.[409] Allerdings mußte der Familienverein sich verpflichten, das Fasarnerieschlößchen und gewisse Teile der Moritzburg für Besucher offenzuhalten. Man sprach ihm auch das Eigentum am Kapherrschen Palais zu, die Kapitalien des Hausfideikomißvermögens und verschiedener anderer Stiftungen. Auch die Sekundogenitur ging nicht ganz leer aus. Sie erhielt immerhin noch beinahe 40000 Mark jährlich. Außerdem wurde Friedrich August das Jagdrecht in einigen Revieren Sachsens auf Lebenszeit zugestanden.

Angestrebt wurde »ein friedlicher Ausgleich mit dem vor-

maligen Königshaus, ... dessen Mitglieder in langer Ahnen-
reihe dem Lande hohe kulturelle Werte vermittelt haben«.
Die vermögensrechtlichen Beziehungen zwischen dem
Land und dem vormaligen Königshaus sollten in »würdiger
Art und Weise« gelöst werden. Denn, wie der Abgeordnete
Beutler der DNVP sich vor dem Landtag ausdrückte: »Wir
wollen uns das Andenken an unser Königshaus nicht durch
häßlichen Streit um Geld und Gut trüben lassen.« Nur die
schwache kommunistische Fraktion stimmte dagegen, und
einige sozialdemokratische Abgeordnete hatten vorher den
Saal verlassen. Dennoch lehnten fast 50 % der Bürger die
Entschädigung ab, was deren Zuerkennung aber nicht beeinflußte.[410]

Sachsen hatte sich also seinem ehemaligen Herrscherhaus gegenüber weit großzügiger gezeigt als andere Länder
es getan hatten. Die Bolschewiken in Rußland hatten den
Zaren samt Familie umgebracht und sämtliches Vermögen
der früher herrschenden Klasse eingezogen. Und so mancher, der nicht mehr als das nackte Leben hatte retten können, war froh, in Paris als Portier eines Nachtklubs oder als
Taxifahrer unterzukommen.

Während der deutsche Kaiser Wilhelm II. in seinem nie-
derländischen Exil vom Deutschen Reich zeitlebens eine
ansehnliche Rente bezog, war Karl I., der ehemalige österreichische Kaiser und König von Ungarn, wesentlich
schlechter dran. Durch ein Gesetz vom 3. April 1919 hatte
die Republik Österreich die Herrscherrechte des Hauses
Habsburg-Lothringen aufgehoben und alle Habsburger, die
nicht ausdrücklich auf ihre Thronansprüche verzichteten,
des Landes verwiesen. Der Familienbesitz war beschlagnahmt worden, das in Österreich befindliche Privatvermö-
gen des Ex-Kaisers gesperrt. Nach einem letzten mißglückten Versuch, wenigstens die ungarische Krone für sich zu
retten, wurde Karl mit einem englischen Schiff auf die Insel
Madeira gebracht. Doch bald fehlte es dort an Geld, für des-

sen Bewilligung sich niemand zuständig fühlte, weder die neue Republik noch die Nachfolgestaaten und die Siegermächte schon gar nicht. Endlich stellte ein portugiesischer Bankier der Familie, die nicht einmal mehr ein Dach über dem Kopf hatte, seine Villa zur Verfügung. Doch diese lag nicht an der sonnigen Küste, sondern oberhalb von Funchal im dauernd nebligen Monte. Dort holte sich Karl prompt eine Lungenentzündung, der er binnen kurzem im Alter von nur 34 Jahren erlag.

»Im Vergleich mit meinen Kollegen geht es mir ja noch gut«, soll Friedrich August, der nie aus Sachsen ausgewiesen worden war, in seinem selbstgewählten Exil zu einem sächsischen Industriellen gesagt haben. Ein wahres Wort. Er hatte zwar seinen Thron verloren, konnte aber dennoch das Leben eines reichen Landedelmannes führen. Wie immer stand er um sechs Uhr früh auf und ging um zehn Uhr abends zu Bett, er verkehrte freundschaftlich mit den Nachbarn und fand Zerstreuung bei den wöchentlichen Kegelabenden im Dorf, beim Skatspiel mit Hofmarschall Oberst von der Damerau-Dambrowski und Prälat Müller und auf seiner geliebten Jagd in den großen Revieren, die ihm auch in Sachsen zur Verfügung standen. Er reiste viel, zu Kuren und zum Vergnügen, nach dem hohen Norden, auf die Kanarischen Inseln, nach Brasilien und Ceylon. Mit Ausnahme von Australien hat er in seinem Leben alle Kontinente besucht.

Seine Kinder verheiratete er standesgemäß. Sein 65. Geburtstag im Jahre 1930 vereinte noch einmal die ganze Familie inklusive aller achtzehn Enkel. Das wünschte er sich auch für seinen siebzigsten. Mit dem Zusatz, daß die »Budapester«, die Kinder seiner jüngsten Tochter Anna, die mit Erzherzog Joseph aus der Palatin-Linie des Hauses Habsburg verheiratet war, inzwischen deutsch lernen sollten! Der Wunsch wurde ihm nicht erfüllt. Friedrich August starb am 18. Februar 1932 an einem doppelseitigen Schlaganfall. Seine sterblichen Überreste wurden in einem Sonderzug

der Deutschen Reichsbahn von Breslau nach Dresden überführt und nach einem feierlichen Requiem am 22. Februar
1932 in der Familiengruft des Hauses Wettin, Albertinische
Linie, in der Hofkirche feierlich bestattet. Der Dresdner
Stadtanzeiger vom 23. Februar schildert die große Anteil-
nahme, die der Tod des immer noch beliebten ehemaligen
Herrschers bei der Bevölkerung gefunden hat. »In weitem
Umkreis war schon der Raum rings um die Hofkirche polizeilich abgesperrt. Seile, an die Leistungsmasten der Stra-
ßenbahn gebunden, halfen den Polizeimannschaften, die
Menge zurückzuhalten, die sich schier unübersehbar Kopf
an Kopf auf dem Theaterplatz, dem Schloßplatz wie auf der
Brühlschen Terrasse, den Rampen der Augustusbrücke und
an der Altstädter Hauptwache angesammelt hatte. Ernste Erwartung prägte sich auf den Mienen aus, bis um dreiviertel
elf Uhr dumpf und schwer das Trauergeläut vom Turm der
Hofkirche über die Stadt hallte und den Harrenden drin in
der Kirche und draußen bis hinüber zu den Hängen des Elb-
tals verkündete, daß nunmehr, wenn die ernsten Stimmen
schweigen, das feierliche Seelenamt für Sachsens toten König seinen Anfang nehmen würde.«[411] Das Ehrengeleit der
Reichswehr befehligten zwei Offiziere, deren Namen in die
deutsche Geschichte eingehen sollten: Generalmajor Ludwig Beck und Oberstleutnant Friedrich Olbricht. Sie gehörten später in Berlin zum Kreise von Friedrich Augusts Sohn
Georg[412] und wurden 1944 als maßgebliche Planer des Hitler-Attentats vom 20. Juli hingerichtet.

König Friedrich August blieb nicht nur die Vertreibung von
seinem Wohnsitz Schlesien erspart, sondern auch, das Ende
von Sibyllenort erleben zu müssen. Im Jahre 1945 war das
Schloß bei den Kämpfen um das zur Festung erklärte Breslau beschädigt worden. Später wurde es als »Junkerbesitz«
fast zur Gänze gesprengt. Nur ein Gebäuderest blieb erhalten, der 1991 zu einem Internat umgebaut wurde.

Schon lange vor seinem Tode hatte der König ein Testament gemacht. Am 11. Juni 1926 traf er in dessen Paragraph 6 folgende Verfügung: »Die Renten für meine Töchter und die Gräfin von Montignoso sind mindestens in der Höhe, wie ich sie bis zu meinem Tode bezahlt habe, weiter zu bezahlen und zwar sollen die Vorgenannten diese Renten je als Vermächtnis erhalten. Beschwert damit sollen sein und zwar je nach Wert ihres Erbteils meine Erben, einschließlich desjenigen, der Sibyllenort erhält, und des Familienvereins.« Im ganzen wurde nach dem Ableben des Königs für die in Frage kommenden vier Personen ein Rentenbetrag von 42 000 Mark ausgesetzt.[413] Da wir davon ausgehen können, daß die Erben Friedrich Augusts seinen letzten Willen respektiert haben, ist Luise also auch nach seinem Tod ihre Rente erhalten geblieben. »Er hat sie geliebt, solange er lebte«, sagte Fürst Friedrich Wilhelm von Hohenzollern über seinen Großvater. »Ihr Bild stand auf seinem Nachttisch. Er hat oft davor gebetet.«

Es zeugt von der Popularität des Königs, daß sich um seine Person ein großer Legendenkreis gebildet hat. So soll er einem Waldarbeiter, der sich beklagte, daß er wegen eines kleines Diebstahls entlassen wurde, gesagt haben: »Trösten Sie sich. Ich habe kein Holz gestohlen, und mich haben sie auch hinausgeschmissen.« Oder: Einer alten Frau, die in seinem Wald Holz sammelte und sich darüber beschwerte, daß der »Jagdbesitzer, der gemeine Kerl« jeden einsperren ließe, der Holz mause, habe er geholfen, den Karren vollzuladen und gemeint: »Ich werde es schon mit dem gemeinen Kerl ausmachen. Das ist ein guter Bekannter von mir.«[414] Sicherlich hat der König viele Aussprüche, die ihm zugeschrieben wurden, gar nicht gesagt. Aber aus ihrer Verbreitung geht hervor, daß er für seine Landeskinder auch später noch die Inkarnation des gemütlichen Sachsentums bedeutete.

Luise in Brüssel –
Vom Armengrab zur Fürstengruft

Luises Ehe mit Toselli war nicht zuletzt an ihrer Rast- und
Ruhelosigkeit gescheitert: in wenigen Jahren allein drei verschiedene Wohnsitze in und um Florenz, dazwischen Hotels,
immer wieder Hotels im übrigen Italien, in England, der
Schweiz, Belgien. Allein das Ein- und Auspacken der vielen
Koffer, ohne die sie nicht auskam, muß ihre Kammerfrau nahezu pausenlos beschäftigt haben. Erstaunlicherweise hat
Luise in der Folgezeit ihre Anschrift nie geändert: solange
sie in Brüssel lebte, also volle 35 Jahre, blieb sie gleich: Avenue Klauwaerts 19! War sie des Reisens müde geworden?
Oder mangelte es ihr an dem nötigen Kleingeld?

Wir haben gehört, daß König Friedrich August seiner geschiedenen Frau nicht nur weiterhin ihre Rente bezahlte,
sondern dafür Sorge trug, daß dies auch nach seinem Ableben geschah. Wenn Luise also »zeitweise in schwerer
Bedrängnis gelebt haben und ihren Unterhalt als Bankbeamtin, Stütze der Hausfrau und Kinderpflegerin verdient
haben soll«, wie eine Meldung besagt, dann kann es sich
höchstens um eine kurze Zeitspanne gehandelt haben, in
der aus politischen oder wirtschaftlichen Gründen, etwa der
Inflation in Deutschland, eine Überweisung schwierig oder
unmöglich war und ihre Reserven aufgebraucht waren.[415]
Hoffen wir, daß sie sowohl als »Bankbeamtin« als auch als
»Stütze der Hausfrau« ihren Mann oder vielmehr ihre Frau
stand! Und daß sie es nicht zu lange unter Beweis stellen
mußte.

Ein Artikel in der Brüsseler Zeitung *Le Soir* vom 30. November 1958 berichtet, daß die ehemals »so schöne Prinzessin von Toscana, nunmehr schon etwas gebeugt, grauhaarig

und immer schwarz gekleidet, gezwungen war, ihren Lebensunterhalt mit Italienisch-Unterricht zu verdienen und sogar Spitzen von Tür zu Tür verkaufte.«[416]

Im Oktober 1920 hingegen muß es ihr noch recht gut gegangen sein, denn da reiste sie nach Florenz, um ihren Sohn wiederzusehen. Offensichtlich kam es damals sogar zu einer Gerichtsverhandlung gegen ihren früheren Gatten, »da dieser ihren Sohn dem Elend überlassen und die Flucht ergriffen hat, nachdem er sich 40000 Lire angeeignet hatte, die sie für die Erziehung und den Unterricht ihres Kindes zurückgelassen hatte. Toselli hat der gerichtlichen Vorladung keine Folge geleistet und war unauffindbar.«[417]

Ob Luise in jenen Jahren ihre anderen Kinder wiedersah, läßt sich nicht nachprüfen. Angeblich hatte König Friedrich August seinen inzwischen erwachsenen Kindern die Erlaubnis erteilt, Verbindung mit ihrer Mutter aufzunehmen.[418] Jedenfalls berichtete das *Leipziger Tagblatt* bereits in seiner Ausgabe vom 12. März 1913, daß Prinz Friedrich Christian seine Mutter besucht habe und das Wiedersehen sehr herzlich verlaufen sei.[427] Prinz Christian, genannt »Tia«, war bekanntlich Luises Lieblingssohn, der wie Fürst Friedrich Wilhelm von Hohenzollern berichtete, auch später ständig in Verbindung mit ihr stand.

Was wir aus dieser Zeit über Luise von Toscana wissen, stammt aus den Erinnerungen ihrer Enkel, vor allem des Fürsten Friedrich Wilhelm von Hohenzollern und seines Vetters Prinz Meinrad von Hohenzollern. Fürst Friedrich Wilhelm begegnete seiner Großmutter zum ersten Mal im Jahre 1937 am Bahnhof von Basel. In den Jahren 1938 und 1939 verbrachte Luise je vier Wochen auf Schloß Umkirch bei Freiburg im Breisgau, wo sich auch andere Familienmitglieder, wie Prinz Christian mit seinen Kindern, eingefunden hatten. Auch sie sollten ihre Großmutter kennenlernen. Bei dieser Gelegenheit unternahm Prinz Christian mit seiner Mutter eine Autofahrt ins Elsaß, nicht eben zur Freude seiner Schwester Margarethe, die ein großes Familiendiner vorbereitet hatte. Auch Prinz Albert von Sachsen lernte damals seine Großmutter kennen, die sehr glücklich darüber war, endlich einmal ihre Enkelkinder sehen zu dürfen. Fürst Friedrich Wilhelm erinnert sich an seine Großmutter als eine klein gewachsene, aber noch immer recht gut aussehende und vor allem temperamentvolle Dame, die er als eine begeisterte und ausgezeichnete Köchin schildert. Sie sei ein recht »unruhiger Geist« gewesen und konnte nie lange stillsitzen. Luise habe in Brüssel in einer Mietwohnung gelebt und vom Familienverein eine kleine Apanage bezogen, die durch Zuwendungen von Fürstin Margarethe und deren Schwester, Erzherzogin Anna, aufgebessert wurde. In Umkirch hatte Fürstin Margarethe ihrer Mutter noch den Vorschlag gemacht, für sie dort ein Häuschen bauen zu lassen, damit sie ihren Lebensabend dort verbringe. Doch Luise lehnte ab. Sie zog es vor, nach Brüssel zurückzukehren. Um Vanderstraetens willen? Niemand weiß es.

Der im September 1939 ausgebrochene Krieg und der Einmarsch der deutschen Truppen in Belgien machte eine weitere Begegnung unmöglich. Aber es gelang Fürstin Margarethe wenigstens, durch Vermittlung des deutschen Oberbefehlshabers in Belgien, Generaloberst Alexander von Falkenhausen, der nun wirklich mittellos gewordenen Mutter, regelmäßig Geld zukommen zu lassen. Das Vordringen der alliierten Streitkräfte und der daraus folgende Rückzug der deutschen Armee ließ die Verbindung völlig abreißen. Spätestens da muß die immerhin schon Vierundsiebzigjährige tatsächlich in bitterste Armut geraten sein. Das geht aus Briefen hervor, die Luise in der Zeit vom 21. November 1945 bis zum 6. März 1947 an eine Freundin in den USA, Frau Lisbeth Kuchling, geschickt hat.

Der vorliegenden Korrespondenz ist zu entnehmen, daß Luise mit Frau Kuchling bereits im Oktober 1930 in Verbindung stand, zunächst allerdings nur brieflich. Es dürfte sich dabei um eine jüngere Frau als Luise handeln, denn diese schreibt: »Ich freue mich, in meiner kleinen Lisbeth eine Landsmännin zu entdecken, die das liebe Österreich auch so sehr liebt wie ich.«[419] Es bestanden bei Frau Kuchling aber auch Bindungen nach Sachsen; vermutlich lebten ihre Eltern in Burgstädt bei Chemnitz. Am 11. Mai 1932 lesen wir: »Soeben finde ich den lieben Brief und die Nachricht, daß Sie auf der Reise nach der lieben Sachsenheimat sind. Meine liebevollen Gedanken begleiten Sie.« Zu diesem Zeitpunkt lernte Luise die junge Frau dann persönlich kennen. »Freue ich mich doch so sehr, daß ich meine kleine, liebe Lisbeth endlich kennen lernen kann! Bitte um eine Zeile mit genauer Angabe des Zuges und des Tages, ich komme auf die Bahn und hole Sie und Ihren guten Gatten ab und wir fahren dann zu mir heraus, und Sie bekommen dann guten Kaffee und Kuchen.«[420] Im Sommer 1938 gab es vielleicht noch ein Wiedersehen, denn am 29. Juni 1938 schreibt Luise: »Freue mich unsagbar, Sie endlich bei mir zu haben. Sie wohnen bei mir und werden es gemütlich haben.« Luises Ausdrucksweise ist ziemlich überschwenglich. Das entsprach wohl einerseits ihrer Art, anderseits auch dem Stil der Zeit, in der sie aufgewachsen war.

Erst am 21. November 1945 findet sich der erste einer ganzen Reihe von Briefen Luises. Sie geben Aufschluß darüber, wie es ihr in den beiden letzten Jahren ihres Lebens ergangen ist. »Liebe kleine Lisbeth, oder liebe treue, kleine Liesel, wie habe ich mich über die warmen, herzlichen Worte vom 1. Oktober gefreut, daß Sie an mich denken und gedacht haben!! Mit einem innigen Kuß umarmt Sie Ihre Luisa! Trotz unausgesetzter Todesgefahr, besonders durch fliegende Bomben, lebe ich noch und bin immer noch gesund, doch haben die letzten Kriegsjahre mich recht erschöpft, da die nötige Nahrung mir gefehlt und die Aufregungen und schweren Geldsorgen mir die letzte Kraft genommen. Hätte ich nicht meine aufopfernden, treuen Freunde gehabt, wäre ich verhungert, im Winter erfroren und elend umgekommen. Ich lebe in der Hoffnung, daß es bald besser wird und ich nach so schrecklichen Zeiten endlich von meinen geliebten Kindern Nachricht erhalten kann. Ich weiß, daß sie alle leben, vor zwei Jahren ist mein ältester Sohn ums Leben gekommen und zwar in einer rätselhaften Weise, die mir unglaublich bleibt, bis ich genau die Wahrheit erfahre. Möge es Ihnen, liebes kleines Lieserl, recht gut gehen, ich drücke Sie innig an mein Herz und grüße Ihren guten Albert, immer in Liebe Ihre Luisa.«

Am 1. Februar 1946 bedankte sich Luise in überschwenglichen Worten für ein Paket von Lisbeth aus den USA, in jenem Nachkriegsjahr zweifellos auch in Belgien ein wertvolles und mit großer Freude begrüßtes Geschenk. »In kindlicher Ungeduld und Erwartung wurde sorgfältig ausgepackt und Stück für Stück aus seiner Papierhülle genommen ... Büchsen über Büchsen auf den Tisch gestellt. Und zum Schluß ein freudiger Schrei, etwas Warmes, Weiches, ein köstliches ›Umhängsel‹, das augenblicklich um die Schultern getan, mich noch nicht verlassen hat. Es ist abends, und ich fühle mich so wohl und mollig in dem so ersehnten wärmenden Etwas. Hier gibt es weder Wolle noch Gestricktes; im Haus ohne Heizung, nur ein winziges Öfchen mit Holzkohle friere ich seit Dezember, habe eiskalte Füße und keine warmen Pullover. Wie soll ich Ihnen danken für all das mir Gesandte? Die köstlichen Eßsachen, die so willkommene Seife und was für eine feine, großartige! Ich habe für lange mich an den großartigen Büchsen zu erfreuen und zu erlaben.« Schon am 13. Februar 1946 erhielt Luise wieder ein Paket, dem am 3. Mai ein weiteres folgte. Auch dieser Antwortbrief gibt einigen Aufschluß über die Umstände ihres Lebens. »Erwarte mit freudiger Ungeduld

jedes Paket«, schrieb sie. »Habe aber leider den Luftpost-
brief mit Photo und Dollars nicht erhalten, ich hätte mich
so unsagbar über das liebe Bild gefreut und wäre nicht im
geringsten beleidigt über den so rührend liebevollen Gedanken mir helfen zu wollen. War und bin ich noch immer
in sehr peinvoller Lage!! und jede Hilfe wird mit so sehr
dankbarem und freudigstem Herzen angenommen! ... Das
kleine ärmellose Jackerl paßt ebenso großartig wie der
braune Sweater, eine unendliche Überraschung und
Freude, so sehr nötig in diesen kalten Tagen, wo die Eis-
männer Einzug gehalten. Wie dankbar bin ich für die liebevollen sorgenden Gedanken, meine liebe Lisbeth, auch die
hier unauffindbaren Sicherheitsnadeln, das Garn, die
Stopfwolle, alles, was man so sehr braucht. Den ganzen
Nachmittag nähe und stopfe ich und bin so glücklich, alles
zusammenflicken zu können, und da es an Geld fehlt, muß
man sparen.« Am 26. Mai heißt es: »Alles ist so erwünscht,
alles, wofür man hier unerschwingliche Preise zahlen muß
... Man weiß oft nicht ein noch aus, mit keiner Hoffnung auf
mehr Geld, d. h. bei mir seit August 1944 keine Rente mehr,
liebe barmherzige, belgische Freunde helfen mir, ohne sie
müßte ich verhungern. Von meinen Kindern keine Briefe,
alles ist so schwierig, und oft bin ich so mutlos und bis ins
Herz todtraurig!«

Lisbeth, der Luise inzwischen das Duwort angeboten hat,
dachte aber nicht nur an Lebensmittel, in ihren zahlreichen
Paketen, die sie im Lauf der Monate nach Brüssel schickte,
befanden sich auch viele praktische Dinge, wie Briefpapier,
Kerzen und Schuhriemen, nicht zuletzt internationale Cou-
pons, die Luise auf dem Postamt gegen Briefmarken eintau-
schen und auf diese Weise das Porto für die Antwort sparen
konnte.

Über Sachsen schreibt Luise ihr in wehmütiger Erinnerung: »Ich werde nie mein liebes Sachsenland vergessen
und erst Dresden, die liebe, schöne Stadt meiner glück-

lichen Jahre. Oft kommt eine große Sehnsucht über mich, dorthin zurückzukehren. Wie viele Sachsen sind zu mir in diesen 35 Jahren, wo ich hier lebe, mich besuchen gekommen, sogar in den Kriegsjahren, junge Mädchen, deren Großmutter oder Mutter ich gekannt habe. Welche Freude, welch Herzweh so ein Sehen!« Und: »Ich kann nicht für immer fortgehen, ohne meine Sachsen gesehen zu haben.[421]

Nur hie und da berichtete Luise über ihren Gesundheitszustand, wie Anfang Mai 1946 von einer Kehlkopfentzündung, die ihr sehr zu schaffen machte, sowie, daß sie im Sommer 1946 an erhöhtem Blutdruck litt und der Arzt ihr eine entsprechende Diät verordnete. Im Winter darauf war sie offensichtlich ernsthaft erkrankt, denn am 29. Dezember 1946 berichtete sie, neben Gückwünschen für das kommende Jahr: »Es geht mir leidlich, bin noch immer schwach und kann wenig essen, doch wieder schlafen. Große Geldsorgen, meine Kinder können nichts schicken! Bin völlig auf Hilfe meiner hiesigen Freunde angewiesen, ist hart und sehr peinlich. Hoffe bald meine Monica hier zu haben, seit zehn Jahre zuletzt gesehen, das ist schrecklich!! Mein Sohn Filiberto Toselli war einen Monat hier bei mir. Diese Freude kannst Du Dir denken. Hatte ihn 1938 zuletzt gesehen.«

In den Wintermonaten 1946/1947 dürfte Luises Gesundheitszustand denn doch etwas nachgelassen haben. Denn am 6. März 1947, zwei Wochen vor ihrem Tod, bedankt sie sich noch einmal für ein Paket und bittet zugleich um gezuckerte Kondensmilch. »Ist viel besser als Milchpulver«, fand sie, »oft nehme ich einen Kaffeelöffel voll, wenn ich mich schwach fühlte, da ich nur wenig auf einmal essen kann. Auch die Butter ist gut, hier ist sie schrecklich teuer, man findet sie kaum. Morgen schreibe ich weiter, bin so erschöpft …« Am 7. März, »vormittag, 10 Uhr 30« setzte sie dann fort: »Ich erwarte meinen Arzt, habe so schmerzhafte Frostbeulen an den Füßen, geschwollene Beine und Schwächeanfälle; ich muß mich vorsorgen, denn ein Geschwür kann schlecht enden, man kann in meinem Alter so eine Infektion nicht rasch loswerden und zahlt sie meistens mit dem Tode.« Aber dann doch wieder recht zuversichtlich: »Anbei das versprochene Photo, Du siehst Deine alte treue Freundin, jetzt ist sie drei Jahre älter, doch kann sie arbeiten und saubermachen wie eine ganz junge Frau. In meinem Haushalt habe ich viel zu tun, habe zwar ein Paar (Concierges). Er ist ein ›Tramrecepteur‹, sie macht alles im Haus, sie haben einen herzigen Buben von sieben Jahren, der die Tante Luise sehr gern hat und oft bei ihr spielt. Endlich scheint es langsam weniger kalt zu sein, heute + 2°, wir haben einen schrecklichen Winter gehabt und zu wenig Kohle. Nur ein einziges kleines Öfchen in dem Zimmer, in dem ich esse und schlafe. Wenn ich die Treppe hinaufgehe, denke ich, in Sibirien zu sein, denn oben in meinem Wohn- und Schlafzimmer habe ich oft 5 – 6 Grad (unter 0!) gehabt, einfach zum Erfrieren!!!«

Luises Hoffnung, ihre Tochter Monica wiederzusehen, erfüllte sich nicht. Denn im selben Brief heißt es: »Und meinen großen Kummer, herzliebste Liesel, mein über alles geliebtes Monerl kann nicht kommen. Sie hat kein Visum bekommen und muß warten. Wie lange weiß ich nicht, auf jeden Fall ist es so traurig. Auch von den anderen Kindern keine Nachricht.« Der Schluß klingt aber doch wieder hoffnungsvoll: »Die Sonne scheint auf diese Zeilen. Frühling komme!!«

Möglich, daß Luise »nach und nach ihre Möbel, Bilder und Andenken verkaufen mußte«, wie R. Detray in dem am 30. November 1958 in der Brüsseler Zeitung *Le Soir* erschienenen Artikel behauptet. Es wäre durchaus verständlich, daß sie ihren Freunden, die sie unterstützten, nicht über Gebühr zur Last fallen wollte. Daß sie aber »von ihrer Wohnung in eine im Souterrain gelegene Küche übersiedeln mußte, wo sie nur über einen Diwan, einen kleinen Ofen, Tisch und Stühle und einige Haushaltsgegenstände verfügte«, scheint dennoch etwas übertrieben zu sein. Wie Luises Briefen zu entnehmen ist, war jener kleine Raum einfach leichter zu beheizen. Genauer als Luise berichtet Detray über den Besuch Carlo Filiberto Tosellis und dessen Gattin Elena Socini bei seiner Mutter in Brüssel, wo die beiden sich vom 26. September bis zum 24. Oktober 1946 befanden. Da das von der belgischen Botschaft in Brüssel ausgestellte Visum dann abgelaufen war, habe das Ehepaar nach Florenz zurückkehren müssen. Der Artikel gibt sogar die Adresse an: Via Lamarmora 34. Tatsächlich wohnten die Eltern Enrico Tosellis in der Via Lamarmora. Es könnte also sein, daß Carlo Filiberto die Wohnung seiner Großeltern übernommen hat. Und Elena ist, wie aus einem Briefwechsel mit ihr hervorgeht, wirklich seine Witwe! Leider hat sie die Frage nach jenem Besuch in Brüssel vor nunmehr fünfzig Jahren nicht mehr beantwortet.

Luise von Toscana starb am 23. März 1947 in ihrer Wohnung in Ixelles. Ob sie zuvor ernstlich krank war oder der Tod sie plötzlich ereilte, wissen wir nicht. Jedenfalls hat sie den Frühling, den sie so sehnsüchtig erwartete, nicht mehr erlebt. Ebenso hat das Schicksal es ihr verwehrt, ihre Kinder wiederzusehen. Ein Lichtblick in jener schwierigen Zeit mag die Post aus den USA gewesen sein. Die Pakete Lisbeth Kuchlings haben die mittellose alte Dame, die sich keine Schwarzmarktpreise leisten konnte, vor Hunger bewahrt. Aber auch ihre Briefe, von deren Inhalt wir leider keine Kenntnis haben, mögen ihr in seelischer Hinsicht Trost und Hoffnung gewährt haben.

Von der umschwärmten Prinzessin zur einsamen alten Frau, vom Königsschloß zu einem kleinen, kalten Zimmer, Luises Leben entbehrt nicht der Tragik. Und bestimmt nicht der Reue darüber, so vieles selbst verschuldet zu haben.

Aus Luises Sterbeurkunde, die am 25. März 1947 um 13 Uhr vom stellvertretenden Bürgermeister Pigeolet, damals

Standesbeamter der Gemeinde Ixelles, ausgefertigt wurde, geht hervor, daß Luise Antoinetta Marie, Erzherzogin von Habsburg-Lothringen und Toscana, Gräfin von Montignoso und d'Ysette, geschiedene Gattin von Kronprinz Friedrich August von Sachsen, Witwe von Enrico Toselli, Tochter von Ferdinand Großherzog von Toscana und Alice Prinzessin von Bourbon-Parma, beide verstorben, geboren am 2. September 1870 in Salzburg, Österreich, ohne Beruf, am 23. desselben Monats um 11 Uhr vormittags in ihrer Wohnung, Avenue des Klauwaerts 19, verstorben ist.

Der Todesfall wurde gemeldet von Albert Paye, 32 Jahre alt, Straßenbahnschaffner in Brüssel, offensichtlich der »Concierge«, den Luise in ihrem letzten Brief an Lisbeth erwähnt, und von Raoul Nicaise, 42 Jahre alt, Kaufmann, beide nicht verwandt mit der Verstorbenen und wohnhaft in Ixelles. Die Urkunde hat die Nummer 416 und trägt die Unterschrift des ausstellenden Beamten Pigeolet und der beiden Zeugen Paye und Nicaise.[422] Es ist also anzunehmen, daß Albert Paye, der im selben Haus wie Luise wohnte, die Tote gefunden hat. Die Ursache ihres Todes geht aus der Sterbeurkunde nicht hervor. Da Luise nach eigener Aussage in ärztlicher Behandlung war, fand eine Obduktion anscheinend nicht statt. Rätselhaft bleibt, warum nicht Monsieur Vanderstraeten die traurige Pflicht der Meldung des Todesfalls erfüllt hat. Immerhin war er Luises Freund. Filiberto Toselli habe sich später sehr ärgerlich darüber gezeigt, daß Vanderstraeten ihn nicht vom schlechten Zustand seiner Mutter verständigt habe, erinnert sich Fürst von Hohenzollern. Er hätte von Italien aus vielleicht doch etwas für sie tun können.

Laut Bericht des Standesamtes der Gemeinde Ixelles vom 25. Januar 1995 wurde Luise von Toscana am 26. April 1947 auf dem dortigen Friedhof in dem »Caveau d'attente« (wörtlich »Wartegrab«) Nr. 48 beerdigt. Es befindet sich im

Gang 9, entlang der Friedhofsmauer. Für eine würdigere Grabstätte hatte es wohl an Geld gemangelt. Nur eine greise Nonne folgte dem Sarg, Prinzessin Josephine von Belgien, Schwester Alberts I. von Belgien und Witwe von Prinz Karl von Hohenzollern-Sigmaringen.[423]

Die Nachricht vom Tode der Luise von Toscana kam über die französische Besatzungsmacht nach Sigmaringen. Einige Jahre später erfuhr die Fürstenfamilie über das mit ihr verwandte belgische Königshaus, daß ein Teil des Friedhofs von Ixelles aufgelöst werde. Man bitte daher um Mitteilung, was mit dem Leichnam geschehen solle, dessen Überreste sonst in ein Massengrab gelangen würden. Die Überführung der Leiche nach Sigmaringen wurde im Januar 1952 in die Wege geleitet. Prinz Meinrad von Hohenzollern, der Fürstin Margarethe nach Brüssel begleitete, hat die Einzelheiten in seinem Tagebuch festgehalten: »Am 28. Januar 1953 Reise nach Brüssel. Am 29. Januar mit Notar Collet zum Friedhof nach Ixelles, Avenie Neuve, zum Grab Nr. 48, eine Grabkammer, in der sich mehrere mit Kreide numerierte Holzsärge befanden. Am 30. Januar Besprechung bei Notar Collet über die beabsichtigte Umbettung des Leichnams, der am 22. April 1953 exhumiert wurde, um nach Sigmaringen übergeführt zu werden.‹ Er wurde dort in der Gruft der Fürstenfamilie in der Erlöserkirche Hedingen bestattet.

Ihre ewige Ruhe sollte Luise jedoch noch immer nicht finden. Da der Leichnam nicht einbalsamiert worden und der Sarg vielleicht auch nicht ganz dicht war, begann er mit der Zeit im wahrsten Sinne des Wortes zum Himmel zu stinken. Es war so schlimm, daß die Gruft später saniert werden mußte. Da der Versuch einer nachträglichen Konservierung gescheitert war, blieb als endgültige Lösung nur die Einäscherung. Nicht so einfach für ein gut katholisches Haus, da doch die katholische Kirche nur Erdbestattungen zuläßt. Da im Archiv des zuständigen Erzbischöflichen Ordinariats in Freiburg, an das sich die Fürstenfamilie gewandt hatte, kein diesbezüglicher Schriftverkehr gefunden werden konnte, wurde die Erlaubnis der Kirchenbehörde zur Einäscherung in Tuttlingen, dem nächstgelegenen Krematorium, offensichtlich fernmündlich erteilt. Erst dort findet sich ein Vermerk. Der einzige. Denn auch im Hohenzollerischen Haus-, Hof- und Domänenarchiv gibt es keine schriftlichen Aufzeichnungen. Lediglich der Steinmetzmeister Böhmer in Sigmaringen hatte am 30. Juni 1953 von der F. H. Hofverwaltung den Auftrag erhalten, eine Marmortafel für »Luise Gräfin von Montignoso, ehemalige Kronprinzessin von Sachsen« anzufertigen.[424]

Nach den Akten des Krematoriums war der Leichnam der Gräfin von Montignoso am 20. März 1965 im Krematorium angekommen, die Urne zwei Tage später, am 22. März, nach Sigmaringen zurückgebracht worden.[425] Dort wurde sie nach kirchlicher Einsegnung in einer der Nischen aufgestellt, die auch die anderen Särge enthalten. Luise, ehemalige Erzherzogin von Österreich und Toscana und Kronprinzessin von Sachsen, hatte endlich ihre würdige Grabstätte gefunden. Die Odyssee war zu Ende. Da auch zwei Angehörige des Hauses Wettin in der Hedinger Gruft bestattet sind, regte Fürst Friedrich Wilhelm beim derzeitigen Chef des Hauses Wettin, seinem Vetter Markgraf Maria Emanuel von Meißen, an, deren Särge sowie die Urne der Gräfin Montignoso in die Hofkirche von Dresden überführen zu lassen. Da der Markgraf jedoch seine Großmutter Luise auf keinen Fall in der Gruft der Wettiner wissen wollte, wurde die Idee nicht weiter verfolgt.

Luises Nachkommen

Luises Nachkommenschaft ist zahlreich. Eine ihrer Enkelinnen hat beispielsweise selbst wiederum 17 Enkel. Viele von ihnen heirateten standesgemäß, es sind aber auch so manche Bürgerliche unter ihren Ehepartnern zu finden. Die meisten gehen einem bürgerlichen Beruf nach, ihr Lebensstil ist durchaus modern, und sie wohnen, wohl auch vielfach bedingt durch den Krieg und seine Folgen, in aller Welt.

Luises und Friedrich Augusts Kinder hatten die Abenteuerlust ihrer Mutter nicht geerbt. Der älteste Sohn, Kronprinz Georg, (1893–1943), im Ersten Weltkrieg Kommandeur des Infanterieregiments Nr. 104 »Kronprinz«, wurde im Jahre 1924 am Grab der heiligen Hedwig in Trebniz bei Sibyllenort zum Priester geweiht und trat in den Jesuitenorden ein, sehr zum Befremden monarchistischer Kreise in Sachsen, die den Thronerben des Verrats und der Fahnenflucht bezichtigten. Praktizierte Ökumene gehörte von Anfang an zu seiner religiösen Überzeugung. Georg besaß enge freundschaftliche Beziehungen zu Gegnern des Nationalsozialismus. Er war Beichtvater von Offizieren und Diplomaten, die zum organisierten Widerstand gehörten. Seine judenfreundliche Haltung machte ihn der Gestapo verdächtig, die nicht nur einmal bei ihm Hausdurchsuchungen durchführte. Georg verunglückte am 14. Mai 1943 beim Baden im Glienicker See in Berlin. Die Obduktion des Toten ergab als Todesursache Herzversagen. Gerüchte, die von einem gewaltsam herbeigeführten Ende wissen wollten, machten sofort die Runde und verstummten auch später nie ganz.[426] Fürst Friedrich Wilhelm teilt diese Meinung nicht, sondern ist davon überzeugt, daß sein Onkel eines natürlichen Todes gestorben sei. Hätte er zum Zeitpunkt des Hitler-Attentats am 20. Juli 1944 noch gelebt, wäre aber auch er als Sympathisant, wenn nicht gar als Verschwörer, hingerichtet worden.

Prinz Friedrich Christian (1893–1968) heiratete 1923 in Regensburg Prinzessin Elisabeth Helene von Thurn und Taxis. Als zweitältester Sohn des Königs wurde er nach dessen Tod Chef des Hauses mit dem Titel Königliche Hoheit Markgraf von Meißen, den sein ältester Sohn Maria Emanuel heute führt. Der zweite Sohn, Dr. Albert Prinz von Sachsen, ist Historiker und Verfasser zahlreicher Werke über sächsische Geschichte.

Prinz Ernst Heinrich (1896–1971), Leiter der Verwaltung »Verein Haus Wettin« und Erbe von Schloß Moritzburg, hatte sich 1921 mit Prinzessin Sophie von Luxemburg vermählt. Aus der Ehe gingen drei Söhne hervor. Bei den Reichspräsidentenwahlen im Jahre 1925 hatte Stresemann Prinz Ernst Heinrich als Kandidaten vorgeschlagen. Die Wahl gewann jedoch Generalfeldmarschall Paul von Hindenburg. Nach dem Verlust seiner Besitzungen in Sachsen kaufte der inzwischen verwitwete Prinz, der im Jahre 1947 mit der Amerikanerin Virginia Dulon eine zweite Ehe geschlossen hatte, das Gut Coolamber in Irland. Prinz Ernst Heinrich starb während einer Jagd bei seinem Neffen, Fürst Friedrich Wilhelm von Hohenzollern, im Jahre 1971 in Sigmaringen. Pater Georg und Prinz Ernst Heinrich standen ihrer Mutter später stets ablehnend gegenüber.[427]

Prinzessin Margarethe (1900–1962) heiratete im Jahre 1920 in Sibyllenort Fürst Friedrich von Hohenzollern-Sigmaringen. Das Paar hatte sieben Kinder. Fürstin Margarethe erlag im Jahre 1962 einem Krebsleiden. Und Prinzessin Maria Alix (1901–1990) hatte sich ein Jahr nach ihrer Schwester, 1921, ebenfalls in Sibyllenort mit dem Zwillingsbruder des Fürsten von Hohenzollern-Sigmaringen, Prinz

Franz Joseph, vermählt. Sie stand zwar in Verbindung mit ihrer Mutter, konnte ihr aber die begangene »Sünde« nie ganz verzeihen.[428]

Luises Jüngste, Prinzessin Anna Monica Pia (1903–1976) heiratete im Jahre 1924 Erzherzog Joseph Franz von Habsburg, einen Sohn des letzten österreichisch-ungarischen Feldmarschalls Erzherzog Joseph. Das Paar lebte auf den Besitzungen des Erzherzogs in Ungarn, die es im Jahre 1944 beim Einmarsch der Roten Armee verlor. Die Familie konnte sich nur durch rechtzeitige Flucht in den Westen retten. 1972 ging die inzwischen verwitwete Erzherzogin Anna mit Reginald Kazanjian eine zweite Ehe ein. Sie starb 1976 in München. Wie bereits ausgeführt, hatte König Friedrich August trotz mancher Zweifel, die sich nie ganz hatten beseitigen lassen, Prinzessin Anna als seine legitime Tochter anerkannt. Anna selbst scheint jedoch davon nicht überzeugt gewesen zu sein. Fürst Friedrich Wilhelm ist der Ansicht, sie sei anders geartet als ihre Geschwister gewesen und daher wohl eher eine Tochter Girons. Auch seine Mutter habe bei aller Liebe zu Anna immer das Gefühl gehabt, sie sei nur ihre Halbschwester. In diesem Zusammenhang erinnert sich Fürst Friedrich Wilhelm nicht nur, bei seiner Tante ein Photo André Girons gesehen zu haben, sondern auch, daß sie selbst erklärt habe, »eine Giron« zu sein. Sie soll an Girons Grab bittere Tränen vergossen haben.[429] Erzherzogin Anna hatte acht Kinder.

Und Carlo Filiberto Toselli, der 1908 geborene Sohn Luises aus ihrer Ehe mit Enrico Toselli? Er wurde Musiker wie sein Vater, war Professor und Geigenvirtuose, der mit namhaften Orchestern spielte. Seine Witwe Elena, die Ende 1994 noch in Florenz, Via Castelfidardo 32, lebte, meinte allerdings, ihr Gatte Filiberto habe aus verschiedenen Gründen keine brillante Karriere gemacht. Filiberto stand, seit er ungefähr zwanzig Jahre alt war, mit seiner Mutter in Brüssel in Verbindung. Elena und Filiberto hatten 1937 geheiratet. Der Ehe entstammt eine Tochter, Monica, geboren am 19. Februar 1949 in Florenz.[430] Einige Mitglieder der Fürstenfamilie von Hohenzollern erinnern sich noch sehr gut an »Onkel Filiberto«, der des öfteren in Sigmaringen aufkreuzte. »Filiberto braucht wieder Geld«, pflegte der damalige Fürst bei einem solchen Anlaß über den Halbbruder seiner Gattin zu bemerken. Der gute Filiberto, dessen Musik wohl nicht viel einbrachte, der aber ein flottes Leben schätzte, dürfte seinen illustren Schwager öfters angepumpt haben, wenn ihm die Schulden zu Hause über den Kopf wuchsen. Was aber nicht ausschloß, daß die Kinder den charmanten und immer fröhlichen Onkel sehr gerne mochten. Filiberto Toselli starb am 24. Juli 1969 wie sein Vater an Krebs.

Die Aussteiger

Diese Toscanas! Wie viele Seufzer sie Kaiser Franz Joseph wohl gekostet haben? »Ein Häuflein exotischer Sonderlinge«, nennt sie Friedrich Weissensteiner in seiner Johann-Orth-Biographie. Mit Großherzog Ferdinand kam der Kaiser vortrefflich aus. Aber »Nando« hatte Brüder, von denen vor allem der Jüngste, Johann, dem Kaiserhaus eine ganze Menge Ärger bereitet hatte, ehe er in den eisigen Fluten des Südatlantiks sein Leben ließ. Wenigstens mit an Sicherheit grenzender Wahrscheinlichkeit, was den Gerüchten, daß er sich doch zu retten vermochte, jedoch keinen Abbruch tat. Und da war auch noch Ludwig, ein anderer Bruder Nandos, der auf der Insel Mallorca ein reichlich absonderliches Leben führte. Man ließ ihn gewähren. Er war weit ab vom Schuß. Aber vom Idealbild eines Habsburgers, wie es dem Kaiser vorschwebte, war er Lichtjahre weit entfernt.

Und erst Nandos Kinder! Leopold und Luise vor allem! Was gab es mit ihnen nur für Verdruß! Jahrelang hatten sie für Schlagzeilen gesorgt und die Familie in Mißkredit gebracht. So weit getrieben hatten es ihre Brüder Joseph und Heinrich zwar nicht, doch auch sie hatte man gelegentlich zurechtweisen müssen. Luise von Toscana war also weder die erste noch die einzige in ihrer Familie, die gegen das starre Regelwerk des Kaiserhauses rebellierte.

Leopold Wölfling (1868–1932)

Von Luises Lieblingsbruder haben wir bereits einiges vernommen. Verfolgen wir also seinen Lebensweg, nachdem auch seine zweite Ehe gescheitert war. Bei Ausbruch des Ersten Weltkriegs hatte er versucht, wieder in die österreichische Armee aufgenommen zu werden, deren Offizier er ja einst gewesen war. Die Großherzogin übermittelte sein Gesuch, dem Vaterland in der Stunde der Gefahr mit der Waffe in der Hand zu dienen, dem Kaiser. Doch dessen Erinnerungen an Leopolds Auffassung von Dienst und Disziplin waren nicht die allerbesten, und so schlug er die Bitte der Mutter rundweg ab.

Da Leopold die Grenzen der Monarchie weiterhin verschlossen blieben, kehrte er wieder in die Schweiz zurück. Aber nach dem Ende des Krieges und dem Zusammenbruch des Kaiserreiches fiel seine Rente sehr rasch der mehr und mehr um sich greifenden Inflation zum Opfer. Leopold blieb nichts anderes übrig, als Geld zu verdienen. Was nicht einfach war. Zu vielen hatte der verlorene Krieg Existenz und Vermögen genommen, zu groß war die Konkurrenz auf dem Arbeitsmarkt. Im Jahre 1921 reiste er in die Republik Österreich ein, erhielt 1924 deren Staatsbürgerschaft und schlug sich mühsam mit Gelegenheitsarbeiten durch. Er betätigte sich als Übersetzer, Inseratenvertreter und Autoverkäufer, ging als Versicherungsvertreter von Tür zu Tür und verkaufte Würstel an einem Stand. Eine Zeitlang trat er sogar als Schauspieler an einem Theater auf, wo man ihn sinnigerweise für die Rolle eines Erzherzogs engagiert hatte. Doch was immer er auch versuchte, viel Erfolg hatte er damit nicht. Sein Verdienst blieb klein, groß waren nur seine Schulden, vermutlich auch seine Ansprüche. 1922 lieh er sich von Graf Erich Czernin 50000 Kronen, aber ohne sie je zurückzuzahlen.

In dieser Zeit schloß sich Leopold an den sozialdemokratischen Gewerbetreibenden Johann Böhm und dessen Gattin Aloisia an, die in Wien, Schiffsmühlenstraße 58, eine Gemischtwarenhandlung, in Wien »Greißlerei« genannt, betrieben, in der Leopold mithalf. Kurz, ihm muß das Wasser bis zum Halse gestanden haben. Seine Bemühungen um eine Offizierspension endeten negativ. Er hatte zwar dank seiner Geburt den Rang eines Majors bekleidet, aber viel mehr hatte er nicht vorzuweisen. Auch seine Erinnerungsbücher, in denen er vor allem mit Kaiser Franz Joseph und seinem persönlichen Feind, Erzherzog Albrecht, abzurechnen versuchte, verbesserten seine finanzielle Lage nicht wesentlich. Die Zeit nostalgischen Gedenkens an die versunkene Monarchie war noch nicht gekommen.

Anfangs der Dreißigerjahre hielt sich Leopold meist in Deutschland auf, wo er das Aufkommen des Nationalsozialismus sehr begrüßt haben soll. Dort heiratete er noch ein drittes Mal. Seine Auserwählte, die er bereits seit langem kannte, war um 24 Jahre jünger als er und hieß Clara Kröger. Mit ihr verbrachte er seine beiden letzten Lebensjahre. Leopold Wölfling starb in anhaltend mißlichen Verhältnissen am 4. Juli 1935 in Berlin und wurde auf dem Jerusalemer Friedhof beigesetzt.[431] Ob er in diesen Jahren mit seiner Schwester Luise noch in Verbindung stand, ist nicht bekannt.

Johann Orth (1852 – 1890)

Der berühmteste »Aussteiger« jedoch war der legendäre Erzherzog Johann, der als Johann Orth in die Geschichte eingegangen ist. Helmut Andics nennt ihn »den vielleicht begabtesten der Familie«.[432]

Erzherzog Johann Salvator war der jüngste Sohn von Großherzog Leopold II. von Toscana und Prinzessin Maria Antonia von Sizilien und wurde 1852 in Florenz geboren, wo die Familie damals noch herrschte. Hochintelligent und von rascher Auffassungsgabe, aber auch temperamentvoll und zu Jähzorn neigend, sowohl an Kunst und Kultur als auch an Technik interessiert, erwies sich Johann als glänzender, aber bisweilen auch etwas schwieriger Schüler. Im Alter von zwölf Jahren kam er zur Erziehung an den Kaiserhof in Wien und unternahm in den folgenden Jahren mit seinem

Kammervorsteher zahlreiche Reisen. Wie alle Erzherzöge war ihm die militärische Laufbahn bestimmt. Im Alter von 20 Jahren war er bereits Major.

Während einer Mittelmeerreise, die ihn unter anderem nach Rom führte, leistete er sich die erste Eigenmächtigkeit und eckte prompt damit an. Er war dort nämlich von König Viktor Emanuel II. in Audienz empfangen worden. Er, ein Prinz von Toscana, Sohn eines Fürsten, dem der König von Italien sein Land weggenommen hatte, sucht bei eben diesem um Audienz an! Die österreichische Presse ist empört, der Kaiser auch und Johann muß nach Lemberg in Garnison; in das im äußersten Nordosten des Reiches gelegene Galizien, inoffizieller Verbannungsort für alle in Ungnade gefallenen Militärs der Monarchie. Es wird nicht bei dieser ersten Versetzung bleiben. Schon ein Jahr später wird Johann wegen »subordinationswidrigen Auftretens gegen seinen Oberst« zu acht Tagen Hausarrest verdonnert – eine normalerweise kaum angewandte Strafe für einen Erzherzog –, als deren Folge er vom Kaiser nach Temesvar in Ungarn versetzt wird.[433]

Aber es sollte noch schlimmer kommen. Denn es dauerte nicht lange, und Johann stürzt sich in das Wagnis, an einer der ehrwürdigsten Institutionen der österreich-ungarischen Monarchie Kritik zu üben: an der Armee. Und damit an ihrem Oberkommandierenden, Feldmarschall Erzherzog Albrecht. Dieser war der älteste Sohn von Erzherzog Karl, der im Jahre 1809 bei Aspern Napoleon die erste große Niederlage seines Lebens zugefügt und diesem dadurch den Nimbus der Unbesiegbarkeit genommen hatte. Diese gewonnene Schlacht hatte damals zwar ebensowenig genützt wie 1866 der große Sieg Erzherzog Albrechts über die Italiener bei Custoza, was aber beider Ruhm nicht schmälerte. Schon zu Lebzeiten wurden Vater und Sohn zu Helden und bewahrten sich auch später einen Platz in der Kriegsgeschichte.

Mit diesem Erzherzog Albrecht, Cousin Franz Josephs und »graue Eminenz« im Kaiserhaus, einem »Moralapostel und unerbittlichen Prinzipienreiter« (nach Weissensteiner) wagte Johann sich anzulegen. Und dies obwohl er selbst dessen Autorität schon als Kind hatte zu spüren bekommen. Albrecht war nämlich nach dem Tode von Johanns Vater zu seinem Vormund ernannt worden und ließ es an Ermahnungen wie Maßregelungen nicht fehlen.

Nun hatte sich Johann für militärische Fragen schon in jungen Jahren interessiert und an so manchem Kritik geübt. Die verlorene Schlacht von Königgrätz und die großen Einbußen, die die Monarchie dadurch hinnehmen mußte, hatten ja gezeigt, daß der Zustand der Armee nicht der Beste war. Doch Konsequenzen blieben aus. Die Ausrüstung war mangelhaft wie eh und je, und weiterhin herrschte der Zopf der alten Schule und das bewährte »Radfahrerprinzip«, buckeln nach oben und treten nach unten. »Zehn Jahre nach Königgrätz wurde auf sinnlosen Drill und bürokratischen Formelkram noch immer viel zu viel Wert gelegt, waren Moral und Besoldung der Offiziere, vor allem der unteren Ränge, noch immer bedenklich niedrig, ließ die Versorgung der Artillerie mit modernen Waffen und Geräten sehr zu wünschen übrig«.[434] Die Schuld dafür gab Johann dem militärischen Oberkommando. Und er hielt mit seiner Meinung nicht hinter dem Berg.

Das hatte so lange keine gravierenden Folgen, wie Johann seine Kritik nur mündlich äußerte. Doch zu Beginn des Jahres 1875 erschien im Verlag L. W. Seidel in Wien eine Abhandlung mit dem Titel »Betrachtung über die Organisation der österreichischen Artillerie«, in welcher der anonyme Autor scharfe Kritik an den bestehenden Verhältnissen übte und die Pensionierung der daran schuldigen Personen forderte. »Keine Maßregel könnte der österreichischen Artillerie mehr frommen als einige blaue Bögen«, konnten die Betroffenen darin lesen. Doch damit nicht genug, kritisierte der Verfasser zudem, was nun wirklich überflüssig war, die Außenpolitik des Kaisers. Da die expansiven Bestrebungen des Deutschen Reiches die Monarchie gefährdeten, forderte er einen Ausbau der Befestigungen in Böhmen und eine Annäherung an Rußland. Die Folgen auf literarische Einlassungen dieser und ähnlicher Art ließen nicht lange auf sich warten. Denn natürlich blieb der Autor nicht so unbekannt, wie er es gehofft haben mochte. Er konnte schließlich nichts anderes tun, als sich zu der Broschüre zu bekennen. Auf Betreiben von Außenminister Graf Andrassy und Erzherzog Albrecht, die sich persönlich angegriffen sahen, wurde Johann daraufhin unverzüglich von der Artillerie zum Infanterieregiment Wilhelm Nr. 12 in Krakau versetzt und vom Kaiser sowie den Erzherzögen Albrecht und Wilhelm scharf gerügt. Die getroffenen Maßnahmen wegen »einer mit den Begriffen über Disziplin und Subordination unvereinbarlichen und eben diese unantastbaren Grundfesten des Militärstandes arg schädigenden Weise« wurden den übrigen Erzherzögen zur Abschreckung per kaiserlichem Handschreiben warnend mitgeteilt.

Einige Jahre später wird Johann erneut ins Fettnäpfchen treten, indem er sich auf intrigante Weise in die Einsetzung eines neuen Herrschers für das Fürstentum Bulgarien einmischt. Seine Absicht ist nie recht klargeworden. Wollte er mit Hilfe Ferdinands von Coburg-Gotha, der tatsächlich Fürst von Bulgarien wurde, in der dortigen Armee die Stellung erreichen, die ihm in Österreich nicht gegeben war? Oder strebte er gar selbst nach dem bulgarischen Thron?

Zunächst jedoch wurde er nach seiner Ernennung zum Kommandanten der 2. Gebirgsbrigade der 7. Infanteriedivision nach Bosnien und der Herzegowina beordert, die als Folge des Berliner Kongresses 1878 von Österreich-Ungarn besetzt wurden. Johann verzichtete dabei auf jegliche Sonderstellung als Erzherzog, was zwar anerkennungswert war, aber bei so manchem hohen Offizier wenig Verständnis fand. Er lehnte auch den höchsten militärischen Orden Österreichs, den Maria-Theresia-Orden, ab, der ihm für seine Tapferkeit bei den Kämpfen in Bosnien verliehen werden sollte. Über Bosnien und dessen Annektion schreibt er prophetisch: »Sicherlich wird Bosnien nicht nur ein schwerer Brocken sein …, sondern auch eine Quelle weiterer Schwierigkeiten.«[435]

Soweit ging alles noch gut. Der unbequeme Erzherzog wurde zum Feldmarschall-Leutnant befördert und nach Wien versetzt. Doch Johann konnte es nicht lassen, weiterhin »wider den Stachel zu löcken«. Am 3. November 1883 hielt er im Wiener Militär-Casino einen Vortrag mit dem bezeichnenden Titel »Drill oder Erziehung«, bei dem er wieder einmal kein Blatt vor den Mund nahm. Zum selbständigen Denken müsse der Soldat erzogen werden, zum Verständnis der Befehle, und der Offizier müsse auch loben und anerkennen und nicht nur Vorgesetzter, sondern auch teilnehmender Mensch sein. Gewiß hatte Johann recht. Aber gegen das Establishment kam er nicht an. Das war damals genauso wie heute. Moderne Ideen und liberale Gesinnung waren bei den hohen Militärs nicht gefragt. Da setzte man lieber auf das Althergebrachte. War man nicht bisher ganz gut damit gefahren? Besonders wütend war Erzherzog Albrecht. Er schlug dem Kaiser vor, hart durchzugreifen, um diesen eklatanten Vorstoß gegen die Disziplin zu ahnden. Aber noch war jener dazu nicht bereit. Johann wurde nur wieder einmal versetzt. Nach Linz diesmal. Was ihm aber gar nicht unlieb war. Er hatte unweit davon Schloß Orth bei Gmunden gekauft, in dem seine Mutter lebte, an der er sehr hing.

Trotzdem kam es vier Jahre später zum endgültigen Bruch. Eifersucht auf den Kronprinzen, hinter dem er immer zurückstehen mußte, obwohl er ihm militärisch weit überlegen war, mochten mit im Spiel gewesen sein. Sie ergab zusammen mit seiner Eitelkeit und Geltungsucht sowie der Unzufriedenheit mit den ihm übertragenen Aufgaben jenes explosive Gemisch, das schon früher manche seiner Handlungen beeinflußt hatte. Weissensteiner vermutet, daß es bei den Manövern des Jahres 1887 zu einem Zusammenstoß zwischen Johann und Rudolf, vielleicht auch mit dem ihm so sehr verhaßten Erzherzog Albrecht gekommen ist. Danach habe Johann den Kaiser anscheinend vor die Alternative gestellt: entweder das Kommando über das 15. Armeekorps in Sarajewo zu bekommen, oder er würde die Armee überhaupt verlassen. Franz Joseph, offensichtlich froh, den unbequemen Neffen los zu sein, enthob diesen am 24. September 1887 seines Kommandos.

Denn Johanns Aufmüpfigkeit in militärischen Fragen war nicht das einzige, was den Kaiser störte. Auch dessen Privatleben hatte in den konservativen Kreisen des Herrscherhauses seit langem Anstoß erregt. Schon seit dem Jahre 1871 war Johann mit der Balletteuse Ludmilla Stubel liiert, eine Liebesbeziehung, die trotz mancher Bewährungsproben bis an sein Lebensende halten sollte. Er nahm Milli als seine »Beschließerin« nach Krakau mit, und er sorgte für ihre Weiterbildung. Die Ermahnungen des Kaisers, die unstandesgemäße Geliebte aufzugeben, fruchteten ebensowenig wie der Versuch, Milli selbst mittels einer hohen Geldsumme zum Verzicht zu bewegen.

Nun wollte Johann, der immer schon eine große Vorliebe für das Meer gehabt hatte, die See »zu seiner Heimat« machen, auf einem Segelboot Vergessen darüber finden, daß alle seine ehrgeizigen Pläne gescheitert waren. Am 18. September 1889 legte er in Fiume die Prüfung zum »Handels-Kapitän der langen Fahrt« vor der zuständigen Kommission ab. Dann ging es Schlag auf Schlag. Am 8. Oktober schrieb er aus Zürich an Kaiser Franz Joseph, daß er freiwillig auf Rang und Stand verzichte und den Titel und die Rechte eines Erzherzogs zurücklege, »dagegen Eure Maje-

stät untertänigst bitte, mir einen bürgerlichen Namen verleihen zu wollen.« Er werde sich fern vom Vaterland, wahrscheinlich zur See, einen Lebenserwerb suchen. Gleichzei-
tig schickte er den Orden vom Goldenen Vließ zurück.
Nach allem, was vorgefallen war, wußte Johann nur zu gut,
daß er nie die Stellung einnehmen würde, die er sich
wünschte, die es ihm erlaubte, aufzuräumen, die alten
Zöpfe abzuschneiden und die Herrschaften, die das verhin-
derten, in den Ruhestand zu schicken. Denn in hellsichti-
ger Klarheit erkannte er, daß dieser Staat verloren war,
wenn alles beim alten blieb.

Luise hat für Johanns Verzicht eine etwas dramatischere
Version, die jedoch ziemlich unglaubhaft klingt. Danach
habe ihr Onkel vom Kaiser den Auftrag erhalten, ein Manifest über die Neuorganisation der Armee auszuarbeiten, allein Erzherzog Albrecht habe es verhindert. Eine schlimme
Szene zwischen Johann und dem Kaiser sei die Folge gewesen, in deren Verlauf Johann erklärte, daß ihm nicht das Geringste daran liege, Mitglied des Kaiserhauses zu sein und
Franz Joseph das Goldene Vließ vor die Füße warf.[436] So impulsiv und aufbrausend Johann auch war, so gekränkt in seinem Stolz, nicht anerkannt zu werden, so weit dürfte er
denn doch nicht gegangen sein.

Johanns Schritt bedeutete zugleich den Verzicht auf seine
Apanage und sein Gehalt als Feldmarschall-Leutnant, alles
in allem auf jährlich ungefähr 100 000 Gulden, eine
enorme Summe für die damalige Zeit. Der Kaiser genehmigte Johanns Wunsch postwendend am 12. Oktober per
Handschreiben, »der beste Beweis, wie wenig Wert man mir
beigemessen hat«, schrieb Johann nun doch etwas gekränkt
an seine Mutter.[437] Hatte er etwa gehofft, der Kaiser würde
ihn, den Moltke angeblich den »vollendetsten Strategen in
Europa« genannt hatte, doch noch zurückhalten?[438] Aber
die Würfel waren gefallen. Nun blieb ihm nichts übrig, als
sich ein neues Leben aufzubauen. Unter dem Namen

Johann Orth kaufte er in Dünkirchen den Dreimaster »St. Margaret«, für den er ein Haus in der Wiener Goldschmiedgasse verkaufte. Das Schiff wurde in London überholt und zugleich ein Frachtvertrag abgeschlossen. Von Buenos Aires nach Valparaiso sollte Kohle geladen werden, auf der Rückreise Salpeter. Nach einer zum Teil stürmischen Überfahrt erreichte die »St. Margaret« am 30. Mai 1890 den Hafen von La Plata, wo auch Milli, die mit einem Passagierschiff gereist war, in der ersten Juliwoche eintraf.

Die Reise nach Valparaiso stand von Anfang an unter schlechten Vorzeichen. Aus Gründen, die nicht mehr nachvollziehbar sind, mußte Johann erst einmal eine neue Mannschaft anheuern. Man geht wohl nicht fehl in der Annahme, daß es zwischen dem Schiffseigner und dem seemännisch weit erfahreneren Kapitän Sodich zu Kompetenzstreitigkeiten gekommen war. Trotz mangelnder Praxis übernahm Johann selbst das Kommando. Eine folgenschwere Entscheidung angesichts der widrigen Wetterverhältnisse und schweren Stürme, die seit Wochen um Kap Horn herrschten. Doch Johann wollte zeigen, daß er es schaffte. Klein beigeben wollte er nicht. Milli scheint eine Vorahnung gehabt zu haben, daß es nicht gutgehen würde. »Heute reisen wir von hier ab«, schrieb sie an ihre Mutter, »und die Reise soll nicht weniger als 2 Monate dauern; weiß Gott, ob ich es überlebe. Bleibt alle gesund und denkt an Eure arme Euch Millionen Male küssende und nicht zufriedene Milli.«[439]

Die »St. Margaret« verließ am 12. Juli 1890 den Hafen von La Plata. Knapp vorher soll Johann seine langjährige Lebensgefährtin noch geheiratet haben. »Valparaiso, poste restante«, hatte er als seine nächste Adresse angegeben. Er kam nie dort an. Aufgrund späterer wissenschaftlicher Untersuchungen der Wetterverhältnisse in jener Region dürfte die »St. Margaret« mit ihrem Kapitän, Milli Stubel und der ganzen Besatzung in der Nacht vom 20. auf den 21. Juli 1890 zwischen Mitternacht und vier Uhr früh in etwa 48 Grad Süd und 65 Grad West in einen Orkan geraten und untergegangen sein.

Als keine Nachricht von Johann eintraf, ließ Kaiser Franz Joseph über die südamerikanischen Regierungen Nachforschungen anstellen. Auch Queen Victoria von England wies die Seebehörden an, eine Suchaktion nach dem verschollenen Schiff zu starten. Doch alles blieb vergeblich. Am 6. Mai 1911 wurde Johann Orth vom Obersthofmarschallamt für tot erklärt. Doch die Gerüchte, daß er die Schiffskatastrophe überlebt habe, wollten nie verstummen. »Ich verlasse euch bald, um zu verschwinden, Kinder; aber ich werde es so einrichten, daß mich niemand finden wird. Wenn der Kaiser gestorben sein wird, dann kehre ich zurück, da Österreich dann meine Dienste braucht«, soll Johann beim Abschied zu Luise von Toscana und ihrem Bruder Leopold gesagt haben. Luise war überzeugt, daß nicht ihr Onkel damals nach Valparaiso gesegelt sei, sondern ein ganz anderer, den er dafür engagiert hatte.[440]

So manche Leute wollten ihn später gesehen haben, so seine Nichte, die Gräfin von Caserta 1906 in Cannes, andere in München und in Mainz. Er lebe als Farmer in Südamerika, oder aber er sei identisch mit dem berühmten japanischen Admiral Yamagata. Wie Alexander Lernet-Holenia zu berichten weiß, habe sich auch die argentinische Polizei mit dem Fall beschäftigt. So habe im Jahre 1899 ein Mann namens Johann Orth, Kaufmann aus Österreich, im Departement Concordia in der Provinz Entre Rios den Verlust einer Handtasche angezeigt. Er suche dort oft das Gasthaus eines Don Pedro auf, spreche aber mit niemandem und zahle immer mit Gold. Danach habe er auf einer Holzbearbeitungsfarm in Chaco Paraguyao gearbeitet.[441] Den Beweis für diese Behauptungen konnte jedoch niemand erbringen. Dennoch haben weder Johanns Bruder Ferdinand noch seine Mutter je an seinen Tod geglaubt. Auch der letzte österreichische Kaiser Karl war der Überzeugung, daß Johann noch lange nach seinem angeblichen Tod mit seinem Vater korrespondiert habe.

Friedrich Weissensteiner, der Biograph Johann Orths, verweist jedoch diese Geschichten als bloße Legenden in das Reich der Phantasie. Doch gerade durch sie wurde der Erzherzog, der nur einer unter vielen war und mit dem Kaiser nur entfernt verwandt, zu einer Berühmtheit und im Andenken der Menschen zum romantischen Helden.

Erzherzog Ludwig Salvator (1847–1915)

Johanns um fünf Jahre älterer Bruder, Erzherzog Ludwig Salvator, besaß zwar weder dessen Ehrgeiz noch dessen Kämpfernatur, aber er war ebenfalls nicht bereit, sich unterzuordnen, schon gar nicht dem starren Reglement des höfischen Zeremoniells, dessen strikte Befolgung in der Hofburg ein Muß war.

Da er dem Hofleben und den Höflingen absolut nichts abgewinnen konnte, hatte er sich auf der Insel Mallorca ein Landhaus gebaut, das er wie die kaiserliche Villa bei Triest Miramar nannte. Der Besitz vergrößerte sich im Laufe der Zeit erheblich, denn Erzherzog Ludwig kaufte unausgesetzt etwas dazu, was seine Finanzen bisweilen etwas überstieg. Erfuhr er nämlich, daß irgendwo in der Nähe ein Wäldchen abgeholzt werden sollte, erwarb er das Grundstück unverzüglich. Selbstverständlich waren Bäume und Sträucher auf seinen Besitzungen vollkommen tabu. Er zog aus ihnen kaum Gewinn. Ohne seine erzherzogliche Apanage wäre er bald bankrott gewesen.

Auf Mallorca führte er ein einfaches Leben, trug nur Sandalen und weite Leinenhosen und widmete sich der Natur, seinem Garten, seinen Weinbergen sowie seinen botanischen und geographischen Studien. Mit den Bewohnern der Insel stand er auf freundschaftlichem Fuß. Für sie war er eine Art geistiges Oberhaupt, das ihnen mit Rat und Tat zur Seite stand. Vor Fremden floh er, denn die konnte er nicht ausstehen. Gut verstand er sich mit Kaiserin Elisabeth, die ihn öfters besuchte und in der er eine geistesverwandte Seele fand.

Seine große Liebe galt dem Meer. Seine Yacht »Nixe« hatte jederzeit reisefertig im Hafen zu liegen, da er sich jeden Augenblick entschließen konnte, in See zu stechen. Einmal erlitt er an der afrikanischen Küste Schiffbruch und geriet samt seiner Mannschaft beinahe in Gefangenschaft. Dennoch war sein Schiff für ihn »der einzige Fleck Erde, den ich meine Heimat nennen kann.«[442] Doch Ludwig segelte nicht nur zum Vergnügen, sondern verband damit wissenschaftliche Forschungen, die er über seine engere Umgebung hinaus auf den gesamten Mittelmeerraum ausdehnte. Seine Arbeit »Die Balearen« gilt heute noch als Standardwerk; er veröffentlichte noch zahlreiche andere Werke, deren Druck er aus eigener Tasche bezahlte. Nicht nur Luise und Neffe Leopold nannten ihn einen »halben Heiden und Sonnenanbeter«. Begreiflich, daß er mit dem Hof in Wien nichts anfangen konnte und die Menschen dort nichts mit ihm. Wenn er einmal im Jahr dem Kaiser pflichtschuldigst seine Aufwartung machte, trug er seine alte Oberstenuniform, die bereits aus allen Nähten platzte. Doch sie war die einzige, die er besaß. Sie anzuziehen war ihm ebenso zuwider wie der ganze Betrieb dort.

Erzherzog Ludwig Salvator hat zwar nie geheiratet, war aber der Weiblichkeit durchaus zugetan. Onkel Ludwig habe auf Mallorca eine Art Harem unterhalten, behauptet Leopold Wölfling. Ähnliches können wir bei Horst Joseph Kleinmann in seiner Erzherzog-Ludwig-Biographie lesen: »Es herrschte ... eine alles andere denn von Moral gekennzeichnete Atmosphäre auf dem Besitztum Ludwig Salvators. Die damalige Armut der Bevölkerung macht es jedoch verständlich, daß viele Mütter aus der Notlage heraus ihre

Töchter zur Estaca führten, sie kämen mit einem kleinen Vermögen zurück, nachdem sich der Erzherzog am Liebesspiel mit ihnen vergnügt hatte.«

Catalina Homar, die hübsche Tochter eines Tischlers aus der Nachbarschaft, wollte jedoch mehr. Sie würde hingehen, um für immer zu bleiben, soll sie erklärt haben. Sie blieb tatsächlich. Der Erzherzog ließ sie in Sprachen ausbilden, von einem englischen Maler porträtieren und erfüllte schließlich ihren frommen Wunsch, sie auf eine Reise ins Heilige Land mitzunehmen. Dann trennten sich jedoch ihre Wege, denn Ludwig wollte sein Buch »Sommertage auf Ithaka« vollenden und blieb in Ägypten, während Catalina nach Mallorca zurückkehrte. Er sollte sie nicht mehr lebend wiedersehen. Sie hatte sich auf der Reise mit einer »lepraähnlichen Krankheit« infiziert und starb völlig entstellt unter großen Qualen. Die Wahrheit über die Art der Krankheit liegt im dunklen, doch besteht vielleicht ein Zusammenhang mit dem Umstand, daß es Catalina mit der Treue zu ihrem Gönner nicht ganz genau genommen hat, sondern eine Beziehung zum Kapitän von Ludwigs Dampfyacht »Nixe« unterhielt. Dennoch beendete der Erzherzog sein Buch mit einem so gefühlvollen Nachruf auf die Verstorbene, daß der Wiener Hof schockiert über diese Enthüllung alle verfügbaren Exemplare des Werkes aufkaufen ließ.

Antonia Lancerotto wiederum, eine Italienerin, die im Alter von zwölf Jahren als Kindermädchen für die Kinder von Ludwigs höheren Angestellten ihren Dienst begann, brachte es mit der Zeit zur Vertrauten, zur Freundin, ja zur »Frau des Hauses«, wie ehemalige Bedienstete des Erzherzogs nach dessen Tod »unter Eidanbietung« versicherten. Dennoch heiratete Antonia schließlich den Schiffskommissar der »Nixe«, Bartolomé Calafat. Ludwig gab ihr seinen Segen und erklärte sie zu seiner Tochter, die er jeweils morgens und abends mit einem Kuß begrüßte und verabschiedete und mit besonderer Zärtlichkeit behandelte. Calafat wollte nach der Hochzeit den Dienst beim Erzherzog quittieren, doch Ludwig ließ es nicht zu. »Denn du hast das Liebste geheiratet, das ich auf der Welt besitze, und dies würde meinen Tod herbeiführen«, habe er gesagt.[443]

Der Ausbruch des Ersten Weltkrieges zwang Erzherzog Ludwig, der sich damals in seiner Villa Zindis bei Triest befand, schließlich auf sein Schloß Brandeis in Böhmen zu übersiedeln. Dort starb er am 12. Oktober 1915, umgeben von seiner »Familie«, seinem langjährigen Sekretär Antonio Vives und dessen Frau und Kinder sowie dem Ehepaar Calafat. Der Erzherzog hatte Vives und dessen Kinder als Universalerben eingesetzt und verfügt, daß auch seine anderen Angestellten weiterhin ihr Gehalt beziehen sollten. Es stellte sich jedoch heraus, daß sie alle zwar Kost und Logis, aber jahrelang keinen Lohn erhalten hatten. Bekanntlich war der Erherzog meist schlecht bei Kasse. So hatte er seiner geliebten »Tochter« Antonietta Calafat Schmuckstücke aus dem Besitz seiner Mutter im Wert von über 200 000 Kronen geschenkt, sie aber vorsorglich in einem Schließfach verwahrt. Leider war es nach seinem Tod leer. Die Juwelen befanden sich längst im Wiener Leih- und Versteigerungshaus Dorotheum. Da auch Brandeis vollkommen verschuldet war, blieb den Erben kaum mehr als der Besitz in Mallorca, den sie untereinander aufteilten. Vives selbst starb bereits 1918 in Brandeis.

Erzherzog Ludwig war Forschungsreisender und Geograph, Seemann und Landwirt, Buchautor und Illustrator gewesen. Der Umweltschutz hätte an ihm sein Freude gehabt, die Tourismusindustrie, die nachmalig die Strände von Mallorca verbaute, würden ihn zur Hölle gewünscht haben. Dem Wiener Hof galt er als schrulliger Sonderling, als exzentrischer »Spinner«, wenn nicht überhaupt als verrückt. Natürlich registrierte man genau, was er tat. Doch Mallorca war weit, und man ging über so manches hinweg,

286

was im Bereich der Monarchie weit mehr Ärgernis erregt hätte. Er lebte sein Leben, wie es ihm gefiel. Angepaßt an das Establishment hat er sich nie.

Erzherzog Josef Ferdinand (1872-1942)

War etwas im Leben der jungen Erzherzöge nicht ganz wie gewünscht, was durch die diskrete Überwachung sehr bald ruchbar wurde, ging der Hof nach bewährter Manier vor: Zuckerbrot und Peitsche. So wird berichtet, daß Erzherzog Josef Ferdinand, ein jüngerer Bruder Luises, nach seiner Beförderung zum Oberstleutnant von Salzburg nach Laibach versetzt worden war. Es handle sich um eine Strafversetzung, weil er aristokratische Kreise mied und Beziehungen zur Tochter eines städtischen Beamten unterhielt, wurde berichtet; die Meldung aber sofort mit der Erklärung dementiert, der Erzherzog stehe bei Hof in voller Gunst, die Versetzung erfolge auf seinen eigenen Wunsch.[444]

Auch Josef Ferdinand geriet einmal in die Presse, weil er angeblich die Tochter des Restaurantsbesitzers Mitzko in der Wiener Schottengasse heiraten wolle.[445] Nun, daraus wurde nichts. Entweder auf allerhöchsten Befehl oder weil die Liebe des Erzherzogs rechtzeitig erkaltete. Er muß aber von ganz lebenslustiger Art gewesen sein. In seiner »Geschichte des Krieges« schreibt Hermann Stegemann über ihn: »Am sorglosesten war der Kommandant der 4. k. u. k. Armee, Erzherzog Josef Ferdinand, der in seinem Hauptquartier Luzk seinem Toscanerblut die Zügel schießen ließ. Er hatte sich am Styr häuslich eingerichtet und Wiener Leben an die Front verpflanzt. Er schulterte die Jagdflinte, liebte Musik und Chansonetten, tafelte im Kreis seiner Offiziere und ließ auch dem Mann im Graben fröhlich aufspielen. Der Beginn der Beschießung wurde von seiner Tafelmusik übertönt.« Er konnte aber auch anders. Denn eben bei jener Brussilow-Offensive im Juni 1916, bei der die

Musik an seiner Tafel erst so fröhlich erklungen war, trug er maßgeblich dazu bei, den Durchbruch gegen die Russen bei Tarnow-Gorlice zu erzielen.

Nach dem Krieg vermählte er sich 1921 höchst unstandesgemäß mit einem Fräulein namens Rosa Kaltenbrunner, ließ sich aber nach einigen Jahren wieder von ihr scheiden, um 1929 eine neue Ehe einzugehen. Seine Braut war um dreißig Jahre jünger als er und hieß Gertrude Tomanek, Edle von Beyerfels. Auch deren Familie hätte gewiß nicht zu denen gezählt, die würdig waren, mit dem allerhöchsten Haus eine Verbindung einzugehen. Aber da gab es keine Monarchie mehr und kein Habsburger Hausgesetz. Und keinen Kaiser, der darüber wachte.

Erzherzog Heinrich Ferdinand (1878 – 1969)

Sie waren wohl alle ein wenig schwierig, die jungen Toscanas. Auch Erzherzog Heinrich Ferdinand, ebenfalls ein Sohn des Großherzogs und Rittmeister im 6. Dragonerregiment in Enns, war vom Kaiser ohne Aufschub beurlaubt worden. Diesem war anscheinend nichts anderes übrig geblieben. Denn Heinrich Ferdinand war höchst ungern Soldat. Er zog es vor, unter dem Namen eines Grafen von Noven in München zu leben und dort seinen künstlerischen Neigungen nachzugehen. Wie aber die Haus-, Hof- und Gesellschaftskorrespondenz berichtet, unterhielt er zu den Höfen in Wien und München weiterhin gute Beziehungen.[446] Allerdings zählte Kaiser Franz Joseph zu diesem Zeitpunkt schon 82 Jahre und war wohl zu alt und zu müde, um den des Dienstes überdrüssigen Offizier zur Raison zu bringen. Auch Erzherzog Heinrich Ferdinand heiratete später nicht standesgemäß.

Doch die Unbotmäßigkeit und Rebellion beschränkte sich nicht auf die Toscanas. So wurde Franz Josephs leiblicher

Neffe, der Bruder des Thronfolgers Franz Ferdinand, Erzherzog Ferdinand Karl, infolge einer heimlichen, nicht standesgemäßen Ehe aus dem Kaiserhaus ausgeschlossen und lebte danach unter dem Namen Ferdinand Burg.

Nun waren Ehen zwischen Bürgerlichen und Angehörigen des Kaiserhauses immer eine Seltenheit gewesen, wie die zwischen Erzherzog Ferdinand von Tirol und der Augsburger Kaufmannstochter Philippine Welser im 16. Jahrhundert. Und es war eine Sensation, daß Kaiser Franz I. seinem jüngeren Bruder Johann endlich doch die Heirat mit dessen langjähriger Geliebten, der Postmeistertochter Anna Plochl aus Bad Aussee, gestattete. Sie wurde damit zwar keine Erzherzogin, aber wenigstens eine Gräfin von Meran, ein Titel, der an ihre und Johanns Nachkommen vererbt wurde. Zwei Fälle in dreihundert Jahren! Nun häuften sie sich auf einmal. Was war also plötzlich in die jungen Erzherzöge gefahren?

Gewiß, die meisten verhielten sich, wie es ihrer hohen Herkunft entsprach. Man war an allerhöchster Stelle ja auch nicht ohne Verständnis und sich dort durchaus dessen bewußt, daß junge Herren sich auch ein wenig austoben mußten. Sie wurden gerügt, und wenn es denn gar nicht anders ging, verordnete man ihnen einen Tapetenwechsel in Galizien oder Bosnien, wo sie Zeit hatten, nachzudenken, ob es sich denn wirklich lohne, um einer Liebe willen alles aufzugeben. Und man war nicht kleinlich, wenn es galt, ein Mädchen auszuzahlen, unter der Bedingung freilich, daß weitere Beziehungen für immer unterblieben. Ein nettes Sümmchen verfehlte meist nicht seine Wirkung und galt als heilsames Pflaster für so manche seelische Wunde. Geld ist nicht nur ein recht effektives Aphrodisiakum, sondern entwickelt gelegentlich auch eine gegenteilige Wirkung.

Die meisten Angehörigen des Kaiserhauses, die ein wenig auf Abwege geraten waren, kamen auch rasch wieder zur Vernunft und fügten sich der Familientradition. Sie wußten die Vorteile ihrer Geburt zu schätzen, die Ehren und Würden, die Apanage und das Bewußtsein, ganz oben, beinahe an der Spitze der Hierarchie zu stehen. Das war schon ein Opfer wert, auch das, daß Mütter und Tanten, mit allerhöchster Billigung natürlich, eine standesgemäße Ehe arrangierten. Manchmal führte sie sogar zu Glück und echter Zuneigung. Und kamen nicht unglückliche Ehen auch in anderen Kreisen vor?

Was war also anders geworden? Was war schuld daran, daß die jungen Menschen plötzlich dem Zwang der höfischen Etikette und des Familienstatuts entfliehen wollten und ihr eigenes Glück suchten? Daß ihnen ihr Stand, ihre hohe Geburt immer weniger bedeutete?

Die Zeiten hatten sich geändert. Die fortschreitende Industrialisierung des Landes hatte ein Erstarken des Bürgertums bewirkt, die sogenannte »Gründerzeit« dessen Vermögen und Stellenwert vielfach vermehrt. Es gab Fabrikanten, die mehr Einkommen zu versteuern hatten, als so manche adelige Gutsbesitzer je verdienen würden. Gewiß strebten die zu Macht und Reichtum gelangten Bürger ebenfalls einen Adelstitel an. Um der eigenen Eitelkeit willen, um dem Sohn die Aufnahme in einem exklusiven Regiment zu erleichtern, der Tochter die Heirat mit einem verarmten Grafen, dem die Schulden eines standesgemäßen Lebens über den Kopf gewachsen waren. Der Kaiser kam nicht umhin, so manches Gesuch zu bewilligen. Aus dem Ziegelfabrikanten bescheidener Herkunft wurde auf diese Weise ein Baron, der ebenfalls in einem Palais wohnte und im feudalen Jockeyclub verkehrte. Wenn auch vom Hochadel nicht als seinesgleichen anerkannt, hatten sich die Grenzen zwischen den Ständen doch etwas verwischt.

Die Kluft war nicht mehr so tief. Erzherzog Albrecht, die Seele der konservativen Partei am Kaiserhof, war jedoch anderer Meinung. Er betonte stets die Notwendigkeit, die

»ganz exceptionelle Stellung« der Dynastie durch die Aufrechterhaltung einer »unüberschreitbaren Kluft« zwischen den Mitgliedern des Erzhauses und den Untertanen zu sichern. Schon die Angleichung der Ehrenbezeigungen für fremde Prinzen und hochgestellte Untertanen an die den Mitgliedern des Erzhauses vorbehaltenen Ehrenbezeigungen sei der erste Schritt »auf einer demokratisierenden rechtlosen Bahn«. Denn diese führe in der nächsten oder spätestens in der zweiten Generation bereits dazu, »im Souverän nur den gekrönten Vollstrecker eines souveränen Volkswillens zu sehen«.[447]

»Kaiser von Gottes Gnaden«, jene felsenfeste Überzeugung vom Sonderstatus der Dynastie, die Gott selbst einst erwählt hatte, um über die anderen zu herrschen, vertrat Erzherzog Albrecht zeit seines Lebens. Und wenn schon ein Händedruck, der einem vielleicht nicht ganz so ebenbürtigen Prinzen zuteil wurde, die verhaßte Demokratisierung heraufbeschwor, wie sehr muß der Erzherzog das Emporkommen des Bürgertums gefürchtet haben. Von Rechten gegenüber der Arbeiterschaft ganz zu schweigen.

Der um dreizehn Jahre ältere Erzherzog Albrecht aber besaß nicht nur das unbedingte Vertrauen des Kaisers, sondern übte zweifellos auch großen Einfluß auf ihn aus. Um so verhaßter war er bei der jüngeren Generation, für die er der Prototyp des Starrsinns und des Altmodischen war, der in der neuen Zeit nichts mehr zu suchen hatte. Obwohl er bereits im Jahre 1895 starb, also nur mehr die Auseinandersetzung um Johann Orth miterlebte, wirkte sein Einfluß noch über seinen Tod hinaus.

Ein erbitterter Verfechter des Zeremoniells und der gottgewollten Ordnung war Obersthofmeister Fürst Montenuovo. Seine Haltung hatte auch persönliche Gründe. Seine Großmutter war jene Erzherzogin Maria Luise, die einst mit Napoleon verheiratet worden war, aber dessen Exil nicht geteilt hatte. Als Herzogin von Parma, Piacenza und Guastalla begann sie mit ihrem Obersthofmeister Graf Neipperg ein Liebesverhältnis. Für die aus der heimlichen Ehe entstandenen Kinder wurde der Name italienisiert. Die Grafen Montenuovo wurden später von Kaiser Franz Joseph in den Fürstenstand erhoben, nahe Verwandte der allerhöchsten Familie also, und doch im Rang weit unter ihr. Das sollten alle zu spüren bekommen, die seinen Bereich, das Zeremoniell und alles, was damit zusammenhing, nicht achteten.

Auch der Kaiser konnte nicht begreifen, daß das, was jahrhundertelang gegolten hatte, nämlich die Ausnahmestellung der Dynastie, von einigen Angehörigen plötzlich als Last empfunden wurde, daß sie über ihr Leben selbst bestimmen, ihres eigenen Glückes Schmied sein wollten. Zwar fand er in seiner Freundschaft mit Katharina Schratt selbst Gefallen an der Wärme und Behaglichkeit ihres bürgerlichen Heimes, aber sein Gefühl für Pflicht und Würde behielt immer die Oberhand. Den »ersten Beamten seines Staates« nennt ihn Adam Wandruszka. Vielleicht war es aber gerade das, was das Volk an ihm liebte und was ihn in dessen Augen zum verehrten Übervater der Nation machte.

Es war die persönliche Tragik Kaiser Franz Josephs, daß das Bestreben, auszubrechen aus dem starren Reglement seines Hauses, auch vor seinen allernächsten Familienangehörigen nicht haltmachte. Denn in gewissem Sinne waren auch seine Gattin, sein Sohn und dessen einzige Tochter, Erzherzogin Elisabeth, »Aussteiger«. Nicht auszudenken, wie Kaiser Franz Joseph den Werdegang seiner Enkelin aufgenommen hätte, die später den sozialdemokratischen Abgeordneten Leopold Petznek heiratete und die »rote Erzherzogin« genannt wurde. Aber davon abgesehen, blieb ihm wirklich nichts erspart. Er war vom Unglück verfolgt.

Seine Gattin Elisabeth wurde ermordet, sein Bruder Ferdinand Maximilian hingerichtet, sein einziger Sohn Rudolf beging Selbstmord, der Thronfolger Franz Ferdinand fiel einem Attentat zum Opfer, und etliche Familienmitglieder brachen aus in ein neues, eigenes Leben. Ein Land nach dem andern ging verloren, bis der Erste Weltkrieg, den er mit ausgelöst hatte, die Monarchie endgültig zerbrach.

Auch Franz Josephs Großneffe und Nachfolger, Kaiser Karl I., wurde von der Glücksgöttin nicht gerade verwöhnt. Was er auch anpackte, ob Separatfrieden für seine Monarchie oder der Versuch, wenigstens Ungarn für sich zu retten, er erlitt überall Schiffbruch und starb fern im Exil einen frühen Tod.

»Die Witwe Ludwig Batthyanys hat den Kaiser verflucht«, behauptete wenigstens Erzherzogin Stephanie, Witwe von Kronprinz Rudolf und spätere Fürstin Lonyay. Graf Ludwig Batthyany, Angehöriger eines alten ungarischen Magnatengeschlechts, war im Revolutionsjahr 1848, in dem Ungarn versuchte, sich von der Herrschaft der Habsburger zu befreien, Führer der Opposition und Präsident des ersten ungarischen Ministeriums. Als die Rebellion mit Hilfe russischer Truppen im Jahre 1849 niedergeschlagen werden konnte, ließ der österreichische Oberbefehlshaber, Fürst Windischgraetz, Graf Batthyany verhaften und als Verräter zum Tode durch den Strang verurteilen. Alle Gnadengesuche blieben vergeblich. Der Kaiser unterschrieb das Todesurteil. Um der Schmach des Galgens zu entgegen, versuchte Batthyany Selbstmord zu verüben, wurde jedoch daran gehindert und in bereits schwer verletztem Zustand zur Hinrichtung geschleppt. »Und dann hat die Witwe den Kaiser verflucht. Es war ein feierlich ausgesprochener, furchtbarer Fluch über den Kaiser und seine ganze Familie«.[448] Beinahe könnte man daran glauben.

War Luise erblich belastet?

»Sie war eine anmutige Erscheinung, eine Frau von lebhafter Phantasie, die bei allem, was sie tat, nur nach dem Gefühl handelte. Ganz im Augenblick lebend, zog sie die Folgen nicht in Betracht. Mit Witz und Heiterkeit begegnete sie Einwendungen. Sie fesselte durch den Zauber ihrer Persönlichkeit und riß durch das leidenschaftliche Ungestüm, mit dem sie die Dinge ergriff, auch bedächtige Männer mit sich fort«, schreibt Georg Amborst in seinen »Genealogischen Streifzügen«, in denen er unter anderem Luises Abstammung verfolgt. Doch diese Charakteristik betrifft gar nicht Luise, obwohl sie gut auf sie passen würde, sondern Prinzessin Caroline von Parma, ihre Urgroßmutter. Caroline von Parma war die Gattin von Herzog Charles Fernand von Berry, dem zweiten Sohn König Karls von Frankreich aus der Familie Bourbon. Ihre Tochter, Herzogin Luisa von Parma, war Luises Mutter Alice.

Im letzten Kapitel wurde gezeigt, wie viele »Aussteiger« gerade in der Familie Toscana in einem verhältnismäßig kurzen Zeitraum zu finden sind. Der Gedanke an eine gewisse Vererbung liegt daher nahe. Wie Amborst beweist, fällt in Luises Ahnentafel tatsächlich eine starke Inzucht auf. So besitzt sie in der sechsten Ahnengeneration statt 64 verschiedener Vorfahren nur deren vierzehn! Sie stammt nicht weniger als zwölfmal von König Philipp V. von Spanien und dessen zweiter Gemahlin Elisabeth von Parma ab. Philipp V. verfiel zunehmend in geistige Umnachtung und hinterließ ein völlig zerrüttetes Land.

Nach Amborst stellen die Nachkommen dieses Paares vielfach »unglückselige Erscheinungen« dar. Elisabeth selbst beschreibt er als schön, geistvoll und tatkräftig, aber auch als sinnlich und bedenkenlos. In ihren Ahnentafeln finden sich auf Vaters Seite Geschlechter wie die Farnese, Este, Medici, Aldobrandini, die alle in der Renaissance zu großer Macht gelangten. Sie zeichneten sich durch große Tüchtigkeit aus, durch Kunstsinn und Tatkraft, aber auch durch Machtgier, Genußsucht und Gewissenlosigkeit und durch eine Menge Liebschaften. Schon jene Elisabeth stammte achtmal von Johanna der Wahnsinnigen ab, ihr Gemahl Philipp V. sogar siebzehnmal! Für Luise nahm sie laut Amborst eine »Schlüsselstellung« ein. Georg Amborst hat bei Luise nicht weniger als 612 Abstammungslinien festgestellt, die von der spanischen Johanna bei ihr zusammenlaufen. Er machte sie für ihre oft auftretende Hemmungslosigkeit verantwortlich.

Ähnliches findet Brigitte Sokop, die in ihrer Biographie über Gräfin Larisch den Ahnenschwund Johann Orths, Luises Onkel, beleuchtet. Von 126 Ahnen habe er nur 48 verschiedene, gleich sechs Ahnen habe er fünffach, acht Ahnen vierfach, vierzehn immerhin noch dreifach.[449] Und es war hauptsächlich Bourbonenblut, das in den Adern der Toscanas floß. Leopold Wölfling gibt dessen Anteil mit fünfzehn Sechzehntel an, gegen ein Sechzehntel Habsburgererbe.

Luise steuert in ihrem Buch einige Erinnerungen an ihre Vorfahren bei, die vielleicht etwas Licht auf ihren eigenen Charakter werfen. Ihr Urgroßvater mütterlicherseits, Herzog Carl von Parma, war nicht nur ein sehr reiselustiger Herr, der von einem Augenblick zum anderen seine Pläne zu ändern pflegte, sondern auch ein großer Freund und Bewunderer der Weiblichkeit. Seine Frau langweilte ihn zu Tode. Hatte er sich selten genug bei ihr aufgehalten, »mußte er immer bei einer hübschen Frau neue Kräfte schöpfen«. »Ich habe mein Leben voll und ganz genossen und ohne Zweifel wirst du dem Beispiel deines Urgroßvaters folgen, Kleine«, habe er einmal zu Luise gesagt, und damit den Unwillen deren Mutter erregt. »Ich hoffe, daß Luisa nicht in Ihre Fußstapfen treten wird, Großvater«, habe sie ihn kühl zurechtgewiesen. Ob er ein wenig Prophet war, jener Herzog Carl von Parma?[450]

Carls gleichnamiger Sohn, Luises Großvater, ein schöner, leichtsinniger Lebemann, wurde, kaum vierunddreißigjährig, in Parma ermordet, wie Luise vermutet, von einem eifersüchtigen Ehemann, der die Ehre seiner Gattin rächen wollte.[451] Kurz, Leichtsinn lag der Familie im Blut. Luise wundert sich daher, wie man sie überhaupt als Gattin für Friedrich August wählen konnte. »Die Mischung von französischem, italienischem und habsburgischem Blut in meinen Adern hätte jeder etwas eng denkenden Familie ernstliche Bedenken verursachen müssen ... da, wie mein Schwiegervater mit voller Wahrheit sagte, ›das habsburgisch-bourbonische Temperament sonderbare Eigenschaften besäße‹«.[452]

Luise widmet dem familiären Erbe einen breiten Raum. Sie sieht eine unglückliche Neigung der Habsburger, allem Lästigen für einige Zeit den Rücken zu kehren, und eine »Sucht der Selbstzerstörung«. Sie schreibt in rückblickender Selbsterkenntnis: »Mir erscheint es, als wenn in gewissen Krisen unseres Lebens wir von anormalen, schlummernden Kräften erfaßt werden, die zeitweise neurotische Störungen hervorrufen, unter deren Einfluß wir impulsive Handlungen vollbringen, die meist lebenslängliche Folgen nach sich ziehen.«[453] Auch sie führt dieses Erbe auf Johanna die Wahnsinnige zurück. Es habe eine Reihe moralischer Defekte mit sich gebracht, eine Anlage, die noch durch das bourbonische Blut verstärkt worden sei.

»Das Gehirn kann für Jahre harmonisch arbeiten, aber unter dem Druck einer Krisis, wo die geistigen Saiten bis zu den Grenzen der Ertragensfähigkeit gespannt wurden, springen, und geerbte Veranlagungen, die für Jahre geschlummert haben, werden sich in der einen oder anderen Weise offenbaren, wie ungenügende Willenskraft, nervöse Entmutigung, Mangel an geistiger Sammlung, Selbstvernichtung, Haß der Umgebung und das nicht zu bezwingende Verlangen, die Gesellschaft ebenbürtiger Menschen zu fliehen ... Es ist nicht der andauernde Wunsch, offenkundige Unbesonnenheiten zu begehen, aber ein überwältigendes Verlangen, sich von seiner Umgebung zu trennen, was solche Naturen zu raschen Handlungen anstachelt ... Das Geschlecht der Habsburger veranschaulicht auf das treffendste den Einfluß des großen Gesetzes der Vererbung ... Sie (die Habsburger) sind außergewöhnliche Menschen, die durch die Umgebung und deren Beeinflussung geworden sind, was sie sind, und nach meiner Auffassung muß man sie als unglückliche Opfer der Vererbung bezeichnen«, behauptet Luise in ihrem Buch und sieht sich somit selbst als Opfer ihrer vererbten Anlagen, die durch die Art und Weise, wie ihr Schwiegervater sie behandelte, zum Ausbruch gelangten.[454] Ein unschuldiges Opfer also? Auch in ihrer zweiten Ehe, in der sie sich in so mancher Hinsicht nicht viel anders verhielt als seinerzeit am sächsischen Hof?

Dürfen wir denn die uns vererbten Gene für alles verantwortlich machen? Letztendlich ist es doch noch immer unser freie Wille, der über unser Verhalten, über Gut und Böse, Recht und Unrecht entscheidet.

»Sie ist das wunderlichste Gemisch von Gut und Böse! Unseliges Geschöpf! Zu einem Verhängnis wird sie jedem, der sich ihr nähert, aber sich selbst ist sie das Böseste!« In einem Augenblick ein Engel, im nächsten eine Furie ... So wird Toselli später über seine geschiedene Frau urteilen.[455] Sie war voller Widersprüche. Sie wünschte sich Freiheit von der Etikette, von jeglichem Zwang des Hofes, und fühlte sich dennoch geschmeichelt, wenn man sie auch dann noch mit ›Kaiserliche Hoheit‹ ansprach, als sie dieses Vorrecht längst nicht mehr besaß. Sie sehnte sich nach einem bürgerlichen Leben, aber als sie schließlich Frau Toselli war, konnte sie dessen Enge nicht ertragen. Sie beklagte sich über die Journalisten, die sie bedrängten und belästigten, stellte sich aber doch einem Photographen für ein gemeinsames Bild mit Giron, von dem sie wußte, daß es in einer sehr verbreiteten Zeitschrift erscheinen würde. Werden dabei nicht Erinnerungen an jüngste Ereignisse wach? Ob Stephanie oder Caroline von Monaco oder andere Prominente, sie sind zwar bedacht auf die Wahrung ihrer Intimsphäre und liegen deshalb öfters im Streit mit den Medien, aber sind nicht gerade unglücklich darüber, dort präsent zu sein. Drängt sich da nicht auch ein Vergleich mit der so tragisch verunglückten Prinzessin Diana auf? Es scheint, als ob auch sie es bisweilen genoß, daß alle Welt über sie berichtete. Wie Luise von Toscana vor beinahe hundert Jahren.

Luise hatte sich ein einfaches Leben gewünscht, jedoch ohne viel von ihrem gewohnten Lebensstil einbüßen zu müssen. Dabei hatte sie das Glück, daß Friedrich August ihr eine großzügige Apanage zubilligte, die zwar nicht mehr königlich war, aber weit mehr betrug, als der Normalbürger damals zur Verfügung hatte. Was er nicht ahnen und entsprechend dem Lauf der Geschichte auch nicht beeinflussen konnte, war, daß seine geschiedene Gattin im Belgien der Nachkriegszeit von aller Unterstützung abgeschnitten und auf sich allein gestellt sein würde. Jene schlimmen Jahre, Einsamkeit und Mangel an Geld sowie die zunehmenden Schwierigkeiten des Alters mögen Luise schließlich dazu gebracht haben, aus ehrlichem Herzen zu schreiben: »Rang und Geburt sind leere Worte, haben keinen Wert, nur der Mensch in sich selbst und seine Seele ...«

Wir wollen Luise zubilligen, daß ihr Wesen von ihrem charakterlichen Erbe her stark beeinflußt war. Aber sie war auch ein Kind ihrer Zeit, einer Zeit im Umbruch, die zu

Neuem drängte und so manches Althergebrachte über Bord warf. Auch die Frauen begannen auf ihre Rechte zu pochen, sich zu emanzipieren, zaghaft zunächst nur und von vielen belächelt, doch auch das ein Ausdruck des neuen Jahrhunderts.

Und es war Luises Tragik, daß sie, lebhaft und impulsiv, offenherzig und kommunikativ, in gewissem Sinne sogar modern, gerade an den altmodisch-steifen, verzopften und bigotten Dresdner Hof geriet, und daß König Albert nicht seinen Bruder Georg überlebte. So kam dieser zur Macht und wünschte nichts sehnlicher, als sie zu gebrauchen. Der ungeliebten Schwiegertochter endlich zu zeigen, wer der Herr im Hause war.

Denn womit Luise bisher Anstoß erregt hatte, waren im Grunde nur Bagatellen. Ärgerlich vielleicht, aber letztlich unbedeutend. Aber dann machte sie einen Fehler. Einen Fehler, der nicht wiedergutzumachen war. Er hieß Giron. Noch hätte sich die Angelegenheit vielleicht bereinigen lassen, statt dessen machte sie einen weiteren Fehler. Den schwersten. Sie floh nach Genf, wohnte mit Giron im selben Hotel, sogar im selben Zimmer, bekannte sich zu ihm. Nun war der Skandal wirklich da. Weltweit. Jetzt konnte König Georg handeln. Nun wußte er Kaiser Franz Joseph hinter sich. Und man verlor keine Zeit.

Und schließlich Toselli. Ein Künstler, ein Genie, mit einem Hauch von Bohème. Und ein fescher, junger Mann. Er würde berühmt werden und Luise, seine Muse, mit ihm. Wieder ließ sie sich hinreißen, ließ ihrem Temperament die Zügel schießen, drängte zur Ehe wider alle Vernunft. »So bin ich noch impulsiv und jung und kann es nicht ändern«, wird sie über sich selbst noch am 3. Mai 1946, also im Alter von 75 Jahren, schreiben. Doch Toselli war weder ein Genie noch ein Bohemien. Er war zwar Künstler, aber ein durch und durch bürgerlicher Mensch. Haus und Herd wünschte er sich, Kinder und eine treu sorgende Frau. Und im Hin-

299

tergrund Mamma Toselli, die weiterhin dafür sorgte, daß alles seine Ordnung hatte. Doch ein solches stilles Glück im Winkel entsprach weder Luises Wesen, noch war es nach ihrem Geschmack. Auch diese Verbindung zerbrach.

Wir wollen das, womit Luise Skandale entfachte, nicht entschuldigen. Sie beging Unrecht, Unrecht an ihrem Mann, an ihren Kindern, auch an den Sachsen, wo viele auf sie hofften. Aber sie war von vornherein keine untreue Frau. Gewiß war sie nicht jene Beinahe-Nymphomanin, als die ihre Feinde sie später hinstellten. Hätte Friedrich August ihr nur ein wenig den Rücken gestärkt, sie gegen seine Familie verteidigt, es wäre nie so weit gekommen. Als Ehemann hätte er nicht nur jedes Recht dazu gehabt, sondern sogar die Pflicht. Aber er wollte keinen Konflikt. Sein Vater war alt. Luise sollte sich eben etwas gedulden.

Wäre der spätere König weniger vaterhörig, mehr Gatte als Sohn gewesen, Luise wäre mit großer Wahrscheinlichkeit eine gute Ehefrau und Mutter geblieben. Und nie dem »aimablen« Giron verfallen. Sie wäre eine Königin des neuen Jahrhunderts geworden, modern, unkonventionell und liberal in ihren Ansichten. Die Königin, die viele Sachsen sich wünschten.

Wir wissen nicht, ob Luise von Toscana jene Erwartungen tatsächlich erfüllt hätte. Den Lauf der Geschichte und damit den Sturz der Monarchien hätte sie kaum zu ändern vermocht. Doch ihr Leben wäre gewiß glücklicher und erfüllter verlaufen. Nicht nur ihres, sondern auch das König Friedrich Augusts von Sachsen.

Zeittafel

1859 Ende der Herrschaft der Sekundogenitur des Hauses Habsburg in der Toskana, Großherzog Leopold II. flieht nach Österreich.

1865 Prinz Friedrich August von Sachsen, Sohn von Prinz Georg von Sachsen und Maria Anna von Portugal, geboren. Ab 1904 König Friedrich August III. von Sachsen

1868 *11. Januar:* Ferdinand, Sohn Großherzogs Leopolds II. von Toscana, als Ferdinand IV. letzter Großherzog von Toscana, heiratet Prinzessin Alice von Bourbon-Parma. Kaiser Franz Joseph stellt dem Paar einen Teil der Salzburger Residenz zur Verfügung.
Geburt von Erzherzog Leopold Ferdinand

1870 *2. Dezember:* Luise Antonietta Maria, Erzherzogin von Österreich, Prinzessin von Toscana, in Salzburg geboren

1891 *21. November:* Hochzeit Luises mit Prinz Friedrich August von Sachsen in Wien

1893 *15. Januar:* Geburt von Prinz Georg Ferdinand (gest. 1943)
31. Dezember: Geburt von Prinz Friedrich Christian (gest. 1968)

1896 *9. Dezember:* Geburt von Prinz Ernst Heinrich (gest. 1971).

1898 *22. August:* Geburt einer Tochter, die dabei stirbt

1900 *24. Januar:* Geburt von Prinzessin Margarethe (gest. 1962)

1901 *27. September:* Geburt von Prinzessin Maria Alix

1902 *3. Januar:* André Giron (geb. 1879) kommt als Französischlehrer der jungen Prinzen nach Dresden.
19. Juni: Tod König Alberts von Sachsen (seit 1873). Nachfolger wird sein Bruder Georg (1932–1904); Prinz Friedrich August ist nun Kronprinz, seine Gattin Luise Kronprinzessin von Sachsen
23. November: Luise schreibt an König Georg.
2. Dezember: Giron wird entlassen.
9. Dezember: Luise verläßt Dresden für immer.

1902 *12. Dezember:* Luise verläßt mit ihrem Bruder Leopold (nach seinem Ausscheiden aus dem Kaiserhaus: Leopold Wölfling) Salzburg und begibt sich nach Genf, wo sie mit Giron zusammentrifft.
30. Dezember: König Georg setzt ein Sondergericht zur Aufhebung der Ehe des Kronprinzenpaares ein.

1903 *9. Januar:* Luise verzichtet auf ihre Würden als Kronprinzessin von Sachsen.
29. Januar: König Georg verkündet den Ausschluß Luises aus dem Hause Wettin.
3. Februar: Prinz Friedrich Christian erkrankt an Typhus.
6. Februar: Giron verläßt Genf.
10. Februar: Luise begibt sich in die Nervenheilanstalt La Métairie am Genfer See.
11. Februar: Kaiser Franz Joseph suspendiert Luises Rechte und Titel als kaiserliche Prinzessin.
11. Februar: Das Sondergericht entscheidet, daß die Ehe Friedrich Augusts und Luises aus ihrem Verschulden geschieden wird.
1. März: Luise verläßt La Métairie und begibt sich nach Lindau.
5. Mai: Geburt von Prinzessin Anna Monica Pia.
15. Juli: König Georg verleiht Luise den Titel einer Gräfin von Montignoso.

1904 *15. Oktober:* Tod König Georgs; Friedrich August als Friedrich August III. König von Sachsen
Luise läßt sich in der Nähe von Florenz nieder.
21. Dezember: Luise kommt nach Dresden, muß das Land jedoch sofort wieder verlassen.

1905 *5. Februar:* König Friedrich August betreibt die Rückkehr Anna Monicas an den sächsischen Hof.
16. Mai: Montignoso-Vertrag, in dem Luises Apanage und der vorläufige Aufenthalt Anna Monicas bei ihr geregelt wird.

1906 *26. Oktober:* Wiedersehen Luises mit ihren beiden älteren Söhnen in München
5. Dezember: erste Begegnung Luises mit Enrico Toselli

1907 *26. September:* Luise heiratet Toselli in London.
29. Oktober: Luise übergibt Anna Monica dem Bevollmächtigten König Friedrich Augusts.

1908	*17. Januar:* Tod des Großherzogs von Toscana
	7. April: Monica, nun Prinzessin Anna von Sachsen, trifft in Begleitung ihres Vaters in Dresden ein.
	7. Mai: Geburt von Carlo Emmanuele Filiberto Toselli
1911	*September:* Luises Memoirenbuch *Mein Leben* wird veröffentlicht
1912	*9. Juni:* Die Ehe der Tosellis wird geschieden.
	Luise übersiedelt nach Brüssel-Ixelles
1918	*13. November:* König Friedrich August III. entsagt dem Thron und zieht sich auf seinen schlesischen Besitz Sibyllenort zurück.
1926	Tod Enrico Tosellis
1932	*18. Februar:* Tod König Friedrich Augusts in Sibyllenort
1947	*23. März:* Tod Luises in ihrer Wohnung in Ixelles
1953	*22. April:* Luises Leichnam wird exhumiert und nach Sigmaringen-Hedingen (Begräbniskirche der Fürsten von Hohenzollern) überführt.
1965	*20. März:* Luises sterbliche Überreste müssen eingeäschert werden. Die Urne wird erneut in Sigmaringen-Hedingen beigesetzt.

Luises Familie

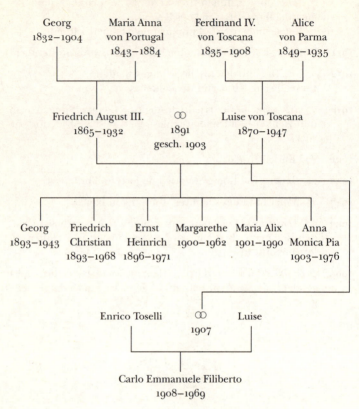

Anmerkungen

1 Hellmut Andics: *Frauen aus dem Hause Habsburg.* Wien 1985
2 Luise von Toscana: *Mein Leben,* Verlag Carl Ueberreuther. Wien 1988, S. 13
3 Luise von Toscana, S. 14
4 Österreichisches Haus-, Hof- und Staatsarchiv, Wien (H. H. St.A.) und Peter Wiesflecker: *Austritte aus dem Kaiserhaus. Studien zur habsburgischen Heirats- und Familienpolitik im Zeitalter Kaiser Franz Josephs I.,* Magisterarbeit, Wien 1989
5 H. H. St.A.
6 H. H. St.A.
7 Luise von Toscana, S. 17
8 Luise von Toscana, S. 19
9 Leopold Wöfling: *Habsburger unter sich.* Berlin 1921
10 Leopold Wölfling
11 Luise von Toscana, S. 18
12 Luise von Toscana, S. 19
13 Luise von Toscana, S. 24
14 Leopold Wölfling
15 Luise von Toscana, S. 21
16 Luise von Toscana, S. 24
17 Luise von Toscana, S. 21
18 Fürstin Catherine Radziwill: *Secrets of dethroned Royalty.* New York 1920
19 Luise von Toscana, S. 25
20 Luise von Toscana, S. 26
21 Luise von Toscana, S. 35
22 Luise von Toscana, S. 34
23 Luise von Toscana, S. 33
24 Leopold Wölfling
25 Luise von Toscana, S. 23
26 Luise von Toscana, S. 39
27 Luise von Toscana, S. 39
28 Luise von Toscana, S. 40
29 Luise von Toscana, S. 40
30 Luise von Toscana, S. 43–44

31 Luise von Toscana, S. 46
32 Luise von Toscana, S. 47
33 Luise von Toscana, S. 38
34 Walter Fellmann: *Sachsens letzter König, Friedrich August III.*
    Berlin–Leipzig 1992, S. 73
35 *Die Zeit*, Wien, 2. 1. 1903
36 Luise von Toscana, S. 51
37 Luise von Toscana, S. 52
38 Luise von Toscana, S. 53
39 Wiesflecker
40 H. H. St.A.
41 Luise von Toscana, S. 54
42 Luise von Toscana, S. 55
43 Luise von Toscana, S. 55
44 H. H. St.A.
45 Luise von Toscana, S. 56
46 Luise von Toscana, S. 57
47 Luise von Toscana, S. 57
48 Luise von Toscana, S. 58
49 Luise von Toscana, S. 58
50 Luise von Toscana, S. 59
51 Luise von Toscana, S. 59
52 Luise von Toscana, S. 61
53 Luise von Toscana, S. 63
54 Luise von Toscana, S. 64
55 Luise von Toscana, S. 65
56 Luise von Toscana, S. 66
57 Luise von Toscana, S. 68
58 Luise von Toscana, S. 68
59 Luise von Toscana, S. 69
60 Leopold Wölfling
61 Prinz Albert von Sachsen: *Die Albertinischen Wettiner.* Bamberg
    1989, S. 334
62 Friedrich Kracke: *Sachsens volkstümlichster König, Friedrich August
    III.*, Studien für sächsische Kultur und Geschichte. München
    1964, S. 63
63 Luise von Toscana, S. 70 / 71
64 *Die Zeit*, Wien, 29. 12. 1902, Luise von Toscana, S. 103
65 Fürst Friedrich Wilhelm von Hohenzollern-Sigmaringen zur
    Autorin
66 Luise von Toscana, S. 71
67 Luise von Toscana, S. 73

68 Luise von Toscana, S. 71
69 Luise von Toscana, S. 75
70 Luise von Toscana, S. 69
71 Luise von Toscana, S. 70
72 Kracke, S. 66
73 Luise von Toscana, S. 75
74 *Neue Freie Presse*, Wien, 24. 12. 1902
75 Luise von Toscana, S. 79
76 Luise von Toscana, S. 79
77 Luise von Toscana, S. 75
78 Luise von Toscana, S. 88
79 Fellmann, S. 50
80 Luise von Toscana, S. 88
81 Luise von Toscana, S. 87
82 Luise von Toscana, S. 89
83 Luise von Toscana, S. 90
84 Fellmann, S. 49
85 Luise von Toscana, S. 94
86 Luise von Toscana, S. 93
87 *Neue Freie Presse*, Wien, 24. 12. 1902
88 *Neues Wiener Abendblatt*, 23. 12. 1902
89 Luise von Toscana, S. 101
90 Brigitte Hamann: *Elisabeth*. München 1981, S. 383
91 Luise von Toscana, S. 102 / 103
92 Luise von Toscana, S. 94
93 *Die Zeit*, Wien, 24. 12. 1902
94 Luise von Toscana, S. 96
95 Luise von Toscana, S. 97
96 Luise von Toscana, S. 97
97 Luise von Toscana, S. 98
98 Luise von Toscana, S. 99
99 Luise von Toscana, S. 116
100 Luise von Toscana, S. 91
101 Fellmann, S. 128
102 Luise von Toscana, S. 116
103 Prinz Albert von Sachsen, S. 334, Sächsisches Staatsarchiv, Dresden
104 Kracke, S. 62
105 Fellmann, S. 53
106 Luise von Toscana, S. 125
107 Luise von Toscana, S. 129
108 Fellmann, S. 57

109 Luise von Toscana, S. 111
110 Luise von Toscana, S. 110
111 Luise von Toscana, S. 122
112 Luise von Toscana, S. 123
113 Luise von Toscana, S. 124
114 Luise von Toscana, S. 125
115 *Die Zeit*, Wien, 24. 12. 1902
116 Luise von Toscana, S. 129
117 Luise von Toscana, S. 153
118 *Österreichische Volkszeitung*, 12. 2. 1903
119 Luise von Toscana, S. 127
120 Fellmann, S. 58
121 Luise von Toscana, S. 132
122 Luise von Toscana, S. 134
123 Luise von Toscana, S. 132
124 Luise von Toscana, S. 134
125 Luise von Toscana, S. 135
126 H. H. St.A., Obersthofmarschallamt, Präsidialakten
127 H. H. St.A., Obersthofmarschallamt, Präsidialakten
128 Amtsblatt der *Wiener Zeitung*, 20. 7. 1907
129 H. H. St.A., Obersthofmarschallamt, Präsidialakten
130 Gerd Holler, Louise von Sachsen-Coburg. München 1991
131 Luise von Toscana, S. 136
132 *Neues Wiener Abendblatt*, 24. 12. 1902
133 *Neues Wiener Abendblatt*, 23. 12. 1902
134 Luise von Toscana, S. 43
135 Wiesflecker
136 H. H. St.A., Aufsatz Sektionschef Dr. Schlitter
137 H. H. St.A., Aufsatz Sektionschef Dr. Schlitter
138 H. H. St.A., Aufsatz Sektionschef Dr. Schlitter
139 Luise von Toscana, S. 143
140 *Neues Wiener Tagblatt*, 23. 12. 1902
141 *Neues Wiener Tagblatt*, 27. 12. 1902
142 Luise von Toscana, S. 146
143 Luise von Toscana, S. 147
144 Luise von Toscana, S. 147
145 Luise von Toscana, S. 149
146 Luise von Toscana, S. 152
147 Luise von Toscana, S. 154
148 Briefe Luises an König Georg, Photokopien
149 *Neue Freie Presse*, Wien, 24. 12. 1902
150 Fellmann, S. 61

151 *Österreichische Volkszeitung*, 24. 12. 1902
152 *Österreichische Volkszeitung*, 24. 12. 1902
153 *Neue Freie Presse*, Wien, *Die Zeit*, Wien, 24. 12. 1902
154 *Die Zeit*, Wien, 24. 12. 1902
155 *Neue Freie Presse*, Wien, 25. 12. 1902
156 H. H. St.A., Wiesflecker
157 Wiesflecker
158 *Neue Freie Presse*, Wien, 27. 12. 1902
159 *Neues Wiener Abendblatt*, 27. 12. 1902
160 *Neues Wiener Tagblatt*, 28. 12. 1902
161 *Neues Wiener Tagblatt*, 29. 12. 1902
162 *Neues Wiener Tagblatt*, 28. 12. 1902
163 *Neue Freie Presse* , Wien, 31. 12. 1902
164 *Neues Wiener Tagblatt*, 5. 1. 1903
165 *Die Zeit*, Wien, 2. 1. 1903
166 Luise von Toscana, S. 159 / 160
167 *Die Zeit*, Wien, 30. 12. 1902
168 *Neue Freie Presse*, Wien, 27. 12. 1902
169 *Neues Wiener Tagblatt*, 28. 12. 1902
170 Luise von Toscana, S. 160
171 Fellmann, S. 64
172 *Wiener Morgenzeitung*, 7. 1. 1903
173 Fellmann, S. 63
174 *Die Zeit*, Wien, 2. 1. 1903
175 H. H. St.A.
176 Fellmann, S. 62
177 Pressestimmen in *Die Zeit*, Wien, 24. 12. 1902
178 Sächsisches Staatsarchiv, Dresden
179 Baronin Spitzemberg: *Am Hof der Hohenzollern*
180 *Die Zeit,* Wien, 24. 12. 1902
181 Sächsisches Staatsarchiv, Dresden
182 Brigitte Sokop: *Jene Gräfin Larisch*. Wien 1985
183 Sächsisches Hausgesetz in *Neues Wiener Tagblatt*, 27. 12. 1902
184 *Die Zeit,* Wien, 24. 12. 1902
185 Fellmann, S. 64
186 *Voce della Verità*, Rom, 27. 12. 1902
187 *Neues Wiener Tagblatt*, 5. 1. 1903
188 *Neue Freie Presse*, Wien, 1. 1. 1903
189 *Neue Freie Presse*, Wien, 1. 1. 1903
190 *Österreichische Volkszeitung*, 8. 1. 1903
191 Sächsisches Staatsarchiv, Dresden, H. H. St.A.
192 *Neue Freie Presse*, Wien, 10. 1. 1903

193 *Münchner Neueste Nachrichten*, 20. 1. 1903
194 Wiesflecker
195 H. H. St.A.
196 *Neues Wiener Tagblatt*, 5. 2. 1903
197 *Münchner Neueste Nachrichten*, 3. 2. 1903
198 *Neues Wiener Tagblatt*, 7. 2. 1903
199 *Neue Freie Presse*, Wien, 7. 2. 1903
200 Schweizerische Telegraphenagentur, 7. 2. 1903
201 *Frankfurter Zeitung*, 4. 2. 1903
202 *Leipziger Neueste Nachrichten*, 7. 2. 1903
203 *Dresdner Nachrichten*, 7. 2. 1903
204 Luise von Toscana, S. 160
205 Luise von Toscana, S. 163
206 Luise von Toscana, S. 165
207 *Neues Wiener Tagblatt*, 10. 2. 1903
208 Handakten von Luises Anwälten im Ehescheidungsprozeß
209 Fellmann, S. 66
210 *Neues Wiener Tagblatt*, 12. 2. 1903
211 *Dresdner Anzeiger*, 13. 2. 1903
212 Fellmann, S. 67
213 H. H. St.A.
214 *Münchner Neueste Nachrichten*, 22. 2. 1903
215 Luise von Toscana, S. 158 / 159
216 *Österreichische Volkszeitung*, 12. 2. 1903
217 *Neues Wiener Abendblatt*, 12. 2. 1903
218 *Neue Freie Presse*, Wien, 13. 2. 1903
219 *Neues Wiener Journal*, 7. 3. 1903
220 Luise von Toscana, S. 167
221 *Neues Wiener Journal*, 7. 3. 1903
222 H. H. St.A.
223 Sächsisches Staatsarchiv, Dresden
224 *Münchner Neueste Nachrichten*, 4. 3. 1903
225 Luise von Toscana, S. 167
226 Luise von Toscana, S. 141
227 Wiesflecker
228 *Die Zeit*, Wien, 12. 4. 1903
229 Luise von Toscana, S. 167 / 168
230 *Neues Wiener Tagblatt*, 6. 5. 1903
231 *Münchner Neueste Nachrichten*, 7. 5. 1903
232 Luise von Toscana, S. 168
233 H. H. St.A.
234 H. H. St.A.

235 *Neues Wiener Journal*, 19. 7. 1903
236 H. H. St.A.
237 Luise von Toscana, S. 168
238 Luise von Toscana, S. 170
239 *Münchner Neueste Nachrichten*, 8. 9. 1904
240 Kracke, S. 70
241 Luise von Toscana, S. 171
242 Luise von Toscana, S. 171
243 *Münchner Neueste Nachrichten*, 21. 10. 1904
244 Luise von Toscana, S. 171
245 H. H. St.A.
246 Franz Josef Weiszt: *Das war unser König, Friedrich August III.* Dresden 1933
247 Fellmann, S. 90
248 H. H. St.A.
249 *Münchner Neueste Nachrichten*, 26. 10. 1904
250 Sächsisches Staatsarchiv, Dresden
251 Sächsisches Staatsarchiv, Dresden
252 Sächsisches Staatsarchiv, Dresden
253 Sächsisches Staatsarchiv, Dresden
254 Sächsisches Staatsarchiv, Dresden
255 H. H. St.A.
256 Luise von Toscana, S. 171
257 Fellmann, S. 67
258 Sächsisches Staatsarchiv, Dresden
259 Luise von Toscana, S. 189 / 190
260 *Münchner Neueste Nachrichten*, 23. 12. 1904
261 Luise von Toscana, S. 192 / 194
262 Luise von Toscana, S. 195
263 *Münchner Neueste Nachrichten*, 23. 12. 1904
264 Sächsisches Staatsarchiv, Dresden
265 *Münchner Neueste Nachrichten*, 12. 2. 1905
266 Luise von Toscana, S. 192
267 Luise von Toscana, S. 196
268 Luise von Toscana, S. 197
269 *Münchner Neueste Nachrichten*, 12. 2. 1905
270 *Münchner Neueste Nachrichten*, 12. 2. 1905
271 *Münchner Neueste Nachrichten*, 11. 2. 1905
272 *Münchner Neueste Nachrichten*, 9. 2. 1905
273 H. H. St.A.
274 *Münchner Neueste Nachrichten* 14. 5. 1905
275 H. H. St.A.

276 *Münchner Neueste Nachrichten,* 11. 2. 1905
277 *Münchner Neueste Nachrichten,* 13. 2. 1905
278 H. H. St.A.
279 *Münchner Neueste Nachrichten,* 15. / 18. 2. 1905
280 Luise von Toscana, S. 200–202
281 H. H. St.A.
282 Sächsisches Staatsarchiv, Dresden, *Simplizissimus,* 27. 2. 1905
283 Sächsisches Staatsarchiv, Dresden, *Lustige Blätter,* 13. 2. 1905
284 Luise von Toscana, S. 203, und Tagespresse
285 Sächsisches Staatsarchiv, Dresden
286 Luise von Toscana, S. 207
287 H. H. St.A.
288 Luise von Toscana, S. 204
289 Luise von Toscana, S. 204
290 Luise von Toscana, S. 205
291 *Münchner Neueste Nachrichten,* 26. 10. 1906
292 *Münchner Neueste Nachrichten,* 1. 10. 1907
293 Enrico Toselli: *Gemahl einer Hoheit. Meine Ehe mit Luise von Toscana,*
    S. 18
294 Toselli, S. 24 / 25
295 Toselli, S. 73
296 Toselli, S. 71
297 Fürst von Hohenzollern-Sigmaringen zur Autorin
298 Toselli, S. 94
299 Toselli, S. 93
300 *Neue Freie Presse,* Wien, 12. 9. 1907
301 H. H. St.A.
302 H. H. St.A. und *Münchner Neueste Nachrichten,* 27. 9. 1907
303 H. H. St.A.
304 *Neue Freie Presse,* 26. 9. 1907
305 Toselli, S. 117
306 H. H. St.A.
307 *Neue Freie Presse,* Wien, 27. 9. 1907
308 *Münchner Neueste Nachrichten,* 30. 9. 1907
309 *Dresdner Nachrichten,* 27. 9. 1907
310 *Münchner Neueste Nachrichten,* 6. 10. 1907
311 Sächsisches Staatsarchiv, Dresden, *Sachsenstimme,* 13. 3. 1907
312 Wiesflecker
313 Wiesflecker
314 *Münchner Neueste Nachrichten,* 19. 9. und 10. 10. 1905
315 Luise von Toscana, S. 206
316 *Münchner Neueste Nachrichten* , 21. 10. 1907

317 Toselli, S. 134
318 *Münchner Neueste Nachrichten*, 30. / 31. 10. 1907
319 *Münchner Neueste Nachrichten*, 7. 4. 1908
320 Toselli, S. 146
321 Toselli, S. 128
322 Toselli, S. 131
323 Sächsisches Staatsarchiv, Dresden, *Berliner Tagblatt*, 23. 12. 1907
324 Sächsisches Staatsarchiv, Dresden, *Leipziger Neueste Nachrichten*, 28. 12. 1907
325 Toselli, S. 139
326 Toselli, S. 139
327 *Münchner Neueste Nachrichten*, 1. 10. 1907
328 *Der Tag*, Wien, 12. 3. 1908
329 Toselli, S. 145
330 Toselli, S. 136
331 Toselli, S. 143
332 Luise von Toscana, S. 92
333 *Münchner Neueste Nachrichten*, 10. 10. 1905
334 Luise von Toscana, S. 207
335 *Münchner Neueste Nachrichten*, 27. 7. 1903
336 H. H. St.A., Aufsatz Sektionschef Dr. Schlitter
337 *Münchner Neueste Nachrichten*, 26. 6. 1907
338 *Münchner Neueste Nachrichten*, 24. 7. 1907
339 Wiesflecker
340 H. H. St.A. Wiener Polizeidirektion, Reservatakt
341 H. H. St.A. Wiener Polizeidirektion, Reservatak
342 *Münchner Neueste Nachrichten*, 23. 3. 1908
343 Toselli, S. 151
344 Toselli, S. 158
345 Toselli, S. 169
346 Toselli, S. 237
347 Toselli, S. 210 / 211
348 Toselli, S. 183
349 Toselli, S. 229
350 *Münchner Neueste Nachrichten*, 14. 6. 1909
351 *Münchner Neueste Nachrichten*, 8. 4. 1910
352 Toselli, S. 204
353 Toselli, S. 223
354 Luise von Toscana, S. 5
355 Toselli, S. 247
356 Toselli, S. 247
357 Toselli, S. 249

358 Toselli, S. 260
359 *Münchner Neueste Nachrichten*, 2. 7. 1911
360 *Münchner Neueste Nachrichten*, 7. 7. 1911
361 *Münchner Neueste Nachrichten*, 12. 7. 1911
362 Sächsisches Staatsarchiv, Dresden
363 Sächsisches Staatsarchiv, Dresden
364 Gabriele Praschl-Bichler, *Gott gebe, daß das Glück andauere.* Wien 1997
365 *Münchner Neueste Nachrichten*, 17. 9. 11, in vorliegender engl. Ausgabe nicht auffindbar
366 *Münchner Neueste Nachrichten*, 26. 6. 1911
367 Toselli, S. 262 / 263
368 *Münchner Neueste Nachrichten*, 14. 9. 1911
369 Sächsisches Staatsarchiv, Dresden
370 Sächsisches Staatsarchiv, Dresden,
371 Toselli, S. 263
372 Fellmann, S. 72
373 Toselli, S. 266
374 Toselli, S. 278
375 Toselli, S. 281 / 282
376 Toselli, S. 285 / 286
377 *Münchner Neueste Nachrichten*, 23. 11. 1911
378 *Münchner Neueste Nachrichten*, 11. 4. 1912
379 *Münchner Neueste Nachrichten*, 18. 6. 1912
380 *Münchner Neueste Nachrichten*, 7. 10. 1911
381 Toselli, S. 292
382 Toselli, S. 302, Sächsisches Staatsarchiv, Dresden
383 *Münchner Neueste Nachrichten*, 9. 12. 1912
384 Sächsisches Staatsarchiv, Dresden
385 Toselli, S. 312
386 Toselli, S. 294
387 Antonietta Drago, *La Serenata di Toselli.* Mailand 1969
388 Sächsisches Staatsarchiv, Dresden, Berichte Kaiserlich Deutsches Konsulat, Florenz, 28.–31. 12. 1913 und 3.–5. 1. 1914.
389 Sächsisches Staatsarchiv, Dresden
390 Sächsisches Staatsarchiv, Dresden
391 Sächsisches Staatsarchiv, Dresden
392 Sächsisches Staatsarchiv, Dresden
393 Sächsisches Staatsarchiv, Dresden
394 Toselli, S. 172
395 Prinzessin Radziwill
396 *Tit-Bits*, 20. 10. 1917

397 Sächsisches Staatsarchiv, Dresden
398 Prinz Ernst Heinrich von Sachsen: *Vom Königsschloß zum Bauern-hof.* München 1968
399 Kracke, S. 112
400 Prinz Ernst Heinrich von Sachsen
401 Prinz Albert von Sachsen, S. 341
402 Prinz Albert von Sachsen, S. 340
403 Fellmann, S. 10
404 Prinz Ernst Heinrich von Sachsen
405 Fellmann, S. 11
406 Prinz Ernst Heinrich von Sachsen
407 Fellmann, S. 182
408 Paul Lencke: *100 Anekdoten um den letzten Sachsenkönig.* Dresden 1936
409 Sächsisches Gesetzblatt, Jg. 1924
410 Fellmann, S. 209
411 Prinz Albert von Sachsen, S. 396
412 *Die Zeit,* Hamburg, 28. 5. 1998
413 Sächsisches Staatsarchiv, Dresden
414 Paul Lencke
415 Munzinger
416 *Le Soir,* Brüssel, 3. 11. 1958
417 Munzinger, 20. 8. 1925
418 Munzinger, 11. 11. 1937
419 Postkarte vom 1. 5. 1937
420 Brief vom 11. 5. 1932
421 Briefe vom 3. 5. und 14. 6. 1946
422 Sterbeurkunde Luises vom Standesamt Ixelles, Belgien, Photokopie
423 Paul Dellicour in *Le Parchemin,* Bulletin de l'Office Généalogique et Héraldique de Belgique Nr. 297
424 Fürstlich Hohenzollernsche Hofkammer, 31. 8. 1994
425 Krematorium Tuttlingen, tel. Auskunft vom 19. 9. 1994
426 Fellmann. S. 222 und *Die Zeit,* 28. 5. 1998
427 Fürst Friedrich Wilhelm von Hohenzollern-Sigmaringen zur Autorin
428 Fürst Friedrich Wilhelm von Hohenzollern-Sigmaringen zur Autorin
429 Fürst Friedrich Wilhelm von Hohenzollern-Sigmaringen zur Autorin
430 Elena Toselli, Briefe vom 16.10 und 16. 12. 1994 und Standesamt Florenz, 16. 12. 94

431 Weissensteiner, *Reformer, Republikaner, Rebellen*. Wien 1987 und Wiesflecker
432 Weissensteiner, *Johann Orth*, S. 43
433 Weissensteiner, *Johann Orth*, S. 44
434 Weissensteiner, *Johann Orth*, S. 48 / 49
435 Weissensteiner, *Johann Orth*, S. 65
436 Luise von Toscana, S. 178
437 Weissensteiner, *Johann Orth*, S. 215
438 Luise von Toscana, S. 177
439 Weissensteiner, *Johann Orth*, S. 254
440 Luise von Toscana, S. 178
441 A. Lernet-Holenia, *Die Geheimnisse des Hauses Österreich*. Zürich 1971
442 Luise von Toscana, S. 28
443 Kleinmann, *Erzherzog Ludwig Salvator*. Graz 1991, S. 114
444 *Münchner Neueste Nachrichten*, 1. 5. 1903
445 *Münchner Neueste Nachrichten*, 2. 2. 1904
446 *Münchner Neueste Nachrichten*, 20. 1. 1912
447 Adam Wandruszka, *Das Haus Habsburg*. Wien 1978, S. 183
448 Juliane von Stockhausen, *Im Schatten der Hofburg*. Heidelberg 1952, S. 32
449 Brigitte Sokop, S. 171
450 Luise von Toscana, S. 30 / 31
451 Luise von Toscana, S. 15
452 Luise von Toscana, S. 106
453 Luise von Toscana, S. 172
454 Luise von Toscana, S. 174 / 176
455 Toselli, S. 12

Literatur

ACHLEITNER, Arthur: Aus dem Leben entthronter Herrscher. Dresden 1919

AMBORST, Georg: Genealogische Streifzüge durch die Weltgeschichte. Dalp Taschenbücher Nr. 334. Bern und München 1957

ANDICS, Hellmut: Frauen aus dem Hause Habsburg. Wien 1985
Das österreichische Jahrhundert. Wien 1974

BANG, Franz: König Friedrich August III. Dresden 1915

BLED, Jean Paul: Franz Joseph. Wien–Köln–Graz 1988

BRION, Marcel: Die Medici. Wiesbaden 1970

De DIESBACH, Ghislain: Die Geheimnisse des Gotha. Wien 1966

DRAGO, Antonietta: I furioso amori dell'ottocento – La Serenata di Toselli. Longanesi Mailand 1969

FELLMANN, Walter: Sachsens letzter König Friedrich August III. Berlin–Leipzig 1992
Prinzessinnen – Glanz, Einsamkeit und Skandale am sächsischen Hof. Leipzig 1966

FLESCH-BENNINGSEN: Die letzten Habsburger in Augenzeugenberichten. Düsseldorf 1967

FRITSCHE, Viktor: Bilder aus dem österreichischen Hof- und Gesellschaftsleben. Wien 1914

FUGGER, Fürstin Nora: Im Glanz der Kaiserzeit. Wien 1932

GIES Mc GUIGNAN, Dorothy: Familie Habsburg. Wien 1967

HAMANN, Brigitte: Elisabeth. München 1981

HERM, Gerhard: Glanz und Niedergang des Hauses Habsburg. Düsseldorf 1991

HOLLER, Gerd: Louise von Sachsen-Coburg. München 1991

KLEINMANN, Horst-Joseph: Erzherzog Ludwig Salvator. Graz 1991

KÖHN-BEHRENS, Charlotte: Luise von Toscana. Roman. Bayreuth 1966

KRACKE, Friedrich: Friedrich August III. München 1964

LENCKE, Paul: 100 Anekdoten um den letzten Sachsenkönig. Dresden 1936

LERNET-HOLENIA, Alexander: Die Geheimnisse des Hauses Österreich. Zürich 1971

LONYAY, Fürstin Stephanie: Ich sollte Kaiserin werden. Leipzig 1935

LOUISE, Prinzessin von Belgien: Autour des thrônes que j'ai vus tomber. Paris 1921

LUISE von Toscana: Mein Leben. Wien 1988

MATRAY, Maria / KRÜGER, Answald: Die Liaison. Bern–München 1973

NADOLSKI, Dieter: Wahre Geschichten um Sachsens letzten König. Taucha 1993

PESENDORFER, Franz: Die Habsburger in der Toskana. Wien 1988

PRASCHL-BICHLER, Gabriele: Gott gebe, daß das Glück andauere. Wien 1997

RADZIWILL, Fürstin Catherine: Secrets of dethroned Royalty. New York 1920

SACHSEN, Prinz Heinrich von: Vom Königsschloß zum Bauernhof. München 1968

SACHSEN, Prinz Albert von: Die Albertinischen Wettiner. Bamberg 1989

SOKOP, Brigitte: Jene Gräfin Larisch. Wien 1985

STOCKHAUSEN, Juliane von: Im Schatten der Hofburg. Heidelberg 1952

TOSELLI, Enrico: Gemahl einer Hoheit. Meine Ehe mit Luise von Toscana. Ohne Angabe

VACHA, Brigitte: Die Habsburger. Graz 1992

WANDRUSZKA, Adam: Das Haus Habsburg. Wien 1978

WEISSENSTEINER, Friedrich: Johann Orth. Wien 1985
Reformer, Republikaner, Rebellen. Wien 1987

WEISZT, Franz Josef: Das war unser König Friedrich August III. Dresden 1933

WIESFLECKER, Peter: Austritte aus dem Kaiserhaus. Studien zur habsburgischen Heirats- und Familienpolitik im Zeitalter Kaiser Franz Josephs. Magisterarbeit. Wien 1989

WÖLFLING, Leopold: Habsburger unter sich. Berlin 1935

PRESSE

Dokumentation der Arbeiterkammer Wien, 1902 – 1932
Münchner Neueste Nachrichten: Jahrgänge 1902 – 1913
Central-Anzeiger, Magdeburg, 28. 3. 1913
Volksblatt-Magazin, Wien 11. 11. 1988
Münchner Zeitung, 28. 12. 1932
FAZ-Magazin, Frankfurt 10. 12. 1933
Die Zeit, Hamburg, 28. 5. 1998

ARCHIVE

Österreichisches Haus-, Hof- und Staatsarchiv, Wien
Sächsisches Hauptstaatsarchiv, Dresden
Staatsarchiv Sigmaringen

Danksagung

Für die Unterstützung dieser Arbeit gilt mein besonderer Dank Fürst Friedrich Wilhelm von Hohenzollern-Sigmaringen sowie Prinz Meinrad von Hohenzollern-Sigmaringen, die mit persönlichen Erinnerungen aus dem Leben ihrer Großmutter wesentlich dazu beigetragen haben, deren Bild zu gestalten. Einen herzlichen Dank auch Herrn Heinz Gauggel aus Sigmaringen, der mir bisher unbekanntes Material über Luise von Toscana zur Verfügung gestellt hat. Dank auch Frau Dr. Annette Seybold, die das Manuskript redigierte und mir darüber hinaus so manche wertvolle Anregung gab. Und last not least ein Dankeschön auch meinem Mann, der mir nicht nur eine wertvolle Hilfe bei der Textgestaltung war, sondern darüber hinaus viel Mühe und Geduld bei der Computerarbeit bewiesen hat.

Personenregister

Adamowicz, Wilhelmine 103, 104, 109, 117, 150, 151, 216, 217
Aehrenthal, Baron Lexa von 201, 202, 204, 205
Agnes, Prinzessin von Toscana 161
Albert, König von Sachsen 45, 48, 57–59, 72, 78, 81, 113, 250, 299
Albrecht, Erzherzog, österr. Feldmarschall 274–280, 290, 291
Alice, Großherzogin von Toscana 20, 23, 25, 28, 30, 43, 38, 45, 101, 161, 163, 164, 294
Amborst, Georg 294, 295
Andics, Hellmut 13, 274
Andrassy, Julius Graf, k.u.k. Außenminister 277
Anna Maria Theresia, Prinzessin von Toscana 161
Anna Monica Pia, Prinzessin von Sachsen 70, 161–163, 166, 173, 177, 182, 183, 185–191, 193, 200–203, 205–209, 211, 243, 253, 262,263, 270, 271
Anna, Prinzessin von Sachsen 20, 50
D'Annunzio Gabriele 235
Anton, König von Sachsen 79
Anton, Rechtsanwalt 172
Aubele, Dekan 163
August der Starke, (Friedrich August I.) Kurfürst von Sachsen,

König von Polen 10, 42, 43, 67, 68, 74

Bacon, Hackley A. 166
Baden, Max Prinz von 248
Batthyany, Ludwig Graf 293
Bayern, Therese Prinzessin von 101
Beck, Ludwig, Generalmajor 254
Belgien, Josefine Prinzesin von, verw. Prinzessin von Hohenzollern-Sigmaringen 266
Belgien, Leopold II. König von 95, 98
Bernstadt, Christian Ulrich I. Herzog von 250
Berry, Charles Fernand Herzog von 294
Beutler, sächs. Abgeordneter 252
Bever, Hofrat Dr., 161, 162
Bismarck, Otto Fürst von 36, 80
Bogdan, Blasius 26
Böhm, Aloisia 273
Böhm, Johann 273
Bonaparte, Napoleon 15, 42
Bondi, Dr. Felix, Rechtsanwalt 149
Bothe, Konsul 134
Bourbon-Orléans, Clementine Prinzessin von 36, 37
Bourbon-Sizilien, Maria Immaculata Prinzessin von 194, 243
Bourgogne, Gräfin de 25

Braun, Baron von, k.u.k. Gesandter 204, 207
Braunschweig-Lüneburg, Wilhelm Herzog von 250
Bretschneider, Polizeipräsident 179
Bulgarien, König Ferdinand von 36–38, 277
Burg, Ferdinand, ehem. Erzherzog Ferdinand Karl 289
Burian, Graf 114
Buttler-Helmbach, Gräfin 25

Calafat, Antoinetta, geb. Lancerotto 285, 286
Calafat, Bartolomé 285
Carmichael, brit. Konsul 224
Carola, Königin von Sachsen, geb. Prinzessin Wasa 35, 57–60, 72, 73, 81, 113, 222
Caserta, Gräfin von 282
Charlotte, Kaiserin von Mexiko 99
Chester-Ffoulkes, Mary 224, 233
Chotek und Chotowka, Sophie Gräfin von 41, 49
Coburg, (Sachsen-Coburg-Gotha) Louise Prinzessin von 95–100, 214
Coburg, (Sachsen-Coburg-Gotha) Philipp Prinz von 96, 97, 99
Collet, Notar 266
Cosel, Constantia Gräfin von 67, 68
Coselchi, Rechtsanwalt 222
Criegern, von, General 177, 193
Czernin, Erich Graf von 273

Damerau-Dambrowski, Oberst von der 235

Drago, Antonietta 219, 236
Dulon, Virginia 269
Dunant, Henri 17

Eduard VII., König von England 8
Eibes, Dr., Rechtsanwalt 25
Eleonore, Erzherzogin 227
Elisabeth, Kaiserin von Österreich 32, 74, 114, 215, 226, 227, 284, 292
Engels, Friedrich 80
Erlemayer, Dr. 104
Ernst Heinrich, Prinz von Sachsen 70, 192, 243, 244, 246, 247, 269

Falkenhausen, Alexander von, Generaloberst 258
Fanni, Köchin 27
Fellmann, Walter 82, 89, 113, 122, 124, 245, 248, 249
Ferdinand I., dt. König 44
Ferdinand I., Kaiser von Österreich 49
Ferdinand III., Großherzog von Toscana 15
Ferdinand IV., Großherzog von Toscana 10, 16, 20–23, 36, 37, 48, 101, 102, 121, 152, 158, 161, 165, 215, 265, 272
Ferdinand Maximilian, (Maximilian) Kaiser von Mexiko 292
Ferdinand, Erzherzog von Tirol 289
Ferenczy, Ida von 74
Fiedler, Geheimrat Dr. 152
Forel, Professor 146
Franz I., röm-dt. Kaiser (Franz Stephan, Herzog von Lothringen) 11–14
Franz II., röm-dt. Kaiser, (Franz

I., Kaiser von Österreich) 41, 289

Franz Ferdinand, Erzherzog 39, 41, 49, 103, 227, 292

Franz Joseph I., Kaiser von Österreich 17, 19, 20, 22, 39, 41, 46, 48, 50, 51, 57, 83, 102–104, 113, 116, 121–123, 137, 145, 226, 227, 239, 246, 272, 274–280, 282, 283, 288, 290–292, 299

Franz Joseph, Prinz von Hohenzollern-Sigmaringen 270

Franz Karl, Erzherzog 32

Fräßdorf, sächs. Minister 249

Friedrich August I., König von Sachsen 79

Friedrich August II., Kurfürst von Sachsen (König August III. von Polen) 11

Friedrich August, Prinz von Sachsen, seit 1902 Kronprinz, 1904–1918 König Friedrich August III.) 35, 36, 38–41, 45, 52, 53, 57, 59, 62, 64, 66, 68, 71, 72, 76–78, 84, 86, 87, 92, 94, 101, 102, 111, 113, 123, 124, 130–132, 135, 143, 144, 149, 150, 155, 156, 161, 163–166, 168–170, 173–175, 177, 179, 181, 183, 188, 190, 192, 194, 202, 204, 206, 207, 209, 216, 225, 233, 239, 243, 245–251, 253–257, 265, 296, 300

Friedrich Christian, Prinz von Sachsen 70, 80, 144, 150, 192, 193, 243, 244, 257, 296

Friedrich der Weise, Kurfürst von Sachsen 43, 44

Friedrich I. Barbarossa, röm-dt. Kaiser 23

Friedrich III., röm-dt. Kaiser 23

Friedrich Leopold, Prinz von Hohenzollern 73

Fritsch, Henriette Freifrau von, Oberhofmeisterin 69, 82, 88–91, 95, 110–112, 124, 136, 150

Fugger, Gräfin, Hofdame 193

Fuß, Gustave, Journalist 118

Garibaldi, Giuseppe 18

Gian Gastone, Großherzog von Toscana 11

Georg, Kronprinz von Sachsen, seit 1902 König Georg I. 38, 55, 59, 60, 61, 63, 65, 66, 70, 78–82, 88, 95, 101, 110, 111, 114, 129, 132, 134, 139, 141, 155, 157–160, 163, 168–170, 226, 299,

Georg Ferdinand, Prinz von Sachsen, seit 1904 Kronprinz, Pater Georg 70, 85, 192, 193, 243, 247, 254, 260, 268

Germana Maria, Prinzessin von Toscana 161

Giron, André 85, 86, 88–92, 94, 109, 110, 112, 114, 115, 117–122, 131, 135, 136, 140–143, 145, 148–155, 157, 158, 200, 228, 270, 298, 300

Goldspink, Standesbeamter 202

Golßenau, von, Erzieher 229

Goluchowski, Agenor Graf, k.u.k. Minister 93, 124, 137, 170, 201

Gruscha, Dr., Kardinal 46, 51

Gucciardini, Carlo Graf 182, 183, 186, 187

Gustav Adolf, König von Schweden 58
Gyulai, Franz Feldmarschall 17

Habsburg-Lothringen, Franz Joseph, Erzherzog 253, 270
Heinrich Ferdinand von Toscana, Erzherzog (Graf von Noven) 288
Helbig, Hebamme 163
Heldt, sächs. Ministerpräsident 251
Hessen, Wilhelm Landgraf von 44
Hindenburg, Paul von, Generalfeldmarschall 269
Hohenlohe, Prinz, Obersthofmeister 46
Hohenthal, Graf 207
Hohenzollern-Sigmaringen, Friedrich Wilhelm Fürst von 61, 72, 82, 84, 89, 255, 257, 258, 267–269, 272
Hohenzollern-Sigmaringen, Maria Theresia Prinzessin von 244
Hohenzollern-Sigmaringen, Karl Prinz von 260
Hohenzollern-Sigmaringen, Meinrad Prinz von 72, 257, 266
Homar, Catalina 285
Hürlimann, Elisa 234, 235

Jacobs, Geheimer Ober-Postrat 239
Jentzer, Dr. 146
Johann Georg, Prinz von Sachsen 62, 130, 194, 244
Johann Salvator, Erzherzog, später Johann Orth 126, 217, 218, 272, 274–283, 295

Johanna, die Wahnsinnige 295, 296
Josef I., röm-dt. Kaiser 12
Josef II., röm-dt. Kaiser 15
Josef Ferdinand von Toscana, Erzherzog 115, 121, 122, 215, 287

Kaltenbrunner, Rosa 288
Karl Albrecht, Kurfürst von Bayern 12
Karl I., Kaiser von Österreich-Ungarn 248, 252, 283, 293
Karl IV., röm-dt. Kaiser 23
Karl V., röm-dt. Kaiser, 12, 44
Karl VI., röm-dt. Kaiser 12, 13,
Karl, Erzherzog 275
Karl Ludwig, Erzherzog 52
Kazanjian, Reginald 270
Kleinmann, Horst 284
Konrad I., Markgraf von Meißen 41
Körner, Emil, Justizrat Dr. 135, 136, 149, 183–188
Köttig, von, Polizeipräsident 177
Kracke, Friedrich 60, 229, 244, 248
Kramer, Therese 77
Kraus, Karl 92
Kremer, Ida 189
Kröger, Klara 274
Kuchling, Lisbeth 258–261, 264, 265

Lachenal, Rechtsanwalt Dr. 117, 135, 141, 148, 157, 161, 186, 216, 233
Lancerotto, Antonia 285
Larisch-Wallersee, Louise Gräfin von 295
Le Queux, William 202, 205, 223, 240

Leopold I., (Pietro Leopoldo) Großherzog von Toscana, ab 1790 röm-dt. Kaiser 15, 17, 18

Leopold II., Großherzog von Toscana 15–18, 20, 274

Leopold, (Ferdinand Leopold) von Toscana, Erzherzog, ab1903 Leopold Wölfling 21, 23, 24, 27, 33, 59, 66, 92, 93, 102–104, 106–109, 111, 112, 115–117, 121, 122, 127, 138, 145, 146, 150–152, 157, 215–217, 273, 274, 282, 284, 295

Leopold, Geheimrat Professor Dr. 124, 152, 163

Lerchenfeld-Aham, Baronin von 25

Lernet-Holenia, Alexander von 282

Lesczinski, Stanislaw, König von Polen 11

Linnekogel, Journalist 180, 181

Lothar III., röm-dt. Kaiser 41

Ludendorff, Erich, General 247

Ludwig Salvator von Toscana, Erzherzog 272, 283–286

Ludwig Viktor, Erzherzog 106

Luther, Martin Dr. 43, 44

Lützow, Graf von, Gesandter 186

Luxemburg, Sophie Prinzessin von 269

Maddock, Standesbeamter 202

Majneri, Baron von 23

Mausbach, von, Konsul 138

Manussi, Edler von 27

Margaretha Maria, Prinzessin von Toscana 161, 243, 265, 269

Maria Alix, Prinzessin von Sach-sen 63, 70, 192, 243, 265, 269

Maria Anna, Infantin von Portu-gal 57

Maria Emanuel, Markgraf von Meißen 267, 269

Maria Josepha, Erzherzogin 54, 138

Maria Ludovica, Großherzogin von Toscana 14

Maria Theresia, Kaiserin von Österreich 11–14

Martin, Professor Dr. 145–147, 157

Martin, Rudolf 249

Marx, Karl 80

Mathilde, Prinzessin von Sachsen 38, 61, 62, 78, 80, 207

Mattachich, Geza Graf von 96–99

Mattaroli, Rechtsanwalt 208, 222

Max, Prinz von Sachsen 62, 130, 207

Melanchthon 43, 44

Metzsch, Georg Baron von 83, 84, 88, 89, 125, 144, 156, 160, 164, 168, 169, 178, 201, 207, 224, 225, 240

Minnich, Dr. 106

Montenuovo, Fürst von 291

Moritz, Kurfürst von Sachsen 44

Mothes, Gerichsreferendar 149

Müller, Prälat 249, 253

Municci, Rechtsanwalt 186

Muth, Alma 185, 187, 188

Napoleon III., Kaiser von Frank-reich 17, 18

Nash, Eveleigh 223

Nassr-Eddin, Schah von Persien 32

Navarra, Heinrich von, König

Heinrich IV. von Frankreich 42

Neapel, Prinzessin Luise Amalia 15

Nicaise, Raoul 265

Nietzsche, Friedrich 61

Nikolaus II., Zar von Rußland 8, 252

Obersteiner, Professor 97

O'Byrn, Baron von 86, 193, 249

O'Donell, Gräfin von 23

Oer, Frau Dr. von 249

Olbricht, Friedrich, Oberstleutnant 254

Oppen, Frau von 114

Otto, Erzherzog von Österreich-Ungarn 105

Otto, sächs. Justizminister 165, 190

Parma, Carl Herzog von 295

Parma, Caroline Prinzessin von 294

Parma, Elisabeth Herzogin von 294

Parma, Herzog von 167

Parma, Luisa Herzogin von 294

Paye, Albert 265

Pedro, Prinz von Braganca 38

Petrarca, Francesco 23

Petznek, Leopold 292

Philipp V., König von Spanien 294, 295

Piatti, Gräfin 23

Pierson, Dr. 100

Pigeolet 264

Plochl, Anna 289

Podstatzki, Graf 23

Portugal, Amelie Königin von 32

Radetzky, Josef Graf von, Feldmarschall 17

Radziwill, Catherine Prinzessin von 30, 240

Ranisch, Kammerdiener 89, 150

Reni Paolo 234, 236

Rex, Graf, Gesandter 114

Righetti, Vizekonsul 202

Ritter, Magadalena 217

Römer, von, Oberstallmeister 249

Rosado, Rechtsanwalt 186

Rudolf, Kronprinz von Österreich-Ungarn 27, 32, 61, 62, 96, 279, 292

Rudolf IV., der Stifter, Herzog von Österreich 22, 23

Ruger, sächs. Finanzminister 156

Rühle, sächs. Politiker 249

Sachsen, Dr. Albert Prinz von 245, 258, 269

Sachsen-Coburg-Kohary, August Herzog von 36

Sachsen-Coburg-Kohary, Ferdinand siehe Bulgarien

Sachsen-Coburg-Kohary, Philipp Prinz von siehe Coburg

Saint Victor, Gräfin von 164

Sand, von 234

Sardinien-Piemont, Viktor Emanuel von 17

Sauter, Dr. 163

Schleinitz, von, Linienschiffsleutnant 103

Schmidt, Gustav 171

Schönberg, Baron von 209

Schönberg-Rothenschönberg, von der 101

Schönburg, Prinzessin von 249

Schratt, Katharina 226, 227
Schubert, Ernst 180
Schwarz, Arthur, Kriminalkommisar 113, 115, 119, 136, 150, 152
Schweikhardt, Maria 217
Seydewitz, von, Minister 142
Silvatici, Baron von 23
Sizilien, Maria Antonia Prinzessin von 15, 274
Sobieski, Johann, König von Polen 42
Socini, Elena, verh. Toselli 264, 270
Sokop, Brigitte 295
Sophie, Erzherzogin von Österreich 57
Spitzemberg, Hildegard Baronin von 127
Stegemann, Hermann 287
Steinbach, Legationsrat 249
Stephanie, Kronprinzessin von Österreich-Ungarn 32, 36, 61, 96, 97, 293
Stubel, Ludmilla 279, 281
Szecheny, Ludwig Graf, Botschafter 202

Tettenborn, von 249
Teuffenbach, Baron von 27
Therese, (Tatl) Kinderfrau 24
Thoma, Ludwig 188
Thurn und Taxis, Elisabeth Prinzessin von 269
Tomanek, Gertrude, Edle von Beyerfels 288
Töply, Ritter von, Hauptmann 116, 231
Toselli, Carlo Emmanuele Filiberto 218, 262, 264, 265, 270, 271

Toselli, Enrico 195–197, 199–201, 203–205, 208–213, 215, 218–224, 228–231, 233–236, 240, 256, 257, 264, 265, 297, 299
Tümpling, Wolf Ferdinand Freiherr von 69, 101, 111, 112, 136, 144, 150

Valentin, Karl 128
Vanderstraeten, Fernand 235, 241, 265
Velics, Baron von, Gesandter 93, 123, 160, 170, 207
Verwaede, Madeleine 234
Viktor Emanuel, König von Italien 18, 21, 275
Vitzthum, Graf, sächs. Staatsminister 239
Vives, Antonio 286

Wagner von Jauregg, Julius, Professor Dr. 99
Wandruszka, Adam, Professor 292
Wasa, Gustaf Prinz von 58
Weissensteiner, Friedrich 272, 279, 283
Welser, Philippine 289
Wiesflecker, Peter 65
Wilhelm II., dt. Kaiser 8, 73, 127, 248, 252
Witt, Mary H. 202
Wolf, Max 171

Ysenburg, Gräfin 183
D'Yvonneau, Chevalier 86

Zehme, Dr. Felix, Rechtsanwalt 141, 149, 152, 155, 157, 175–178

Bildnachweis: Archiv für Kunst und Geschichte (Bildteil: S. 1), Heinz Gauggel, Sigmaringen (Bildteil: S. 2, S. 3, S. 4 oben und unten, S. 5 oben und unten, S. 6 oben, Umschlagabbildung), alle übrigen: Autorin.

Biographien

Brigitte Hamann
Elisabeth

*Kaiserin wider Willen. 660 Seiten
mit 57 Fotos. SP 2990*

Das übliche süße Sisi-Klischee
wird man in diesem Buch vergeblich suchen: Elisabeth,
Kaiserin von Österreich, Königin von Ungarn, war eine der
gebildetsten und interessante-
sten Frauen ihrer Zeit; eine
Königin, die sich von den Vor-
urteilen ihres Standes zu befreien vermochte. Häufig ent-
floh sie der verhaßten Wiener
»Kerkerburg«, weil sie nicht
bereit war, sich von den Menschen »immer anglotzen« zu
lassen. Statt dessen war sie
monatelang auf Reisen, lernte
Sprachen und trieb – im Rit-
tersaal der Hofburg! – Sport.
Schon vor dem Attentat war
sie eine legendäre Figur geworden.

Meine liebe, gute Freundin!

*Die Briefe Kaiser Franz Josephs
an Katharina Schratt aus dem
Besitz der Österreichischen
Nationalbibliothek. Herausgegeben und kommentiert von
Brigitte Hamann. 560 Seiten mit
zahlreichen Abbildungen. SP 2228*

Rudolf

*Kronprinz und Rebell. 534 Seiten
mit 35 Abbildungen. SP 800*

»... ein Buch, das keineswegs
nur historisch interessierte Leser fesseln kann, sondern auch
eine reiche Fundgrube für
psychologisch Interessierte bedeutet, weil Rudolfs späteres
unglückliches Schicksal hier
ganz klar und eindeutig aus
den katastrophalen äußeren
Umständen seiner Kindheit
und Erziehung erklärt wird.«

Wochenpresse, Wien

Kronprinz Rudolf »Majestät, ich warne Sie...«

*Geheime und private Schriften.
Herausgegeben von Brigitte
Hamann. 448 Seiten. SP 824*

Diese Schriften geben einen
aufschlußreichen Einblick hinter die Kulissen der k. u. k.
Monarchie.

»Hier kommt der Kronprinz
unmittelbar zu Wort... Es
spricht ein erschütternd wir-
kender Zeuge für eine sich
ausweglos abzeichnende Lage,
die der sensible Prinz offenbar
schon sehr früh erkannt hatte
und nicht ändern konnte.«

Die Presse, Wien

SERIE PIPER

SERIE PIPER

Biographien

Thea Leitner
Habsburgs verkaufte Töchter
272 Seiten mit 16 Abbildungen.
SP 1827

Thea Leitner bringt in ihrem Bestseller eine unbekannte Seite der europäischen Geschichte zur Sprache, nämlich die Biographien Habsburger Prinzessinnen, die schon im Kindesalter der Politik verschrieben wurden. Obwohl von Kindesbeinen an über sie verfügt wurde, waren sie als erwachsene Frauen keineswegs passive Opfer ihrer Herkunft.

Habsburgs vergessene Kinder
288 Seiten mit 34 Abbildungen.
SP 1865

Thea Leitner verfolgte die Spuren von Nachkommen des Erzhauses, die von der Geschichtsschreibung bislang kaum beachtet wurden. Dabei stieß sie auf Menschen »mit ihren Ängsten und Leidenschaften und Verstrickungen, ihren heroischen Höhepunkten und ihren abgrundtiefen Nöten«.

Skandal bei Hof
Frauenschicksale an europäischen Königshöfen. 320 Seiten SP 2009

Vor dem Hintergrund europäischer Politik eröffnen diese erschütternden Tragödien ein Gesellschaftsbild, das die Skandale heutiger gekrönter Häupter als harmlose Geschichten erscheinen läßt.

Die Männer im Schatten
An der Seite berühmter Herrscherinnen. 260 Seiten mit 35 Abbildungen. SP 2324

Mit kriminalistischem Spürsinn folgt Thea Leitner dem Leben der Ehemänner berühmter Frauen: Maria Stuart, Katharina die Große, Maria Theresia und Queen Victoria. Sie beschreibt anschaulich, unterhaltsam und kenntnisreich die zu Nebenrollen verdammten Männer und wirft damit ein neues Licht auf die Biographien der berühmten Frauen.

Fürstin, Dame, Armes Weib
Ungewöhnliche Frauen im Wien der Jahrhundertwende.
352 Seiten mit 38 Abbildungen.
SP 1864

Biographien

Joan Haslip
Marie Antoinette

Ein tragisches Leben in stürmischer Zeit. Aus dem Englischen von Christian Spiel. 436 Seiten. SP 1743

Marie Antoinette, jüngste Tochter der österreichischen Kaiserin Maria Theresia, war ein Opfer der Politik. Um einen alten Erbfeind als neuen Verbündeten zu gewinnen, wurde sie völlig unvorbereitet mit vierzehn Jahren an den späteren König Ludwig XVI. verheiratet. Das unpopuläre Bündnis und die Heirat stießen in Frankreich auf bittere Ablehnung. Königin Marie Antoinette war den Intrigen bei Hof nicht gewachsen und geriet schnell ins politische Abseits. Sie übersah die Zeichen der Zeit und beschleunigte die tragischen Ereignisse. Die Französische Revolution bedeutete das Ende der absolutistischen Monarchie, das mit der öffentlichen Hinrichtung des Königspaars besiegelt wurde. Joan Haslip zeichnet ein einfühlsames Bild dieser widersprüchlichen Herrscherin.

Friedrich Weissensteiner
Franz Ferdinand

Der verhinderte Herrscher. 246 Seiten mit 77 Abbildungen. SP 1532

Eine bekannte Figur auf der geschichtlichen Bühne ist Franz Ferdinand vor allem durch seinen Tod. Die Schüsse von Sarajewo haben den Plänen ein gewaltsames Ende gesetzt, die dieser markanteste Kopf der ausgehenden Donaumonarchie für sein Land entworfen hatte.

Die rote Erzherzogin

Das ungewöhnliche Leben der Tochter des Kronprinzen Rudolf. 288 Seiten mit 27 Abbildungen. SP 1527

Große Herrscher des Hauses Habsburg

700 Jahre europäische Geschichte. 384 Seiten mit zahlreichen Abbildungen. SP 2549

SERIE PIPER

SERIE PIPER

Biographien

Dirk Van der Cruysse
»Madame sein ist ein ellendes Handwerck«
Liselotte von der Pfalz – eine deutsche Prinzessin am Hofe des Sonnenkönigs. Aus dem Französischen von Inge Leipold. 752 Seiten. SP 2141

Ein unvergleichliches Bild ihrer Zeit hat Liselotte von der Pfalz in ihren 60 000 Briefen hinterlassen. In diesen Universalreportagen beschreibt sie ihr Leben am Hof ihres Schwagers, des Sonnenkönigs Ludwig XIV., freimütig, spöttisch, oft derb. Die Intrigen und Ränkespiele, die politischen Krisen und die glänzenden Feste bei Hof fanden in »Madame«, der Tochter des Kurfürsten Karl Ludwig von der Pfalz, eine kluge und geistreiche Beobachterin.

»Van der Cruysses Werk berichtet so frisch, wie es seinem Objekt zukommt.«
Die Zeit

»Dirk Van der Cruysse gelang es in bravouröser Weise, diese ungewöhnliche Frau zu rehabilitieren.«
Die Welt

Bruno Keiser
Adelheid Königin, Kaiserin, Heilige
Ein Leben in bewegter Zeit. 272 Seiten. SP 2995

Daß auch Frauen Geschichte machen, beweist Adelheid (931 bis 999), Königin von Italien (947) und als Gemahlin Ottos des Großen Kaiserin des Römischen Reiches (962). Sie entwickelte schon damals ein Konzept von Europa und wirkte mit bei der Gestaltung und Bewahrung des entstehenden Reiches. Mit Hartnäckigkeit und Machtbewußtsein, mit Charme und Diplomatie setzte sie ihre Ziele durch. Ihr Leben spielte sich nicht nur in Palästen und Pfalzen ab, sondern auch im Kerker, auf Feldzügen und Reichstagen. Als Gründerin eines Klosters in Selz im Elsaß wurde sie 1097 heiliggesprochen. Das anschaulich erzählte Lebensbild einer klugen und tatkräftigen Herrscherin zur Zeit der letzten Jahrtausendwende läßt zugleich ein faszinierendes Bild der Zeit entstehen.

Biographien

Martha Schad
Bayerns Königinnen
407 Seiten mit 4 Abbildungen.
SP 2569

Über die aus dem Hause Wittelsbach stammenden Monarchen gibt es zahlreiche Veröffentlichungen. Doch wer waren die Frauen an der Seite dieser kunstsinnigen Herrscher? Bayerns Königinnen stammten alle aus führenden Dynastien Europas, waren schön und hochgebildet. Sie wirkten vor allem in ihren Familien, engagierten sich aber auch auf sozialem und kulturellem Gebiet, sie förderten Toleranz, Frömmigkeit und Liberalität im jungen Königreich, erlebten politische Niederlagen genauso wie privates Glück. Für ihre biographischen Studien zog Martha Schad bisher unerschlossene Briefe und Tagebücher aus dem Geheimen Hausarchiv der Wittelsbacher heran und schildert eindrucksvoll und kurzweilig das öffentliche und private Leben der bayerischen Herrscherinnen.

Kaiserin Elisabeth und ihre Töchter
201 Seiten mit einunddreißig Farb- und achtundzwanzig Schwarzweißabbildungen.
SP 2857

Einundzwanzig Salutschüsse kündigten 1855 die Geburt von Erzherzogin Sophie von Österreich an, der ersten Tochter des österreichischen Kaiserpaars Elisabeth und Franz Joseph. Ein Jahr später wurde Erzherzogin Gisela geboren. Als nach dem plötzlichen Tod der gerade zweijährigen Sophie endlich der ersehnte Thronfolger Rudolf zur Welt kam, war die Freude am Hof und beim Volk überwältigend. Zehn Jahre später folgte Marie Valérie, der erklärte Liebling von Mutter Elisabeth, der kleine Sonnenschein am Kaiserhof. Martha Schad schöpft für diese Familienchronik wie eine intime Freundin aus dem privaten Fundus der Kaiserfamilie. Anhand von Briefen, Tagebüchern, Gemälden und Photographien folgt sie den Lebenswegen der Töchter der Kaiserin und denen ihrer Nachkommen bis in die Gegenwart.

SERIE PIPER